马克思主义研究文丛

重读马克思

《1844年经济学哲学手稿》前沿问题新探

林锋◎著

中央编译出版社
Central Compilation & Translation Press

图书在版编目（CIP）数据

重读马克思：《1844年经济学哲学手稿》前沿问题新探 / 林锋著.
—北京：中央编译出版社，2018.8（2022.9 重印）
ISBN 978-7-5117-3588-1

Ⅰ.①重⋯
Ⅱ.①林⋯
Ⅲ.①马克思主义－研究
Ⅳ.①A81

中国版本图书馆 CIP 数据核字（2018）第 116504 号

重读马克思：《1844年经济学哲学手稿》前沿问题新探

责任编辑	谭 伟
美术编辑	王洪广 吴成英
责任印制	刘 慧
出版发行	中央编译出版社
地 址	北京市海淀区北四环西路 69 号（100080）
电 话	（010）55627391（总编室） （010）55627319（编辑室）
	（010）55627320（发行部） （010）55627377（新技术部）
经 销	全国新华书店
印 刷	佳兴达印刷（天津）有限公司
开 本	710 毫米 × 1000 毫米 1/16
字 数	270 千字
印 张	18.25
版 次	2018 年 8 月第 1 版
印 次	2022 年 9 月第 2 次印刷
定 价	78.00 元

新浪微博：@中央编译出版社　　　微　　信：中央编译出版社（ID：cctphome）
淘宝店铺：中央编译出版社直销店（http://shop108367160.taobao.com）（010）55627331

本社常年法律顾问：北京市吴栾赵阎律师事务所律师　闫军　梁勤
凡有印装质量问题，本社负责调换，电话：（010）55626985

五月五 🤝

目 录
CONTENTS

绪 论 ·· 1

第一节 围绕《1844年经济学哲学手稿》的学术争论 ················· 1
  一、西方学者对《1844年经济学哲学手稿》的高度评价 ·········· 1
  二、苏联、我国学界对《1844年经济学哲学手稿》的质疑 ······· 3
  三、为什么要为《手稿》"辩护" ·· 6
  四、本书的学术宗旨与语言风格 ·· 8

第二节 《1844年经济学哲学手稿》研究的方法论 ····················· 11
  一、如何科学界定《手稿》等早期著作的历史地位 ··············· 11
  二、《手稿》研究的"价值中立"原则：一种不同于西方学界
      同一提法的方法论原则 ·· 20

第三节 本书的五个"学术创新" ·· 23
  一、《手稿》历史观与唯物史观"精神实质"一致的"文本学
      证明" ··· 23
  二、《手稿》异化劳动理论、青年马克思异化理论的"系统性
      解读" ··· 24
  三、马克思早期人学在马克思主义人学史上的"四大开创性贡献"
      的揭示和阐明 ··· 25
  四、《手稿》"人本主义"的新探讨 ······································ 26
  五、《手稿》劳动观的再思考 ·· 27

第一章 《1844 年经济学哲学手稿》历史观性质的探讨 ⋯⋯⋯⋯ 29

第一节 饱受"争议"的《1844 年经济学哲学手稿》历史观 ⋯⋯ 29
一、学界关于《手稿》历史观的主要解读范式 ⋯⋯⋯⋯⋯⋯⋯ 29
二、对流行观点的质疑 ⋯⋯⋯⋯⋯⋯⋯⋯⋯⋯⋯⋯⋯⋯⋯⋯ 31

第二节 《1844 年经济学哲学手稿》历史观与唯物史观"精神实质"的一致性 ⋯⋯⋯⋯⋯⋯⋯⋯⋯⋯⋯⋯⋯⋯⋯⋯⋯⋯⋯⋯⋯ 33
一、第一个文本学证据 ⋯⋯⋯⋯⋯⋯⋯⋯⋯⋯⋯⋯⋯⋯⋯⋯ 34
二、第二个文本学证据 ⋯⋯⋯⋯⋯⋯⋯⋯⋯⋯⋯⋯⋯⋯⋯⋯ 37
三、第三个文本学证据 ⋯⋯⋯⋯⋯⋯⋯⋯⋯⋯⋯⋯⋯⋯⋯⋯ 41

第三节 《1844 年经济学哲学手稿》历史观的出发点究竟是什么 ⋯ 46
一、劳动实践活动是《手稿》历史观的真正出发点 ⋯⋯⋯⋯⋯ 47
二、《手稿》历史观的逻辑结构和理论实质 ⋯⋯⋯⋯⋯⋯⋯⋯ 50

第二章 马克思早期哲学与费尔巴哈的关系 ⋯⋯⋯⋯⋯⋯⋯⋯⋯⋯ 52

第一节 "两次转变论"对马克思早期哲学与费尔巴哈的关系的解读 ⋯⋯⋯⋯⋯⋯⋯⋯⋯⋯⋯⋯⋯⋯⋯⋯⋯⋯⋯⋯⋯⋯⋯⋯⋯ 54
一、"两次转变论者"如何看待马克思早期哲学与费尔巴哈的关系 ⋯⋯⋯⋯⋯⋯⋯⋯⋯⋯⋯⋯⋯⋯⋯⋯⋯⋯⋯⋯⋯⋯⋯⋯ 54
二、"两次转变论者"对《1844 年经济学哲学手稿》的定位和评价 ⋯⋯⋯⋯⋯⋯⋯⋯⋯⋯⋯⋯⋯⋯⋯⋯⋯⋯⋯⋯⋯⋯⋯⋯ 56

第二节 马克思早期哲学是"费尔巴哈式"的旧唯物主义哲学吗 ⋯ 57
一、马克思在接纳费尔巴哈影响的同时,就对后者持一分为二、批判地吸收的态度 ⋯⋯⋯⋯⋯⋯⋯⋯⋯⋯⋯⋯⋯⋯⋯⋯⋯ 57
二、费尔巴哈合理思想只是马克思当时众多思想来源之一 ⋯⋯ 58
三、"马克思早期哲学是费尔巴哈式的旧唯物主义"的说法根本忽视了马克思对黑格尔辩证法的"继承关系"及"辩证法"的重要地位 ⋯⋯⋯⋯⋯⋯⋯⋯⋯⋯⋯⋯⋯⋯⋯⋯⋯⋯⋯⋯ 60
四、马克思早期哲学与费尔巴哈哲学乃至一切旧唯物主义之间存在重大差异 ⋯⋯⋯⋯⋯⋯⋯⋯⋯⋯⋯⋯⋯⋯⋯⋯⋯⋯⋯ 64

第三节 对"两次转变论者"一个重要论据的质疑 ⋯⋯⋯⋯⋯⋯ 68

一、"自由自觉劳动"是抽象、理想化的劳动形式吗 …………… 69
二、《手稿》是用抽象、理想化的"自由自觉劳动"来批判
现实劳动吗 …………………………………………………… 72

第三章 与"两次转变论者"的进一步对话：两个焦点问题 ………… 76
第一节 我们与南京大学学者的学术对话 …………………………… 77
一、是否存在独立的"费尔巴哈阶段"：与"两次转变论者"
的第一次对话 ………………………………………………… 77
二、与"两次转变论者"的第二次对话：两个焦点话题 ……… 78
第二节 评南京大学学者关于青年马克思"哲学思维方式"
的定性 …………………………………………………… 80
一、"两次转变论者"关于青年马克思"思维方式"及其与
费尔巴哈关系的一个值得注意的说法 ……………………… 80
二、我们与"两次转变论者"在学术见解上的某些"相似性" … 81
三、对具体说法的回应 ………………………………………… 87
第三节 "两次转变论"究竟有无"文本依据" ……………………… 96
一、"两次转变论"的"文本依据"之一 …………………………… 98
二、"两次转变论"的"文本依据"之二 …………………………… 101
三、"两次转变论"的"文本依据"之三 …………………………… 105
四、"两次转变论"的"文本依据"之四 …………………………… 113
五、"两次转变论"的"文本依据"之五 …………………………… 121
第四节 如何正确看待马克思对其思想进程、早期著作的回忆或
评价 ……………………………………………………… 126
一、南京大学学者关于"如何看待马克思本人对其早期思想历程
的回忆"的具体论断 ………………………………………… 126
二、对南京大学学者相关说法的质疑 ………………………… 127

第四章 《手稿》是"费尔巴哈式著作"吗：与《提纲》的比较
研究 ……………………………………………………… 135
第一节 对《关于费尔巴哈的提纲》十一条的解读 ………………… 135

一、问题的提出 …………………………………………… 135
　　二、《提纲》十一条的逐条阐释 ………………………… 136
  第二节　《手稿》与《提纲》的内在一致性：以二者的比较研究
　　　　　为依据 …………………………………………… 145
　　一、《手稿》是否缺乏"实践"观点，不能说明和揭示人的
　　　　"能动性" ………………………………………………… 146
　　二、《手稿》是否以"实践"为其认识论的核心观点 ……… 152
　　三、《手稿》与《提纲》第三条的关系是怎样的 …………… 154
　　四、《提纲》第四条是否与《导言》《手稿》等早期著作构成
　　　　"对立" …………………………………………………… 156
　　五、《手稿》是否同样重视人与人的"社会关系" ………… 161
　　六、《提纲》第五、八、十、十一条与《手稿》的关系 ……… 166

第五章　青年马克思异化理论的重新解读 ……………………… 171
  第一节　《1844年经济学哲学手稿》的异化劳动理论是一个严整
　　　　　的理论体系 ………………………………………… 171
　　一、异化劳动的前提、原因 …………………………………… 172
　　二、异化劳动的主要表现形式 ………………………………… 174
　　三、异化劳动的后果 …………………………………………… 176
　　四、异化劳动的历史形态 ……………………………………… 178
　　五、异化劳动的是非功过 ……………………………………… 179
　　六、消灭异化劳动，进而实现劳动者和全人类的解放的条件 …… 181
  第二节　青年马克思的异化理论体系 ……………………………… 182
　　一、经济异化理论 ……………………………………………… 183
　　二、政治异化理论 ……………………………………………… 188
　　三、社会关系异化理论 ………………………………………… 190
　　四、精神异化理论 ……………………………………………… 192

第六章　异化理论的定位："不成熟思想"，还是"一以贯之的思想" …… 195
  第一节　马克思1844年后是否放弃了"异化"概念 ……………… 196

一、马克思前后期均重视并大量使用"异化"概念 …………… 196
二、1844年后马克思对"异化"概念使用频率下降的原因 …… 197
第二节 1844年后马克思"异化"概念的内涵、性质是否发生了
    变化 ………………………………………………………… 199
一、马克思前后期"异化"概念的内涵、性质并未发生变化 … 199
二、"马克思前后期'异化'概念内涵、性质一致"的依据 … 200
第三节 马克思前后期关于异化劳动"历史性"、"是非功过"
    的看法 ……………………………………………………… 203
一、马克思前后期关于异化劳动"历史性"的基本看法的
    一致性 …………………………………………………… 203
二、马克思前后期关于异化劳动"是非功过"的基本看法的
    一致性 …………………………………………………… 206
第四节 马克思前后期关于"异化"具体形式的描述或揭示之
    比较 ………………………………………………………… 207
一、劳动产品、社会财富与劳动者的异化 ………………… 208
二、劳动活动与劳动者的异化 ……………………………… 209
三、劳动条件与劳动者的异化 ……………………………… 210
四、资本与劳动的异化 ……………………………………… 211
五、分工与劳动者的异化 …………………………………… 213
六、生产目的与劳动者的异化 ……………………………… 214
七、货币与私有财产的关系的异化 ………………………… 215
八、社会联系的异化 ………………………………………… 216
九、人与人的异化 …………………………………………… 218

第七章 重新认识马克思早期人学思想的哲学地位 …………… 220
第一节 《1844年经济学哲学手稿》为代表的马克思早期著作的
    人学思想 …………………………………………………… 222
一、人是"有生命的自然存在物"、"人是自然界的一部分"、
    "人靠自然界生活" ……………………………………… 223
二、劳动使人根本超越动物,是人与动物的首要区别 …… 224

三、人是社会性的存在物,"社会性"是人的本质属性,人在
   "社会联系"中存在 ………………………………………… 225
第二节 马克思前后期人学思想之比较 ……………………………… 226
  一、马克思的后期著作"继承"而不是"放弃"了早期人学的
   基本思想 …………………………………………………… 226
  二、马克思早期人学在马克思主义人学史上的"四大开创性
   贡献" ……………………………………………………… 230
第三节 《1844年经济学哲学手稿》"人"、"人的本质"概念
   性质的辨析 ……………………………………………… 233
  一、学界关于《手稿》"人"、"人的本质"概念的一种流行说法 … 233
  二、《手稿》的"人"、"人的本质"是抽象、先验的概念吗 …… 235

第八章 《1844年经济学哲学手稿》"人本主义"辨析 ……… 240
第一节 "人本主义"在马克思思想中的"一以贯之性" ………… 241
  一、《手稿》的"人本主义" ……………………………………… 241
  二、马克思后来同样坚持"人本主义" ………………………… 243
第二节 对《1844年经济学哲学手稿》"人本主义"的几点辩护 … 248
  一、《手稿》的"人本主义"有其具体、明确的思想内涵,
   是"合理的""正义的"、"可实现的" ……………………… 248
  二、马克思用人本主义及其道德观念来批判资本主义黑暗现实
   并无不妥之处 …………………………………………… 251
  三、"人本主义"与"唯心主义"无必然联系,唯物主义者
   亦可持有人本主义立场 ………………………………… 254
  四、《手稿》的"人本主义"思想不宜定性为"资产阶级意识
   形态" ……………………………………………………… 257
  五、《手稿》的"人本主义"与"唯物史观"并不构成"对立" … 258

索　引 …………………………………………………………………… 262
参考文献 ………………………………………………………………… 275
说　明 …………………………………………………………………… 279

绪 论

第一节 围绕《1844年经济学哲学手稿》的学术争论

在马克思前后期诸文本中,最具"争议性"的,无疑是他青年时代所作的《1844年经济学哲学手稿》(以下简称《手稿》)。毫不夸张地说,从来没有一部马克思著作,在其价值、地位的"争议性"上超过《手稿》。众所周知,对于"如何定位、评价《手稿》"这一复杂问题,学界从一开始就存在"分歧",甚至存在着严重的"对立",至今仍争论不休。关于这部早期著作的哲学地位,有两种截然不同的学术观点。其中一种观点以某些西方学者为代表,另一观点则以苏联、我国部分学者为代表。

一、西方学者对《1844年经济学哲学手稿》的高度评价

众所周知,不少西方学者对马克思1844年写成的《手稿》给予了"高度评价"。在他们看来,《手稿》是马克思一生学术创作"黄金时

期"的代表作之一，体现了"学术巅峰期"的马克思的思维能力和创造力，而他中晚年的著作则呈现了学术水准的"下降"之势，暴露了"创作力的某种衰退和削弱"①。著名的国外马克思研究者、《手稿》1932年德文版的出版者②、德国社会民主党人朗兹胡特、迈尔高度重视和强调作为马克思早期著作的《手稿》"对重新理解马克思学说的意义"，明确断言："我们在这里新发表的手稿（指《手稿》——引者注）表明马克思的观点已达到了完善的高度。虽然从表面形式上可以看出，手稿不是为发表而写的，而是表现出自己弄清问题的强烈特点，但是这份手稿毕竟是包括马克思思想的整个范围的唯一文献。"③比利时社会民主党人亨·德曼在《新发现的马克思》一文的开篇之处便鲜明地提出，《手稿》"对于正确评价马克思学说的发展过程和思想内容具有决定性的意义。它必然会促使马克思主义的许多追随者和反对者去检查自己的观点，至少是检查关于马克思思想的历史哲学前提的观点。这部著作比马克思的其他任何著作都更清楚得多地揭示了隐藏在他的社会主义信念背后，隐藏在他一生的全部科学创作的价值判断背后的伦理的、人道主义的动机"。④他还表示："如果人们认为，对1844年前后马克思著作的判断要以对他的思想起源和他的表现能力的大小的判断为转移，那肯定是找不到任何理由来把这个马克思（指作为《手稿》作者的青年马克思——引者注）当作尚未成熟的青年对待的。相反，我认为，就这种从事创作的质量而言，马克思的成就的顶峰是在1843年和1848年之间。不管人们

---

① ［比利时］亨·德曼：《新发现的马克思》，见中共中央马克思恩格斯列宁斯大林著作编译局马恩室编译：《〈1844年经济学哲学手稿〉研究（文集）》，湖南人民出版社1983年版，第374页。

② 参看中共中央马克思恩格斯列宁斯大林著作编译局马恩室编译的《〈1844年经济学哲学手稿〉研究（文集）》（湖南人民出版社1983年版，第482页）一书对郎兹胡特、迈尔两人的介绍。

③ ［德］齐·朗兹胡特、J.P.迈尔：《马克思早期著作对重新理解马克思学说的意义》，见中共中央马克思恩格斯列宁斯大林著作编译局马恩室编译：《〈1844年经济学哲学手稿〉研究（文集）》，湖南人民出版社1983年版，第285页。

④ ［比利时］亨·德曼：《新发现的马克思》，见中共中央马克思恩格斯列宁斯大林著作编译局马恩室编译：《〈1844年经济学哲学手稿〉研究（文集）》，湖南人民出版社1983年版，第348页。

对他后来的著作的评价多么高,但是在这些著作中却表现出创作力的某种衰退和削弱,即使作了最英勇的努力,也并不总是能克服这一点。不过,这方面的原因是不难寻找的。部分原因在于:要同疾病和物质贫困作斗争,物质贫困对于一个一家之主来说,比对于一个陶醉于新婚燕尔的年轻丈夫来说,是一个沉重得多的负担。另一部分原因在于:这位时机还未成熟的预言家在1848年后从不断的失望中产生了烦恼和愤懑之情。"①

二、苏联、我国学界对《1844年经济学哲学手稿》的质疑

与西方学界的情况不同,《手稿》在苏联及我国学界,遭遇的是一种截然不同的定性与评价。值得注意的是,在苏联、中国学界,占据主流地位的解读范式对《手稿》作了"基本否定"的评价。这一流行范式的倡导者、支持者们认定《手稿》是马克思创立新哲学的思想历程中的一部"过渡性"著作、"不成熟"著作,《手稿》被认为与他后来创立的"唯物史观"存在重大"差异"甚至某些根本"对立"之处,从而被排除在"马克思主义著作"的范畴之外。这一评价与朗兹胡特、迈尔等西方学者的"极力追捧",可谓"天壤之别"。在后者中(指在西方学者那里),《手稿》被奉为"真正的马克思主义的启示录"、代表作②,在苏联、我国许多学者中的学术评价中,则沦为"前马克思主义著作",被定性为"不成熟"著作,几乎成为马克思新哲学的"对立面"与"超越对象"。值得一提的是,较之(倾向相反的)另一观点,苏联、我国学界的上述流行观

---

① [比利时] 亨·德曼:《新发现的马克思》,见中共中央马克思恩格斯列宁斯大林著作编译局马恩室编译:《〈1844年经济学哲学手稿〉研究(文集)》,湖南人民出版社1983年版,第373—374页。
② 参看游兆和:《论"两个马克思"概念的实质——兼评在"两个马克思"问题上的认识误区》,载《清华大学学报(哲学社会科学版)》2016年第2期。

点的影响更为重大而深远，至今仍占据我国学界的主导地位，构成学界的主流话语。持上述解读范式的苏联、中国学者人数甚多，其中不乏著名学者。比如，苏联著名学者奥伊则尔曼、拉宾，中国著名学者黄楠森、孙伯鍨、施德福、张一兵等，都鲜明地持上述立场。奥伊则尔曼在《马克思主义哲学的形成》一书中就认为，马克思创作于1847年的《哲学的贫困》是第一部成熟的马克思主义著作，在此之前写作的马克思著作（比如《手稿》）都是不成熟或不够成熟的，尽管其中有着对马克思主义学说某些最重要原理的个别经典式说明。苏联另一著名学者拉宾则在《马克思的青年时代》一书中鲜明地提出"青年马克思"和"成熟马克思"的概念，并将《手稿》等马克思早期著作打入"不成熟著作"的冷宫。我国学界最具权威性的马克思主义哲学史教科书（《马克思主义哲学史》，黄楠森教授主编，高等教育出版社1998年版）则将《关于费尔巴哈的提纲》和《德意志意识形态》作为马克思主义哲学形成的"标志"，将之前的、包括《手稿》在内的马克思早期著作一概视为马克思新哲学创立过程中的"过渡性"著作。值得一提的是，在苏联、我国学界上述解读范式的支持者中，《手稿》不仅被普遍视为马克思创立新哲学历程中的"过渡性著作"、"不成熟著作"，往往也被视为"马克思主义哲学"（特别是"唯物史观"）的"对立面"，被明确界定为"不科学著作"。这部分学者（指持"《手稿》不科学论"的学者们）在批判、否定《手稿》时最为激进和坚决，虽然其激进的思想倾向不为所有持"《手稿》不成熟论"的学者完全赞同或肯定，但仍得到后者相当程度的认可，长期以来在我国学界中产生了不可低估的影响。就二者的关系而言，"《手稿》不科学论"大致可被包括在"《手稿》不成熟论"的范畴内，是其中态度最为激进、言辞最为激烈的一种论调。

这里谈到的所谓"《手稿》不科学论"，在我国学界，最重要的倡导者，是南京大学著名教授孙伯鍨先生。而最坚决、近20年来产生最大学术影响的支持者、追随者，则是南京大学学者张一兵教授。他们对《手稿》的批判，聚焦于其历史观。在他们看来，《手稿》历史观不是马克思主义性质的历史观，而是与此相对立的、带有费尔巴哈人本主义色彩的、以思辨为特点的"抽象人本学唯心史观"。这种"唯心史观"与马克思后来创立的唯物史观是根本对立的，其特点是用抽象的、理想化的道德标准来批判、苛责现实，质疑后者存在的"合理性"（关于两位学者的观点，本书后面还要多次提到）。孙伯鍨教授在其代表作《探索者道路的探索——青年马克思恩格斯哲学思想研究》一书中明确认为，在《手稿》中，"由于受费尔巴哈人本主义的影响，马克思的异化劳动理论的基本特征就在于：用真正的人的类本质来和现实的人的存在相对立，用作为人的本质力量之表现的劳动来和异化劳动相对立。因此在这里，无论是对人或人的劳动的看法，都必然带有抽象的形而上学的性质"[①]；"马克思从抽象的、理想化的劳动出发，批判私有制下的现实的、具体的劳动，得出现实的劳动都是'异化劳动'的结论。显而易见，这种以抽象的'人'或'人的本质'为出发点的思维逻辑，仍旧是思辨逻辑。"[②] 张一兵教授在《回到马克思》等论著中同样认为，《手稿》历史观的主导性理论逻辑，就是这种用"应有"批判"现有"的抽象人本学思辨逻辑，这种逻辑毫无疑问是唯心史观逻辑；在《手稿》中，马克思正是"以人的社会类本质——理想化的自主性劳动活动为价值悬设，即人类存在应有的本真状态，以此认证资产阶级私有财产的非人性，并提出要扬弃劳动异化，消灭私有制，复归于人的本质之共产主义理想生存状态。这是传统人学中'应该'与'是'之间的矛盾之延续，其逻辑批判的内在动因是先验的'应有'与'现有'的伦理性对立"[③]。在他看来，"相对于古典经济学现实的客观思路，马克思的这种人本主义逻辑——理想化的悬设的劳动类本质恰恰是隐性唯心史观的。马克思不得不为了革命结论而伦理地批判现实"[④]。

[①] 孙伯鍨：《探索者道路的探索——青年马克思恩格斯哲学思想研究》，南京大学出版社2002年版，第165页。
[②] 孙伯鍨：《探索者道路的探索——青年马克思恩格斯哲学思想研究》，南京大学出版社2002年版，第178页。
[③] 张一兵：《回到马克思——经济学语境中的哲学话语》，江苏人民出版社1999年版，第25页。
[④] 张一兵：《〈1844年经济学哲学手稿〉中的多重话语结构》，载《南京大学学报（哲学·人文科学·社会科学版）》1998年第1期。

三、为什么要为《手稿》"辩护"

在笔者展开对《手稿》相关问题的学术探讨并为这部早期著作作出具体的"辩护"前,首先谈谈自己"为《手稿》辩护"的"缘由",是很有必要的。笔者毫不讳言,本书的思想主旨,就是在深入的文本学研究的基础上,从学术层面为(作为马克思早期著作的)《手稿》的基本思想及其价值作充分的、有理有据的学术辩护,恢复其在马克思主义思想史上应有之地位。引导读者确立对这部(长期以来被苏联、我国学界流行见解严重低估的)早期著作的"正面看法",建立《手稿》在人们心目中的"正面形象",是笔者创作本书的直接动机、直接目的。那么,笔者为什么要对读者作上述"引导",为什么要建立人们对《手稿》的"正面看法"?为什么要极力为这部著作进行"辩护"呢?很明显,这是因为,笔者经多年研究,对《手稿》这一早期著作的"价值"是深信不疑、高度肯定的,对长期以来《手稿》所遭受的"非议"、"责难"感到很有澄清阐明的必要。在笔者看来,长期以来占据苏联、我国学界主流地位的上述流行见解对《手稿》的看法或评价明显"有失公允",不但未能充分反映《手稿》的哲学价值,反而对人们正确认识、全面评价这一著作形成了某种思想阻力,构成了某种"误导",《手稿》的深刻思想及其价值被严重遮蔽或忽视。在上述"不成熟论"(特别是其中最为激进、极端的所谓"不科学论")的解读框架中,《手稿》的"历史地位"被严重低估,其学术价值几乎荡然无存。青年马克思这部思想深刻、极富魅力、个性鲜明的杰出作品,被视为一部"不成熟"或"不科学"的著作,沦为马克思主义及其唯物史观的对立面和"超越对象"。在《手稿》人数庞大的批评者中,不论是对《手稿》作了一定研究的学界知名学者,还是对此根本不加深入研究、仅凭哲学史教科书或粗浅阅读建立其关于《手稿》之认识的各类人士,都"言之凿凿"、异口同声地指责、批判马克思的这部早期作品,似乎这部著作的"不成熟性"、"不科学性"已被"盖棺定论"、完全证实,根本无需讨论和争辩。这些论者言论之"自信",往往令人惊叹。上述状况令人深思,必须改变。这可以说是笔者坚决为《手稿》"辩护"的直接原因。

在笔者看来,作为一部"早期著作",马克思的《手稿》当然是"不完美的"。不论是支持苏联、我国学界上述流行见解的研究者,还是对《手稿》有褒有贬、不完全否定的论者,甚至是笔者这样的高度评价《手稿》的人士(当然,笔者的"高度评价"与某些以《手稿》来批判、贬低马克思后期著作的西方学者,存在极大的"不同"),都不难从《手稿》中找到或发现某种"局限性"或"不完善"之处。① 要做到这一点,似乎是十分"容易"的。上述三类研究者,都承认或认同"《手稿》有其'局限性'"这一点(这几乎是学界的"共识")。坦率地说,笔者完全认可这样一种说法:《手稿》不是"十全十美"、"无懈可击"的马克思著作。笔者也认为,绝不能仅从《手稿》中去探寻马克思主义的全部"奥秘",马克思主义哲学的基本观点及"精髓"并不完全体现在《手稿》这一早期著作中。笔者甚至认为,没有任何一部论著能穷尽马克思创立的新哲学("新唯物主义")的全部思想内容、全部重要观点(不论是作于1844年的《手稿》,还是被学界传统观点高度推崇的《关于费尔巴哈的提纲》、《德意志意识形态》,都不能做到这一点)。② 以任何单一著作(包括《关于费尔巴哈的提纲》、《德意志意识形态》等所谓的"标志性著作")来"指代"马克思主义及其哲学,都是"不可取"、"不妥当"的,至少是有明显"局限性"的。把《手稿》推崇为马克思主义的"唯一代表作"或"思想顶峰",自然是极为偏颇的,甚至是相当错误的。不过,笔者的上述认识与笔者对《手稿》自身"价值"的认同、对《手稿》哲学地位的维

---

① 笔者在北大从事教学活动或作学术报告时,多次提到《手稿》对"异化劳动与私有财产之关系"的不准确看法。笔者坦承,这一不准确看法构成了《手稿》的一个"缺憾"。不过,笔者坚决反对夸大或宣染《手稿》的所谓"缺憾"或"缺陷"。在笔者看来,《手稿》的"学术价值"与"学术贡献",远大于其"缺憾"、"不足",《手稿》的"价值"及"贡献"是第一位的、首要的,"缺憾"、"不足"则是第二位的、次要的,不能以偏概全,以《手稿》的某些"缺憾"、"不足"为由,全盘否定这部著作的"价值"与"地位"。
② 参看林锋:《马克思哲学革命起点新探讨》,载《江汉论坛》2014年第7期。

护,毫无"矛盾"之处。笔者不反对谈论《手稿》的"局限性"①,但坚决反对以类似于苏联、我国学界上述流行观点对待《手稿》的那种否定性方式来谈论《手稿》的"局限性"。明眼人不难看出,上述流行见解(尤其是持"《手稿》不科学论"的研究者)与其说是在谈《手稿》的所谓"局限性",倒不如说是在揭露、批判它的"根本缺陷"、"不科学性"。这种谈论方式的必然结果,就是基本否定《手稿》的价值与地位,将其抛入"非马克思主义思想"的阵营。这是一种极不可取的偏颇做法。与这种极端化倾向不同,笔者主张充分发掘和研究《手稿》中富有"价值"和"启发性"的思想,在实事求是地承认《手稿》某些"局限性"的前提下,对《手稿》作出整体上的"正面评价",将其纳入"马克思主义哲学著作"的范畴,恢复其应有之地位。

四、本书的学术宗旨与语言风格

需要声明的是,笔者对《手稿》"价值"、"地位"的肯定、为其所作的"学术辩护",是笔者多年来持续研究《手稿》等马克思早期著作的结果,是完全建立在笔者的"学术理解"之上的。对《手稿》的哲学价值与学术地位进行严肃、认真的考察,揭示《手稿》的本来面目,做到"不曲解"、"不误读"、"不过度诠释","既不刻意贬低亦不过度美化",是本书致力于实现的学术目标。笔者不否认,笔者对马克思的《手稿》是颇为欣赏,甚至高度推崇的。不过,这种"欣赏"与"推崇",与本书的学术宗旨、学术原则毫不矛盾。值得一提的是,笔者的这种"欣赏"和"推崇",绝非无缘无故、莫名其妙,更不是一时的"心血来潮"。在创作本书之前,对《手稿》及马克思其他的早期著作,笔者已做过大量的学术辩

---

① 对待《关于费尔巴哈的提纲》、《德意志意识形态》等学界主流观点认定的所谓"马克思主义哲学标志性著作"也应如此,即不是简单地肯定其"价值"、"地位",而是同样实事求是地道明它们的"局限性"(笔者坚决反对过度追捧、拔高这些著作)。就"有局限"、"不完美"这点而言,《手稿》与这些著作可谓"毫无区别"。

护工作,这些辩护都是学术思考的产物,绝非简单的"情感"层面的"维护"。近十余年来,笔者在深入的学术研究的基础上,为维护《手稿》、《论犹太人问题》、《〈黑格尔法哲学批判〉导言》、《黑格尔法哲学批判》等马克思早期著作的"正面形象",先后发表十多篇论文①(多数由笔者独立完成),并出版一部著作②。本书对《手稿》的"辩护",不过是笔者以往学术倾向的合乎逻辑的"延续"。怀着"敬畏感",以"学术精神"来做这样一种"辩护"工作,以"真理"为唯一权威、以揭示真相为唯一志趣,是笔者长期以来秉持的学术理念,从未改变或动摇。

最后,谈一下本书的"语言风格"。本书在"语言风格"上的"特点",是笔者不得不提及的。笔者这里略作解释,希望得到学界同志的理解和支持。笔者一向认为,"争鸣"、"对话"是解决疑难问题、促成学术进步的极佳途径。真理"越辩越明"。学术批判越尖锐,越无所顾忌,就

---

① 这些文章(少数论文与北京大学王东教授合作)发表于《光明日报》、《学术研究》、《学术月刊》、《中共中央党校学报》、《江海学刊》、《江汉论坛》、《社会科学研究》、《东南学术》、《东岳论丛》、《湖南社会科学》等报刊,主要包括:王东、林锋:《"类本质异化"是马克思早期的不成熟思想吗》,载《光明日报》2006年9月4日;王东、林锋:《〈资本论〉异化观新探——与〈1844年手稿〉异化观的比较研究》,载《江海学刊》2007年第3期;王东、林锋:《马克思哲学存在一个"费尔巴哈阶段"吗?——"两次转变论"质疑》,载《学术月刊》2007年第4期;林锋:《〈1844年手稿〉的逻辑主线究竟是什么?——兼评"两种逻辑论"》,载《东岳论丛》2006年第4期;林锋:《〈1844年经济学—哲学手稿〉历史观出发点新探——"抽象人本学出发点"质疑》,载《社会科学研究》2007年第1期;林锋:《如何科学界定马克思早期六部著作的历史地位——一条循序渐进的方法论思路》,载《中共中央党校学报》2010年第6期;林锋:《〈黑格尔法哲学批判〉的四大哲学创新——兼评〈黑格尔法哲学批判〉不成熟论》,载《北京行政学院学报》2010年第5期;林锋:《马克思〈问题〉与〈导言〉人类解放理论新探——兼评所谓"〈问题〉、〈导言〉不成熟论"》,载《东岳论丛》2011年第4期;林锋:《马克思哲学革命起点新探讨》,载《江汉论坛》2014年第7期;林锋:《人本主义是马克思早期的"不成熟思想"吗?——对我国学界一种学术观点的质疑》,载《东岳论丛》2014年第5期;林锋:《为马克思早期人学思想的哲学地位辩护——以马克思著作的文本考察与比较研究为基础》,载《湖南社会科学》2014年第3期;林锋:《〈1844年经济学哲学手稿〉劳动观辨析——对国内学界一种流行观点的质疑》,载《学术研究》2015年第2期;林锋:《为马克思异化观的历史地位辩护——以马克思前后期异化思想的比较研究为基础》,载《东岳论丛》2015年第2期;林锋:《为马克思早期著作的历史观辩护——对国内学界一种流行观点的质疑》,载《湖南社会科学》2015年第3期;林锋:《再谈马克思〈1844年手稿〉历史观的性质——对学界一种流行见解的质疑》,载《东南学术》2016年第6期。这些论文不同程度带有为马克思早期著作辩护的色彩,在国内产生一定的影响,其中不少文章被《人大复印报刊资料》、《中国社会科学文摘》、《新华文摘》转载。
② 即林锋:《重估马克思早期六部著作的价值与地位》,北京大学出版社2016年版。

越能在"纯粹"的意义上推进学术研究。笔者对本书论及的所有重要的学术问题,均采取了"直面问题,自由争论"的方式。本书对笔者不赞成的观点(尤其是与本书观点直接对立的另一方观点)及其"论据"、"立论逻辑",均直截了当地进行对话和批判。"对话"和"批判"当然不是"目的"本身。不过,"以对话促问题之解决"却是笔者深以为然、高度认同的一种治学理念。为深入"对话",根本解决"问题",本书的语言难免"犀利"或"尖锐"。这一点敬请学界同志谅解。实际上,笔者只是想单纯地就"学术问题"进行论辩和争鸣。基于学术精神、学术平等,笔者欢迎甚至期待:学界不同意见者(譬如与我们意见相左的南京大学"两次转变论者")针对本书的学术观点及学术论证,进行同样"尖锐"、"鲜明"的反质疑、反批判。当然,笔者希望,这些"质疑"或"批判"能建立在强有力的"学术证据"的基础上,展现出强大的"说服力"来。笔者并非不能放弃自己的学术见解,但这要基于学术态度,视学术研究的"真相"而定。以"真相"、"真理"为出发点,不作单纯的"口舌之辩"、"意气之争",这应当是所有研究者共同遵循的治学理念。

笔者还想澄清一下:笔者对学界朋友(包括与笔者意见相左的学者)是深怀敬意的。比如,在笔者的印象中,与我们存在严重"学术分歧"的南京大学学者是宽宏大量、虚怀若谷的,笔者对此颇为欣赏。与意见相左者进行认真的、全力以赴的对话、论辩,笔者既视为一种"荣誉",亦视为一种"责任"。笔者真诚期待,读者能重视笔者提出的"论据",踊跃参与相关话题的讨论,共同推进马克思早期著作的学术研究。

笔者虽极力追求学术辩护的"最佳效果",想在学界产生共鸣,激起"认同感",但笔者自身的学术储备有限、学术思考的深度有限,所以只能尽力为之,不能保证笔者的学术目的完全实现,不能保证笔者的每一个具体论断都是确凿无误的"真理"。笔者更不敢奢望本书能立即终结学界长期以来关于《手稿》的"争论",本书所表达的观点都是可以而且应当进一步辨析、探究的。热忱欢迎国内外学友就本书的改进或完善提出合理意见,笔者对此感激不尽。

第二节 《1844年经济学哲学手稿》研究的方法论

一、如何科学界定《手稿》等早期著作的历史地位[①]

对研究者来说，究竟应当按照怎样的方法或思路，"科学地"界定《手稿》等马克思早期著作的历史地位？这绝非可有可无、无关宏旨的次要问题，而是"马克思早期著作研究"中带有"基础性"、"前提性"的重大问题。这一方法论问题的正确探讨和解决，对研究者正确判断《手稿》的"价值"及"地位"，可谓意义重大。笔者在对学界研究状况的梳理、分析中发现，以往国内外学者对《手稿》等早期著作及其历史地位的一些不准确看法，与他们对相关的方法论问题缺乏足够重视和深入思考有很大关系。倘若我们对界定《手稿》等早期著作历史地位的"方法论问题"进行自觉、深入的思考和探讨，便有可能在评价或判定这些著作的"历史地位"时作出令人信服、根据充分的结论，最大限度地避免"偏颇性"或"独断性"。在这里，笔者将要详细考察和探讨这一方法论问题。在下文中，笔者提出和阐明了一条（关于如何科学界定《手稿》等早期著作的历史地位）的循序渐进的方法论思路，内含五个方法论原则（详见后述）。在笔者看来，这五个"方法论原则"代表了一种解决《手稿》等早期著作历史地位问题的正确的学术思路、学术方向。笔者以为，遵循这一思路和方向，我们才能对《手稿》等早期著作及其"价值"、"地位"作出可靠、可信的判断，克服"偏颇性"、"武断性"。

[①] 本书对"如何科学评价《手稿》等早期著作的历史地位"的看法，一定程度上受到王东教授的影响。笔者这里借鉴了他的学术思想，并对其表示感谢和敬意。

（一）对《手稿》等早期著作的文本展开个案研究，充分领会其核心思想、主要观点

在笔者看来，研究者为"正确界定《手稿》等早期著作的历史地位"而必须从事的第一项"有意义"的工作，就是对《手稿》等著作的具体内容进行仔细考察、辨认和分析，真正弄清各著作文本的核心思想、主要观点。道理极为浅显：在对这些著作的具体内容（尤其是其核心思想、主要观点）很不熟悉或一无所知的情况下，研究者对它们的"哲学价值"、"历史地位"作出"客观"、"公允"的评价是绝不可能的。

那么，如何对这些著作的文本进行充分、有效的个案研究呢？笔者认为，研究者大致可按下列基本思路展开对各著作文本的个案研究：首先，他对马克思著作文本的各组成部分（语句、段落、章节等）按照自然先后顺序逐一加以考察和领会，掌握它们各自的含义、思想或观点；在上述逐一考察、领会的过程中，研究者不仅需要具体把握每一组成部分的含义、思想或观点，还要力图在马克思的叙述过程中深入领会其思想的展开过程及其理论逻辑；考虑到马克思的这些早期著作（《手稿》就是如此）大多带有强烈的论战性、批判性色彩，研究者在把握各著作文本的思想、观点或倾向时，如果涉及马克思与他人的论战、他对后者的批判，则应将马克思和他人的思想、观点进行对照、比较，弄清马克思本人的观点、立场及他与他人思想的关系；在逐一考察和领会马克思著作文本各组成部分、完整再现马克思思维过程的基础上，研究者对文本各组成部分的思想、观点进行整理、汇总和比较，概括出各著作文本的核心思想、主要观点。对各著作核心思想、主要观点的揭示，应成为研究者关于各著作的文本研究的主要目标。不难理解，研究者在对各著作在马克思思想史上的"历史地位"作出整体评价时，应主要根据这些著作的核心思想、主要观点而不是其中处于次要、从属地位的思想、观点。我们不妨设想一下，如果马克思某一早期著作（譬如《手稿》）的核心思想、主要观点是符合"马克思主义"的基本特征、精神实质因而是"马克思主义性质"的，那么，即便该著作中有一些次要思想或观点是"非马克思主义"的或"尚未成熟的"，研究者也不应将该著作简单归入所谓"不成熟著作"、"不科学著作"的

行列,而应将其承认为"马克思主义性质"的著作。

(二) 在马克思早期著作与他的前后期著作之间进行深入的比较研究

既然我们要界定的是《手稿》等早期著作在马克思思想发展史中的"地位",那么仅仅停留在对这些著作的孤立考察上而不联系马克思先前及后来的思想发展,不考察这些著作与他先前及后来的著作的关系,便不能对这些著作自身的"历史地位"作出任何有效的判断。显然,研究者只有在马克思思想发展的完整历程中才能对某一阶段的著作或思想进行精确的定位或评价。在完成了对马克思早期著作文本的个案研究之后,研究者的下一项工作,就是在这些著作与他前后期的著作之间进行深入的比较研究,揭示二者在思想上的真实关系。事实上,通过对学界研究状况的仔细梳理、分析,我们不难发现,要科学回应苏联和我国学界的主流观点长期以来对马克思早期著作(例如《手稿》)的所谓"不成熟性"的批评、责难,正确评价这些著作在马克思思想史上的历史地位,必须充分应用"比较研究法"。其中最具"实质性"意义的比较研究,就是在这些早期著作与他后来的所谓"马克思主义成熟著作"之间进行细致、深入的比较研究。

笔者认为,在从事马克思早期著作与其前后期著作的"比较研究"时,研究者应深入思考下列问题:马克思这些早期著作相对于他先前的著作,具有哪些理论上、思想上的"创新"之处?这些"创新思想"在他后来的著作中是否得到了继承和延续?相比马克思后来的著作,这些早期著作是否存在某些缺憾或不足?这些早期著作的核心思想、主要观点与马克思前后期著作(尤其是他后来的所谓"马克思主义成熟著作")的相关思想、观点之间是否存在"对立"之处?不难看出,这些问题与马克思早期著作"历史地位"的界定之间存在重大关联性,对它们的不同看法直接影响了研究者关于上述著作"历史地位"的结论。对这些问题的深入辨析,有助于消除人们长期以来对这些著作本身的误解,正确评价它们的历史地位。举例来说,我们知道,关于"异化劳动"的观点是马克思《手稿》的主要观点之一,同时也是《手稿》相对于他先前著作的主要哲学创新之一,但也是我国学界中的某一流行观点(以南京大学学者孙伯鍨、张一兵教授为代表①）用以论证《手稿》的所谓"不成熟性"、"不科学性",进而否定《手稿》历史地位的"主要依据"之一。比如张一兵教授便认为,"在青年马克思《1844年手稿》中据主导地位的人本主义异化劳动理论不是马克思主义的科学世界观。从本质上看,劳动异化理论还是一种深层的隐性唯心主义历史观"②,那么,通过对《手稿》与马克思后来的所谓"马克思主义成熟著作"（譬如《资本论》及其手稿）之间的仔细比较研究,我们可以有力驳斥上述说法,进而恢复《手稿》在马克思思想史上应有之历史地位。我们发现,在马克思后来的所谓"成熟著作"（譬如《资本论》及其手稿）中,他并未抛弃或放弃《手稿》异化劳动观的基本思想,而是对其做了直接继承和重大发展,在二者的异化劳动观之间并不存在什么"对立"或"断裂"。当然,通过"比较研究"我们也可以发现,《手稿》的异化劳动观只是马克思对其异化劳动观进行初次理论奠基的产物而非其异化劳动观的完备形态,马克思后来在《资本论》及其手稿中,立足于唯物史观和剩余价值学说两大发现,赋予"异化劳动"新的思想内容,填补了早期异化劳动观的重大空白,使其异化劳动观趋于完备和系统化。③

（三）对马克思毕生著作和革命实践活动进行全面考察和整体把握,科学揭示"马克思主义"的基本特征、精神实质

为了更准确地界定《手稿》等早期著作的历史地位,消除长期以来流行的关于这些著作本身的一些片面看法,研究者除了应对这些著作文本展开个案研究并在它们与马克思前后期著作之间进行"比较研究"外,还应对马克思创立的、以他的名字命名的"马克思主义"的基本特征、精神实质形成透彻、科学的理解。更进一步说,研究者应按照理论与实践相统一

---

① 关于孙伯鍨、张一兵教授对马克思《手稿》的异化劳动理论的看法,可参看孙伯鍨《探索者道路的探索——青年马克思恩格斯哲学思想研究》（南京大学出版社2002年版）、张一兵《回到马克思——经济学语境中的哲学话语》（江苏人民出版社1999年版）中的有关论述。
② 张一兵:《回到马克思——经济学语境中的哲学话语》,江苏人民出版社1999年版,第219页。
③ 以上借鉴了王东教授与笔者合作的论文（《〈资本论〉异化观新探——与〈1844年手稿〉异化观的比较研究》,载《江海学刊》2007年第3期）的相关观点,在文字表述上略有改动。

的原则，从马克思的著作、实践两个层面着手，对他毕生的著作及革命实践活动进行全面、详尽的梳理、考察并加以整体把握，进而抽象、概括出"马克思主义"的基本特征、精神实质。在笔者看来，"马克思主义"的基本特征、精神实质的科学揭示，为我们正确解决马克思早期著作的历史地位问题提供了一个极具价值的参照性视角，有助于我们对这些著作作出合理定位和评价，减少片面性、偏颇性。

假设研究者通过对马克思毕生著作及革命实践活动的梳理、考察及整体把握，确认马克思所创立的"马克思主义"具有如下基本特征：以人为本、以人类解放为终极追求、以无产阶级为阶级基础、坚持唯物论与辩证法、重视实践和斗争、从物质生产劳动出发来解释人类社会发展过程等，而"致力于人类解放、为人类幸福而斗争"就是"马克思主义"的精神实质，那么，他在具体评价作为马克思早期著作的《〈黑格尔法哲学批判〉导言》或《手稿》的历史地位时，就应以"马克思主义"的上述基本特征、精神实质作为重要参考尺度，而不能与这一尺度截然对立或背道而驰；假设他通过对这两部著作文本的仔细辨析，确定它们的基本特征正是"以人为本"、"以人类解放为终极追求"、"以无产阶级为阶级基础"、"坚持唯物论与辩证法"、"注重实践和斗争"（此外，"从物质生产劳动出发来解释人类社会发展过程"也是《手稿》的一个鲜明特征。如上所述，这些特征也是"马克思主义"的基本特征），而且两部著作的精神实质与"马克思主义"的上述"精神实质"是一致的（即都以"致力于人类解放、为人类幸福而斗争"为"精神实质"），那么，基于一种严谨、科学的研究态度，他绝不能简单、轻率地将这两部著作判定为马克思早期的所谓"不成熟著作"、"不科学著作"（通过对两部著作文本的考察，他或许可以声称它们的某些思想或观点是"不成熟"、"不科学"的，但绝不能对二者作出"不成熟"、"不科学"的整体评价，这种评价是偏颇的、武断的），毕竟，二者在基本特征、精神实质上与他创立的"马克思主义"有着高度一致性，否定了它们也就意味着否定了整个"马克思主义"。当然，如果马克思的某一早期著作与他创立的"马克思主义"在基本特征、精神实质上是根本对立的，那么该著作就必定是他早期的"不成熟著作"。

（四）认真辨析马克思早期著作与旧哲学的关系

苏联和我国学界一种观点认定《手稿》等早期著作是马克思的"不成熟著作"，其主要依据之一，便是这些早期著作带有浓重的"旧哲学痕迹"，这表明：马克思当时还尚未和旧哲学划清界限，甚至在相当程度上还是旧哲学的崇拜者或信仰者，尚未真正创立马克思主义世界观。有的国内学者（例如孙伯鍨、张一兵教授）甚至认为，在马克思创立唯物史观的思想历程中存在一个"费尔巴哈阶段"（即费尔巴哈式的"一般唯物主义"和"人本主义历史观"占主导地位的阶段），在经过"费尔巴哈阶段"之后，才从根本上修正和超越了其费尔巴哈哲学立场，创立了唯物史观。① 而在主张积极评价马克思早期著作历史地位的学者看来，在这些著作中，旧哲学（尤其是费尔巴哈哲学）的影响或痕迹虽然存在，但并不占主导地位，马克思自己的哲学思想（尤其是正在生成的"新唯物主义思想"）才是这些著作中的主导性思想，仅仅以这些著作中存在旧哲学的痕迹或影响便将它们打入"不成熟著作"的冷宫是欠妥的，甚至是有失公允的。② 从以上两种对立观点中，我们其实不难看出：马克思上述早期著作与旧哲学（尤其是费尔巴哈哲学）的关系与这些著作的"历史地位"之间存在内在的、紧密的关联性，研究者只有对二者的关系进行了认真辨析，才可能对这些著作的"历史地位"作出恰如其分的判断，恢复马克思早期思想史的本来面目。

在笔者看来，研究者在辨析《手稿》等早期著作与旧哲学的关系进而判定这些著作的"历史地位"时，关键要弄清：在这些著作中占据"主导地位"、构成著作"核心思想"、"主要观点"的，究竟是马克思当时接受而后来又加以抛弃的旧哲学思想或观点，还是他自己创立的"马克思主义性质"的新哲学思想或观点？如果是前一种情形，那么我们就应当承认，这些著作的确是他创立新哲学过程中的"不成熟著作"，对其"历史地位"应予基本否定，这些著作的"价值"仅在于为他后来的"成熟著作"

---

① 转引自王东、林锋：《马克思哲学存在一个"费尔巴哈阶段"吗？——"两次转变论"质疑》，载《学术月刊》2007年第4期。
② 王东教授便坚持这一看法，本人亦表示赞同。

实现"哲学革命"作必要的理论铺垫；而如果是后一种情形，那么，将这些著作定性为所谓"不成熟著作"的做法便是值得"商榷"的。笔者还认为，研究者不能仅根据这些著作中马克思关于旧哲学家及其哲学思想的个别言论，简单、轻率地判定二者在哲学思想上的关系，还必须根据二者各自的著作（这应当是判断二者关系最基本、最重要的依据），对他们的哲学倾向进行深入、细致的辨析和比较，真正弄清他们在具体问题上的立场的异同。比如，众所周知，马克思在《手稿》中高度赞扬了费尔巴哈的哲学功绩，甚至断言"**费尔巴哈**是唯一对黑格尔辩证法采取**严肃的**、**批判的**态度的人；只有他在这个领域内作出了真正的发现，总之，他真正克服了旧哲学"①，这就容易给读者造成一种错觉，似乎马克思完全赞同费尔巴哈对黑格尔辩证法的态度，但事实上，通过对二者哲学倾向的仔细比较，我们发现，马克思赞同的主要是费尔巴哈对黑格尔辩证法的唯心主义、神秘主义性质的批判，而不是他对黑格尔辩证法简单否定、完全抛弃的虚无主义做法，值得注意的是，马克思在《手稿》中大力赞扬了黑格尔辩证法的积极因素，与费尔巴哈形成了鲜明对照。② 上述事实表明，至少在对黑格尔辩证法的态度上，马克思与费尔巴哈有重大区别，绝不能仅根据表面现象、不假思索地将他们的立场混为一谈。

另外，在辨析《手稿》等早期著作与旧哲学的关系时，有一种特殊情形应引起我们的注意和思考：如果某一旧哲学思想或观点（比如费尔巴哈"以人为本"的思想）被马克思某一早期著作所吸收并成为该著作的主要观点之一，那么，能否直接断定该著作"尚未与旧哲学划清界限"因而是"不成熟著作"呢？对此，笔者认为不能。在笔者看来，要判定某一著作是否是"不成熟著作"，不能仅仅依据"马克思是否在该著作中吸收了某一旧哲学思想并将其作为主要观点之一"这一点，还应弄清：这一旧哲学思想是否在马克思后来的思想发展中得到了继承和延续？如果是，那么这一旧哲学思想也就不宜视为马克思早期的"不成熟思想"了，我们同样没

---

① 《马克思恩格斯文集》第1卷，人民出版社2009年版，第199页。
② 王东、林锋：《马克思哲学存在一个"费尔巴哈阶段"吗？——"两次转变论"质疑》，载《学术月刊》2007年第4期。

有理由将该著作认定为所谓"不成熟著作"。笔者注意到，在以往学界对马克思早期著作的研究中存在着一种简单化、片面化倾向，似乎只要马克思的某一早期著作不在一切方面与旧思想家或同时代人的思想"决裂"，这一著作中的马克思便还不具备足够的哲学个性，他便还没有完全成为"马克思"（即作为"马克思主义初始人"的马克思）。实际上，这种看法忽视了马克思对前人思想遗产及同时代人思想精华的继承、借鉴关系，是极为片面的、偏颇的。毫无疑问，既有"批判"也有"继承"、"借鉴"，这才是马克思对旧思想家及同时代人的真实关系。

（五）借鉴马克思本人对其早期著作的评价[①]

众所周知，马克思本人曾对自己的早期著作给予过较高的评价[②]，不仅他本人，恩格斯、列宁也对马克思的早期著作给予了较高评价，列宁甚至还明确断言，早在1843年，马克思就已经成为"马克思"，成为现代唯物主义的创始人了。[③] 在他们看来，马克思早期的著作（譬如《黑格尔法哲学批判》《1844年经济学哲学手稿》等）并非简单的"不成熟著作"、"不科学著作"，至少是对马克思创立新哲学有重大价值或积极意义的著作，对其历史地位应给予基本肯定而不是基本否定。

那么，究竟应该如何看待马克思主义经典作家（尤其是马克思本人）对马克思早期著作的评价或意见呢？笔者的立场是：这些评价或意见（包括马克思本人的评价或意见）虽不能作为研究者界定或评价这些著作"历史地位"的唯一依据（甚至也不能作为"主要依据"），但可作为具有

[①] 笔者将"借鉴马克思本人对其早期著作的评价"作为界定马克思早期著作"历史地位"的一条方法论原则，是借鉴了王东教授的相关学术思想的结果。他先于笔者并帮助笔者注意到马克思、恩格斯、列宁对马克思早期著作的相关评价或意见。王东教授主张在界定马克思早期著作的历史地位时，不仅应重视马克思本人对它们的评价，也应借鉴恩格斯、列宁关于这些著作的看法或意见。笔者赞同他的这一看法。关于马克思、恩格斯、列宁关于马克思早期著作的相关评价或意见，参看王东教授与笔者合作的论文（《马克思哲学存在一个"费尔巴哈阶段"吗——"两次转变论"质疑》，载《学术月刊》2007年第4期）。

[②] 值得我们重视的是，1844年后，马克思从未对《手稿》作出过"不成熟著作"的评价，更未作出过什么"不科学著作"这样的评语。"不成熟论"及"不科学论"都不是出自马克思自己的评价，而是后来的研究者的所谓"文本研究"的产物。

[③] 参看王东、林锋：《马克思哲学存在一个"费尔巴哈阶段"吗？——"两次转变论"质疑》，载《学术月刊》2007年第4期。

"重要参考价值"的意见谨慎地加以借鉴,至少应给予高度重视并认真评估其"合理性",绝不能视而不见、不屑一顾。

对于具有严谨科学态度的研究者来说,要正确判定《手稿》等马克思早期著作的"历史地位",必须以客观事实为依据,立足于这些著作的文本内容,在这些著作与马克思前后期著作之间进行深入的"比较研究",并对马克思毕生著作和革命实践活动进行全面考察和整体把握,揭示"马克思主义"基本特征、精神实质,认真辨析上述早期著作与旧哲学的关系,进而合理确定它们的"历史地位",而不应以任何主观意见为转移。即便是马克思本人对自己著作的评价(按照人们通常的思维逻辑,这种评价显然具有极大的"权威性"),也只能作为值得研究者借鉴或重视的参考性、辅助性意见,而不能迷信或盲从。企图根据马克思本人的评价或意见,一劳永逸地界定上述早期著作的"历史地位",这在一定程度上是违背"科学精神"的。但是,能不能完全忽视马克思的这些评价或意见呢?当然不能。不可否认的是,作为创立新哲学的思想过程的亲历者、当事人,马克思无疑比任何人都更了解上述思想过程,至少他对自己是否把上述早期著作视为所谓"不成熟著作"、"不科学著作"是完全清楚的。他亦有足够能力对上述著作在自己的思想历程中的"地位"作出准确判断。就实际情形而言,马克思的确比他人及后人更有能力判断自己的早期著作的"价值"及"地位"。既然如此,那么对于研究者来说,马克思对上述早期著作的评价或意见不但是不可轻视的,而且是必须高度重视的;如果他对马克思的某一说法持保留态度,或作出不同于马克思意见的结论,他必须对自己观点的"合理性"进行格外认真、谨慎的评估。笔者认为,既然马克思完全有能力、有条件对自己的思想历程作出准确判断,那么我们在界定上述早期著作的"历史地位"时,在具体结论上就不宜与马克思的评价或意见过度冲突,更不能与之截然相反(除非有充分的事实根据表明,马克思的看法是片面的),否则其合理性、科学性便是很值得怀疑的。简言之,借鉴而不盲从,应成为我们对待马克思本人的相关评价或意见的基本态度。

将以上五个研究路径加以有机整合,就构成了我们解决《手稿》等马克思早期著作"历史地位"问题的一条"循序渐进"的方法论思路:《手稿》等马克思早期著作文本的个案研究——著作核心思想、主要观点的领会——《手稿》等早期著作与马克思前后期著作之间的比较研究——马克思毕生著作、革命实践活动的全面考察和整体把握——"马克思主义"基本特征、精神实质的揭示——《手稿》等早期著作与旧哲学的关系的辨析——对马克思关于其早期著作的评价的借鉴——《手稿》等早期著作历史地位的界定。按照上述思路,循序渐进、逐层深入,我们就有可能对《手稿》等早期著作的"历史地位"作出有说服力、根据充分的界定,正确评价青年马克思的哲学探索及其贡献。

二、《手稿》研究的"价值中立"原则:一种不同于西方学界同一提法的方法论原则

笔者强调《手稿》研究的"价值中立"原则,绝不是没有具体的考虑,没有现实的"针对性"的(笔者很快要谈到这一点)。对"方法论问题"的极度重视,构成笔者的"马克思早期著作研究"的重要特点。在笔者这里,"方法"意味着治学的根本路径和基本规范。"方法"失误,结论的"可靠性"就失去了保障。在本节第一部分,笔者具体地阐明了科学界定《手稿》等马克思早期著作"历史地位"应遵循的五条方法论原则(详见前文),它们构成了解决马克思早期著作"历史地位"问题的一条"循序渐进"的思路。这些原则都是一些非常具体的、具有"可操作性"的马克思早期著作研究的方法,它们对确保结论的"科学性"意义重大。笔者这里还要谈论一种更为抽象的《手稿》研究方法。这一方法对纠正学界的不良学风、确保结论的"可靠性"而言,其意义同样重大,笔者称之为"价值中立"的方法。

"价值中立"这个提法当然不是笔者的什么"发明"或"专利"。在笔者之前,人类学术史上就有这一说法。不过,必须澄清的是,笔者借用这一概念所表达的意思,与西方学者不完全相同,不可与之混为

一谈。① 笔者这里采用这一提法，有特定的所指和特定的目的。笔者意在引导《手稿》等早期著作的研究者按照客观严谨的治学路径和研究方法，不带价值偏见地考察、探索与《手稿》相关的复杂问题，最终领会和揭示学术问题的"真相"，客观、公允地认识、评价《手稿》及其"历史地位"。笔者所讲的《手稿》研究的"价值中立"原则，讲的就是：任何从事马克思《手稿》研究的人，在面对《手稿》时，均不可戴着某种解读范式的"有色眼镜"，怀着某种"先入之见"，先入为主地对《手稿》及其思想观点进行先验的认定。也就是说，当他初次面对《手稿》时，是不应有任何"先入之见"，不作任何"价值判断"的。在笔者看来，关于《手稿》的任何"解读范式"、"学术评价"及"价值判断"都应当是研究者不带价值偏见地研读、辨析《手稿》之后形成的。领会和遵循这一"价值中立"的原则，对于确保《手稿》研究的"科学性"、"学术性"及结论的"可靠性"，可谓至关重要。是否认可并遵循"价值中立"的原则，是判断《手稿》研究者是否尊重学术宗旨、敬畏学术原则的重要依据。

我们绝不能设想下述情况的"合理性"：一位"研究者"在独立研究《手稿》前，其头脑中已存在着（关于《手稿》的）某种解读范式（换言之，在独立考察《手稿》前，他已经有了某种"先入之见"，这往往是受到学界某种流行范式或某种权威观点影响的结果），当他面对《手稿》时，他戴着这种解读范式的"有色眼镜"，有选择性地关注和挑选有利于该解读范式之结论的相关文字表述，对《手稿》中所有"含义有待确定"的争议性表述，一概作出"迁就"或"迎合"该解读范式的解读，对貌似不利于己方的文本表述，则不予理睬，故意忽略，或试图"化不利为有

---

① 必须澄清的是，笔者无意于抽象、笼统、"不分青红皂白"地禁止人们对马克思的《手稿》作任何"价值"层面的"评价"。这里谈的"价值中立"，严格来说，只是反对人们在初次面对和研究《手稿》时怀有"先入之见"或某种"价值倾向"，反对人们带着这种"先入之见"或"价值倾向"，"先入为主"地看待、评价《手稿》。笔者认为这是违反学术精神、学术规范的错误做法。人们在中立地、客观地、不带"价值偏见"地研究了马克思的《手稿》后，当然可以对《手稿》的具体观点甚至"总体性质"进行某种价值判断、价值评价，这与笔者谈的"价值中立"原则毫无"矛盾"或"冲突"之处。

利"，对这些文字表述进行曲解，牵强附会，以达成维护己方论点的目的。在笔者看来，这种"治学"的方式与其说在从事"严肃、客观的学术研究"，倒不如说在为某种"先入之见"，为某种外在的、其"可靠性"有待"审视"或"证实"的《手稿》解读范式进行单纯的"论证"或"辩护"。这种单纯的"论证"和"辩护"不能归入"学术研究"的范畴，不是真正意义的"学术研究"。毫不夸张地讲，它绝不能为我们科学解决《手稿》研究中的任何疑难问题，不能确保我们结论的"可靠性"，恰恰相反，它使我们一开始就处在错误的治学路径上，并（往往）与真相渐行渐远。

令笔者忧虑的是，"价值中立"的原则并未在我国学界的《手稿》研究中完全确立起来并得到充分的尊重和实践。笔者发现，不少《手稿》的研究者是"背离"（甚至"严重背离"）这一原则的。在他们独立、中立地研读《手稿》（至少是全面、深入、透彻地阅读《手稿》）前，早已从学界的某些"权威学者"或学界权威的马克思主义哲学史教科书那里学习并接受了关于《手稿》的某种流行的解读范式，他们将权威学者或权威的教科书的观点或结论视为确凿无疑的"真理"（确切地讲，视为某种确定的、不容置疑的"知识"），自觉地带着这种观点或结论的"有色眼镜"，审视和定性《手稿》中的"争议性"表述，对《手稿》的思想观点进行各种"定性"和"责难"，久而久之，随着时间的推移，他们对上述解读范式或权威观点的认同感逐渐增强，不论他们承认与否，他们已经成为这种解读范式或权威观点的"论证者"和"辩护者"了。当遭遇异质见解的反对和质疑时，他们内心本能的反应是"辩护"（即为他们从教科书或"权威学者"那里学来的关于《手稿》的某种结论辩护）和"抵制"（即抵制任何与上述权威见解或解读范式不符的质疑的声音）。他们很少深刻思索这样一个问题：他们信以为然的关于《手稿》的那些流行说法（比如关于《手稿》的各种"缺陷"或"不科学性"的说法），是否真的符合《手稿》的"真相"，真的符合马克思思想的真实进程？毫不客气地说，这些"研究者"若不自觉思索上述问题，依旧按照原有的方式，以"先知先觉者"的某种姿态，对自己

"信以为真"的结论保持高度的自信,对《手稿》施加各种不公允的批判和责难,继续提出《手稿》的各种"莫须有"的"缺陷",那么,可以想象,学界的《手稿》研究者即便人数众多,其研究质量亦难保障。

在笔者看来,以教科书或权威学者的见解作为《手稿》研究的"出发点"是非常不妥的(不论这种见解是否正确)。作为《手稿》研究的"出发点"或"依据"的,绝不能是某种主观的解读范式或个人看法,而只能是《手稿》的"文本"本身。虽说对文本的阐释难免多样化,但这种"多样化"是不违反学术精神、学术宗旨的。只要是基于"价值中立"原则独立思考、独立阅读而形成的文本学结论,不论是否"正确",一定程度上都是值得"尊敬"或"赞赏"的。

笔者无意于声称,《手稿》毫无缺憾、极度完美,对《手稿》的任何批评均是错误的。如前所述,作为马克思的一部早期著作,《手稿》当然是不完美的。对《手稿》所作的"批评",有时的确是研究者基于自己的学术研究,不带价值偏见,独立思考而作出的判断。这种情形自然不在"价值中立原则"反对的范围内。笔者这里谈的"价值中立原则",反对的是:盲目轻信前人的结论或学界流行的见解,在未作深入阅读、认真辨析的情况下,就附和他人意见,按照他人的解读框架及思维方式,轻率地指控、批判《手稿》的所谓"不成熟性"、"不科学性"。这显然是一种违反学术精神的错误做法。

第三节 本书的五个"学术创新"

一、《手稿》历史观与唯物史观"精神实质"一致的"文本学证明"

在以往我国学界的《手稿》历史观研究中,占"优势"的是这样一种流行见解：《手稿》的历史观实质上是一种用抽象道德标准来苛责社会客观现实的抽象人本学唯心史观①，是马克思主义、唯物史观的"对立面"。这种观点得到大量学者的支持或附和。在我国学界，虽有部分论者对上述说法提出质疑，但往往未能从《手稿》的文本中找到决定性的"证据"，未能对上述说法作出有效的"证伪"。即便提到了若干"证据"，这些论者在作相关的"文本学阐释"时，往往也未达到足够的深度或力度，未能真正驳倒上述流行见解。不少对《手稿》持"赞赏"、"肯定"态度的研究者，在面对上述流行见解的强势话语时，处于"失语"状态，未敢正面回应并作出驳斥，暴露了这些学者内心的某种"不自信"。本书采取"知难而上"、"正面交锋"的姿态，对上述流行观点作了坚决的批判，从"文本学"方面为马克思《手稿》历史观与唯物史观"精神实质"、"精神气质"的"一致性"作了充分的"文本学证明"（参看本书第一章第二节）。本书所列的（来自《手稿》的）"文本学证据"颇具说服力和针对性，对作为"证据"的《手稿》相关论断、相关表述的"文本学阐释"较为精细和透彻，对这些论断与唯物史观的"一致性"的说明较为精准和到位，从而实现了较好的"论证效果"，有力驳斥了所谓"《手稿》历史观是唯心史观"的论调。

二、《手稿》异化劳动理论、青年马克思异化理论的"系统性解读"

关于马克思早期的异化理论，以往我国学界的主流解读范式，是将《手稿》的异化劳动学说及其四个规定视为该理论的主要内容，甚至唯一内容。在学界的这一主流范式中，《手稿》成了理解马克思早期异化理论的唯一重要文本；"异化劳动学说"成了青年马克思异化理论的唯一重要

---

① 参看孙伯鍨《探索者道路的探索——青年马克思恩格斯哲学思想研究》（南京大学出版社2002年版）、张一兵《回到马克思——经济学语境中的哲学话语》（江苏人民出版社1999年版）中的有关论述。

内容，而异化劳动的"四规定"则成了马克思异化劳动理论的唯一重要内容。

　　本书作出了截然不同上述流行范式的全新解读，突破了上述范式的狭隘视野，实现了对《手稿》异化劳动理论及青年马克思异化理论的"系统化解读"。首先，笔者提出，《手稿》的"异化劳动理论"绝非只有四个规定或四个要点，而是一个较为严整的"理论系统"，包含了马克思对异化劳动的前提、原因、表现形式、后果、历史形态、是非功过、未来命运、消亡途径等诸多问题的深刻思考和分析（参看本书第五章第一节），上述四规定只是《手稿》异化劳动理论的部分内容，将该理论的基本思想仅概括为这四个规定是"过于简单"、"有失全面"的。笔者还进一步提出一种新见解：青年马克思异化理论的思想内容绝不限于《手稿》的异化劳动学说，更不限于"异化劳动"的上述四规定，它不仅仅是一种"经济异化学说"，而是一种广泛涉及经济、政治、社会关系、精神等领域的"异化理论体系"，经济异化理论只是其中的一个主要分支，而非全部重要内容，除了"经济异化理论"外，"政治异化理论"、"社会关系异化理论"、"精神异化理论"也是马克思早期异化理论的基本内容（参看本书第五章第二节）。在笔者看来，"异化劳动学说"不过是马克思早期经济异化理论的主要内容之一，并非后者的唯一内容，除了"异化劳动"问题外，马克思早期著作还深刻探讨了其他重要的"经济异化"问题（货币与人的关系的异化、货币与私有财产的关系的异化等）。对《手稿》异化劳动理论、青年马克思异化理论的系统化新阐释，是本书的一个显著的特色和创新点，对国内学者重新认识马克思的异化劳动理论、异化理论有显著的学术意义。

三、马克思早期人学在马克思主义人学史上的"四大开创性贡献"的揭示和阐明

　　这或许也是本书在学术上的一点"建树"。在以往学界主流见解的解

读框架中，以《手稿》为代表的马克思早期著作的人学思想的"价值"被严重遮蔽或贬低。这些早期人学思想被不恰当地排除在"马克思主义人学"的范畴外，遭到批评和责难，被视为一种"不成熟"甚至"不科学"的人学观点。本书不仅以马克思前后期著作的"文本考察"和"比较研究"为基础，为马克思早期人学思想的"科学性"作了充分的学术辩护，还在较为深入的"文本学研究"的基础上，揭示和阐明了马克思早期人学在马克思主义人学史上的若干"开创性贡献"（参看本书第七章第二节第二部分）。笔者明确提出，马克思早期人学思想，实际上是马克思对马克思主义人学的"第一次思想奠基"，是"马克思主义人学"的真正起点，在马克思主义人学史上有"四大开创性贡献"：在马克思主义人学史上，首次深刻揭示人的"自然性"，提出"两种自然"的思想；首次充分说明人的"社会性"，提出"人在社会联系中存在"的思想；首次系统分析人的"存在方式"，并以此为基础，首次科学说明"人的本质"；首次从哲学高度考察和探索人的历史发展轨迹。本书关于马克思早期人学的"四大开创性贡献"的提法及具体的阐释，具有一定的特色和新意，对学界重新认识、评价《手稿》等早期著作的人学思想，有一定的参考价值、借鉴意义。

四、《手稿》"人本主义"的新探讨

与《手稿》思想体系中不少组成部分（历史观、异化理论、人学、劳动观等）在学界中的"境况"相似，《手稿》的"人本主义"思想长期遭受学界传统观点的抵制和批判，被视为一种与"马克思主义"、"唯物史观"格格不入的旧哲学倾向，成了《手稿》"不成熟"、"不科学"的重要"证据"。本书的一个重要特色和贡献，就在于对《手稿》的"人本主义"作了新的辨析和探讨，提出了若干符合马克思"人本主义"思想原貌的新看法（参看本书第八章第二节），澄清了若干问题，对学界深化对《手稿》"人本主义"的认识、恢复其"历史地位"颇有助益。本书提出，

《手稿》的"人本主义"与脱离社会现实、缺乏经验分析的思辨式人本主义以及忽视阶级差别、鼓吹"阶级调和论"、"泛爱"的费尔巴哈式人本主义有根本区别,绝不能不加辨析、不作区分,将二者混为一谈;这种人本主义不仅是"具体的"、"有针对性的",而且是"合理的"、"正义的"、"可实现的"。笔者还强调,马克思的《手稿》用其人本主义及其道德观念来批判资本主义黑暗现实并无不妥之处;"人本主义"与"唯心主义"并无必然联系,唯物主义者亦可持有"人本主义立场";《手稿》的"人本主义"不宜定性为"资产阶级意识形态",与"唯物史观"并不"对立"。本书对《手稿》"人本主义"的新探讨及其相关论证,有一定的价值与新意,一定程度上值得学界关注和回应。

五、《手稿》劳动观的再思考

如何正确看待和评价马克思《手稿》的劳动观及其"性质"？它究竟是一种"马克思主义性质"的劳动观,还是一种"非马克思主义"、"前马克思主义"色彩的劳动观？关于这一问题,我国学界长期以来存在"争议"。本书在深入的文本学辨析的基础上,为合理解决这一争议性话题做了积极的尝试,提出了若干有"说服力"的学术见解（参看本书第二章第三节）。在本书看来,作为一个对人类历史有高度认知能力、富有科学精神的思想家,青年马克思完全清楚并承认,在特定历史条件下,劳动必然是"不自由"的,这种不自由的劳动（"异化劳动"）是特定历史条件的产物,就当时的历史背景、历史条件而言,其存在具有必然性;"自由自觉劳动"不仅仅是马克思当时关于人类劳动的一种"理想",它还是一种"曾在人类史前时期真实存在的具体劳动形式";《手稿》并未对私有制社会的现实劳动进行单纯的"道德批判"或加以"简单否定",而是采取"一分为二"的辩证科学态度,在批判其"不正义性"的同时,充分肯定其"历史功绩"。本书关于《手稿》劳动观的具体观点及相关论证,对我国马克思主义哲学史教学与研究,特别是对《手稿》劳动观的学术研究有一定参考价值。笔者的一些重要论断（比如"自由自觉劳动"不仅仅是马克思当时关于人类劳动的一种"理想"，它还是一种"曾在人类史前时期真实存在的具体劳动形式"；《手稿》并未对私有制社会的现实劳动进行单纯的"道德批判"或加以"简单否定"，而是在批判其"不正义性"的同时，充分肯定其"历史功绩"）及论证，较之前人，较有新意和深度，体现了本书的"创新性"和学术水准，同样值得学界关注和回应。

第一章 《1844年经济学哲学手稿》历史观性质的探讨

马克思《1844年经济学哲学手稿》(以下简称《手稿》)的历史观,长期以来遭受学界流行见解的质疑、批评,被视为一种"非马克思主义的"历史观,甚至被明确定性为所谓"唯心史观"。在《手稿》的批评者看来,该手稿的历史观不仅未能达到"唯物史观"的思想高度,甚至明显地处在唯物史观的"对立面",马克思正是在克服和摆脱了此著作的"唯心史观"倾向后,才真正创立了"唯物史观",实现了"哲学革命"。这种看法不符合马克思思想史的本来面目,是不可取、不公允的。本章以《手稿》中若干代表性表述的辨析、阐释为基础,辅以必要的学理分析,论证了《手稿》历史观与唯物史观在"精神实质"、"精神气质"上的一致性,为《手稿》历史观作了有力的辩护。

第一节 饱受"争议"的《1844年经济学哲学手稿》历史观

一、学界关于《手稿》历史观的主要解读范式

如前所述,在马克思前后期诸文本中,最具"争议性"的,无疑是他

青年时代所作的《手稿》。众所周知，对于"如何定位、评价《手稿》"这一复杂问题，学界从一开始就存在"分歧"，甚至存在着严重的"对立"，概括起来，有两种截然不同的观点：一种观点以某些西方学者为代表，他们对《手稿》给予了"高度评价"；另一种观点则以苏联、我国部分学者为代表（一些西方学者也持类似看法），《手稿》被认为与他后来创立的"唯物史观"之间存在重大"差异"甚至"对立"之处，被排除在"马克思主义著作"的范畴之外（如前所述）。

在《手稿》哲学观各组成部分中，最具"争议"、最受"责难"的，恐怕要数这部手稿的"历史观"。较之历史观，《手稿》自然观遭受的"非议"明显要小一些，甚至被认为具有某种"正面"价值。长期以来，我国学界主流观点对《手稿》的批评，正是聚焦于其历史观。在批评者看来，《手稿》的历史观不仅未能达到"唯物史观"的思想高度，甚至明显地处在唯物史观的"对立面"（"唯心史观"），马克思正是在根本摆脱了《手稿》的"唯心史观"倾向之后，才真正创立了"唯物史观"与"马克思主义"，实现了"哲学革命"。将《手稿》历史观与马克思主义的"唯物史观"严格"区分"甚至"对立"起来，成了上述批评者中的一种普遍倾向，其中不少论者明确将《手稿》历史观的"总体性质"界定为所谓"唯心史观"①。在这些论者眼中，作为马克思的一部"早期著作"、"过渡性著作"，就整体而言，《手稿》根本未达到"唯物史观"的哲学高度，其中虽有一些唯物史观思想的"萌芽"，但这些"思想萌芽"在《手稿》中绝不是"主导性"、"统摄性"的哲学话语，而是"边缘性"、"从属性"的"思想火花"，根本不能改变《手稿》中"唯心史观"倾向占"优势"、占"主导"的格局。如果说《手稿》历史观确实在某些方面具有一些"唯物史观"特征，与历史唯物主义具有某种"相似性"的话，

---

① 这些学者为数不少，其中不乏著名学者。南京大学著名学者孙伯鍨、张一兵教授在其学术代表作中，就鲜明地将《手稿》历史观的首要性质认定为用"应有"批判、责难"现有"的抽象人本学唯心史观。关于其学术观点及具体论述，读者可参看两位学者的专著（孙伯鍨：《探索者道路的探索——青年马克思恩格斯哲学思想研究》，南京大学出版社2002年版；张一兵：《回到马克思——经济学语境中的哲学话语》，江苏人民出版社1999年版），也可参看他们的一些相关论文。

那么这种"相似性"较之《手稿》历史观与唯物史观的"差异性"、"冲突性"则是微不足道的。如果要对《手稿》历史观作出一个整体评价,那么"唯心史观"就是虽然"尖锐"但却"最恰当"的评语。那么,事实果真是如此吗?

二、对流行观点的质疑

笔者自2005年下半年以来,在攻读哲学博士学位(北京大学哲学系,2005—2008年)及留校任教(北京大学马克思主义学院,2008年至今)期间,一直致力于以学术方式恢复《手稿》等马克思早期著作的"哲学地位",迄今为止,已做了大量的学术工作。十余年来,笔者在导师北京大学哲学系王东教授学术范式的指引下,立足于独立思考和(对马克思早期文本的)反复"研读"、"辨析",对质疑、批判《手稿》《黑格尔法哲学批判》等马克思早期著作的学界主流解读模式及其"论据"进行了强烈质疑,为这些著作(包括其历史观)的"哲学地位"做了积极的学术辩护,先后发表十多篇相关论文,并出版一部专著。笔者确信,以往学界的流行见解将《手稿》《黑格尔法哲学批判》《论犹太人问题》《〈黑格尔法哲学批判〉导言》等早期著作定性为马克思早年的所谓"不成熟"、"不科学"著作、排除在"马克思主义著作"之外的做法是极为不妥的,不能真实反映这些著作的"哲学价值";这些著作其实是马克思发动"哲学革命"、创建"新唯物主义"的思想历程中取得的首批理论成果,属于马克思"新唯物主义哲学"的初级形态,应当归入"马克思主义哲学著作"的范畴,其历史地位应予肯定。① 笔者在与主流见解进行论战时,所面临的"最尖锐"的学术问题,就是"如何看待并界定《手稿》历史观的性质"。对笔者而言,这是一项颇具"挑战性"且无法回避的艰巨任务。笔者深知,如

---

① 林锋:《重估马克思早期六部著作的价值与地位》,北京大学出版社2016年版,第220页。

不能对所谓"《手稿》历史观是唯心史观"的流行论断作出有效回应、进行有"说服力"的驳斥，就不可能真正战胜（将《手稿》等早期著作视为所谓"不成熟著作"的）学界流行论调，确立《手稿》等早期著作的"正面形象"。笔者注意到，持上述论调的论者，特别是其中最活跃、水平最高的学者（孙伯鍨、张一兵教授等）在质疑、批评《手稿》，谈论其"不成熟性"、"不科学性"时，最常利用的"论据"、"证据"之一（甚至也可以说就是他们的"核心论据"），就是所谓"《手稿》历史观是唯心史观"的说法。在他们看来，即便是单凭这一点，也足以对《手稿》作出"否定性"的评价。的确，如果这一说法成立，将《手稿》归为马克思早期的"不成熟著作"甚至"不科学著作"，就有了"充足"的理由。鉴于此，笔者在以往的学术交锋中，对这一说法（即所谓《手稿》历史观是"唯心史观"的说法）进行了多次批判，与此论断的倡导者、支持者进行了多次学术对话。在近几年来的"对话"、"争鸣"中，笔者的主要着力点，是对这一流行说法的"立论基础"、"核心依据"（即孙伯鍨、张一兵先生所分析的《手稿》用抽象的、"理想化"的劳动形式即"自由自觉劳动"来质疑、苛责资本主义社会的现实劳动，用抽象的人本主义道德理想来责难私有制社会的客观现实，质疑后者存在的"合理性"，在他们看来，这些是典型的"道德唯心主义"倾向，实质上是一种"唯心史观"）进行根本质疑，从而消解这一说法的"科学性"、"说服力"。① 在本章中，笔者不准备重复这种对话模式②，而是打算从另一视角，以另一种方式（一种更加"直接"的方式）来达成笔者的学术目的，即直接以"文本分析"为中心，以《手稿》文本中若干"关键性"表述的辨析、阐释为基础，为"《手稿》历史观实质是'唯物史观'而不是'唯心史观'"的学术观

---

① 参看林锋：《〈1844年经济学哲学手稿〉劳动观辨析——对国内学界一种流行观点的质疑》，载《学术研究》2015年第2期；林锋：《为马克思早期著作的历史观辩护——对国内学界一种流行观点的质疑》，载《湖南社会科学》2015年第3期。

② 当然，以往笔者文章对此流行说法的质疑方式（在笔者看来）仍然"有效"，这里仅仅为避免重复，不再提及。读者可将笔者以往文章的学术论证与本文所作的进一步探讨综合起来看待，这样便可全面了解笔者对《手稿》历史观是如何进行学术上的"辩护"的。

点寻找"决定性证据"。① 也就是说，笔者将在下文中直接依据和利用《手稿》的文本，精选若干来自《手稿》文本的"关键性"证据，辅以充分的学理分析，正面论证下列观点：《手稿》的历史观，就其"精神实质"、"精神气质"而言，绝非什么"唯心史观"，恰恰正是一种"唯物主义"性质的历史观，与"马克思主义历史观"具有内在的"一致性"。文中的说法及论证如有不妥之处，欢迎学界同志商榷、指正。

第二节 《1844年经济学哲学手稿》历史观与唯物史观"精神实质"的一致性

如果笔者仅仅列出《手稿》文本中体现"唯物史观"某种特征的一些表述②，以此来证明"《手稿》历史观就其'精神实质'而言并非'唯心史观'而是'唯物史观'"，那么，很明显，这样的辩护方式（指为《手稿》哲学地位辩护的方式）、论证方式，只能说是"动机美好而收效甚微"，甚至可以说不起"实质性"作用，对说服"持不同意见者"可能毫无作用。笔者所要"证明"的，不是《手稿》历史观与唯物史观某种"细枝末节"或"个别特征"上的"相似性"或"一致性"，而是二者"精神实质"、"精神气质"上的一致。笔者与《手稿》"批评者"最大的分歧，并不在于笔者认为这部著作中存在"唯物史观倾向"而"批评者"完全无视或否定这一点，而在于对下述问题的不同认识：对《手稿》的"唯物史观"倾向，究竟应当如何看待和评价？说得更直白些，《手稿》

---

① 在2007年发表的《〈1844年经济学—哲学手稿〉历史观出发点新探——"抽象人本学出发点"质疑》（载《社会科学研究》2007年第1期）一文中，笔者不仅对《手稿》的批判者的若干"论据"进行了质疑，还结合《手稿》文本，为其历史观作了积极辩护。不过，在笔者看来，当时的文本阐释还不充分，相关的学理分析也较为薄弱。本文则是在此文的基础上"更进一步"，力图以关于《手稿》的文本解读为重点，确立若干来自《手稿》文本的"关键性"证据，充分说明《手稿》历史观与唯物史观在"精神实质"、"精神气质"上的一致性，从而为这部著作的历史观作出更有效的辩护。

② 这一点很容易做到。事实上，上述主流见解的支持者也往往承认《手稿》历史观的某些"唯物主义"倾向。

的"唯物史观倾向"到底是"细枝末节"意义上的,还是"整体"意义上的?这种倾向究竟是处于边缘地位的"思想火花",还是一种占据了《手稿》历史观的主导地位的自觉的思维方式?《手稿》历史观就整体而言,到底是"唯物史观"还是"唯心史观"?

要达到本文的目的(即证明《手稿》历史观与"唯物史观"在"精神实质"、"精神气质"上的一致性),笔者在选取文本方面的"证据"时,就需要极为谨慎,甚至反复辨析,以确保所列证据具有充分的"说服力",能够说明"实质性问题"。限于篇幅,笔者当然不可能列出所有"文本依据"。而列出不具"实质性"、说服力不足的所谓"证据",自然达不成"真正说服反对者"的效果。另外,仅仅简单地列出相关文本表述(哪怕是非常"关键"的文本话语)而不作相应的学理分析,那么,恐怕也达不成"说服"反对者、"证明"笔者结论的效果。再好的"证据",也需要笔者用清晰的、富有"逻辑性"的语言,向读者解释:它们何以能成为"证据",以及它们作为"证据",到底能够证明什么。以下笔者精选《手稿》文本中的一些能说明"实质性"问题的代表性表述,并加以充分的阐释和说明(这种阐释和说明对于达成笔者的"意图",同样是重要的),在此基础上,来探讨、界定《手稿》历史观的"性质"。

一、第一个文本学证据

在《手稿》第三笔记本中,马克思提出一个极为重要的论断:"对社会主义的人来说,**整个所谓世界历史**不外是人通过人的劳动而诞生的过程,是自然界对人来说的生成过程,所以关于他通过自身而**诞生**、关于他的**形成过程**,他有直观的、无可辩驳的证明。"[1]

为了便于读者深刻领会上述论断,这里有必要首先对此论断的"上下文语境"作一个辨析和说明。通过语境分析,可以确认,马克思是在批判

---

[1]《马克思恩格斯文集》第1卷,人民出版社2009年版,第196页。

宗教"神创论"（指宣扬"神创造人类及自然界"的宗教观点）时，明确表明自己的上述观点的。① 在他看来，感性、现实的生产劳动，是人类实现自我延续、自我存在的有效途径，用"生产劳动"这一人类社会内部的经验现象，足以说明人类如何自我延续、自我发展，根本不需要也不应从人类外部去寻找什么超自然因素（指"神"）作为原因，来解释"人类何以存在、如何存在"。很明显，马克思正是基于他自身对整个人类历史的某种"宏观"层面的哲学理解，以此为依据，来驳斥"神创论"的。在他看来，一个确凿无疑的基本事实是："**整个所谓世界历史不外是人通过人的劳动而诞生的过程**"②，生产劳动是人类社会生活中最基本、最本质的内容，是人类实现自我延续、自我存在的基本途径（如上所述）。从上述引文及笔者相应的阐释、说明，读者不难看出，马克思《手稿》历史观的一个基本特征，就是把人类整个历史看作是一部"劳动史"，看作人类通过"劳动"自我延续、自我发展的一部连续不断的历史。

　　如果我们将《手稿》历史观的这一基本立场与马克思主义经典作家的相关说明、与"马克思主义科学著作"的基本观点相比较，就容易得出结论：《手稿》的上述论断（"**整个所谓世界历史**不外是人通过人的劳动而诞生的过程"）其实正是马克思主义历史观核心理念（即"人类历史本质上是一部生产劳动的历史，应当以生产劳动为线索来理解整个人类发展史"③）的初次表述。熟悉马克思主义经典著作的读者，想必都知道：恩格斯在晚年所写的《路德维希·费尔巴哈和德国古典哲学的终结》一书中，把他和马克思共同创立的马克思主义哲学明确界定为"在劳动发展史

---

① 根据《手稿》可知，"神创论"的基调是"神创造人类及自然界"，它与马克思无神论观点的一个重大分歧，在于是否认可"人类及自然界通过自身而存在"这一论断。"神创论"基于神学立场，根本否定这一论断，而马克思则坚持唯物主义自因说，高度肯定"人类及自然界通过自身而存在"的观点。在他看来，"生产劳动"的观点为论证"人类通过自身而存在"奠定了坚实基础，人类正是通过持续不断的生产劳动实现了自我延续，自我发展。以上参看《马克思恩格斯文集》第1卷，人民出版社2009年版，第195—197页。
② 这句话正是他用以论证"人类通过自身而存在"进而驳斥（宣扬"神创造人类及自然界"的）宗教观点的首要论据。
③ 这一理念所体现的，正是马克思主义的"劳动史观"的基本思想及思维方式。

中找到了理解全部社会史的锁钥的新派别"①。将《手稿》"**整个所谓世界历史**不外是人通过人的劳动而诞生的过程"的说法与晚年恩格斯对"马克思主义哲学"的上述经典界定("在劳动发展史中找到了理解全部社会史的锁钥的新派别")加以对照,就可以发现,《手稿》历史观与马克思主义历史观在"精神实质"、"基本看法"上具有高度的一致性。从"劳动发展史"中寻找理解全部人类历史的"锁钥",这个区别于以往任何唯心史观的新型历史观(马克思主义的唯物主义历史观)的本质特征,并非初现于《关于费尔巴哈的提纲》、《德意志意识形态》这样的经典著作②,而是形成于《手稿》这一早期著作,在《手稿》中得到了充分的展现。笔者这里想请教将《手稿》历史观界定为"唯心史观"的论者:您认定《手稿》历史观是"唯心史观",那么,如何看待恩格斯对马克思主义哲学的上述经典界定?如何看待《手稿》历史观上述论断与恩格斯的经典界定之间的关系?如何解释《手稿》历史观与马克思主义的"唯物史观"在理解"人类历史运动"时所表现出来的显著的"一致性"(都以"劳动"为"线索"来理解和把握人类历史,把整个人类历史概括为一部"生产劳动的历史")?

应当说,《手稿》历史观与恩格斯所说的具有上述特征(即"在劳动发展史中找到理解全部社会史的锁钥")的马克思主义哲学及其历史观的"相似性"、"一致性",绝不是"细枝末节"、"次要特征"上的"相似性"、"一致性",而是一种"精神实质"、"内在气质"上的"相似性"、"一致性"。《手稿》历史观最核心的特征,恰恰就是用"生产劳动"的观点来阐释"人类历史"及其运动过程,把历史精当地概括为一部"人类能动地从事生产劳动,借以实现自我延续、自我发展"的历史(如上所述)。这个特征,非但不能说是什么"唯心史观"的特征,而且恰恰就是马克思主义的"劳动史观"的核心特征。如果说"劳动史观"这一提法就是对马克思主义的"唯物史观"的简明概括和精确诠释,那么,把作为

---

① 参看《马克思恩格斯文集》第4卷,人民出版社2009年版,第313页。
② 这两部经典著作被我国许多学者视为马克思的第一批"成熟著作",甚至被视为马克思主义哲学的"标志性"著作。

劳动史观"真正诞生地"的《手稿》定性为所谓"不成熟、不科学著作",将其历史观认定为"唯心史观"的做法就是大有问题、极其不妥的。

二、第二个文本学证据

在《手稿》的同一笔记本中,马克思在分析宗教"创世说"的世俗根源时,一针见血地指出:"任何一个**存在**物只有当它用自己的双脚站立的时候,才认为自己是独立的,而且只有当它依靠自己而**存在**的时候,它才是用自己的双脚站立的。靠别人恩典为生的人,把自己看成一个从属的存在物。但是,如果我不仅靠别人维持我的生活,而且别人还**创造了我的生活**,别人还是我的生活的**泉源**,那么我就完全靠别人的恩典为生;如果我的生活不是我自己的创造,那么我的生活就必定在我自身之外有这样一个根源。因此,**创造**是一个很难从人民意识中排除的观念。自然界的和人的通过自身的存在,对人民意识来说是**不能理解的**,因为这种存在是同实际生活的一切**明显的事实**相矛盾的。"①

以上引文,通过仔细辨认,其实是不难弄清其含义的。这段话中,马克思的表层意思是:人们在经济上是否"自食其力"(即是否不依赖他人的"恩典"或施舍为生,自己"创造"自己的生活条件,自己满足自己的物质生活需求),决定了他的"自我意识"的某种特点,决定了他对自己的认识和看法,具体地说,决定了他在其"自我评价"中,究竟是把自己看成"独立"的存在物,还是看成"从属性"、"依附性"的存在物。更重要的是,他还进一步启发读者:在人类的现实物质生活中,大量存在着社会成员经济上的"非自立性"(即"依附性"),因而在人们的内心世界中根深蒂固地存在着"创造"的观念,这就为宗教的"神创论"(神创造人类及自然界)提供了肥沃的思想土壤,使其易被人们接受,而确信

---

① 《马克思恩格斯文集》第 1 卷,人民出版社 2009 年版,第 195 页。

"自然界和人通过自身而存在"的唯物主义自因说、无神论观点却因人们精神世界中"创造"观念的盛行而难以被人们理解、认同。在这里，马克思实质上是用"个人在物质生活上对他人的依赖性（这是私有制社会中人与人之间客观存在、大量存在的一种经济利益关系）以及由此产生的'创造'观念的难以根除"，深刻说明了宗教产生、存在的一个极为重要的认识论根源①，以及"无神论"难以被常人理解、认同的原因。

我们知道，"唯物史观"最基本的特征，就是自觉坚持"社会存在决定社会意识"的历史本体论立场，用"物质因素"来解释人类社会历史领域中的精神现象，强调社会历史领域中任何思想观念、精神现象都有其赖以产生的物质背景、物质根源、物质基础，将"社会意识"视为物质因素在人类精神世界中的"反映"，视为后者的产物、派生物。自觉坚持上述思想倾向的历史观，实质上就是所谓的"唯物主义历史观"。须知，"唯物史观"这一概念、术语与"唯心史观"的区别，根本不在于"史观"二字，而在于"唯物"与"唯心"的"差异"及"对立"。众所周知，恩格斯在《路德维希·费尔巴哈和德国古典哲学的终结》一书中，对什么是"唯物主义"、"唯心主义"及区分二者的依据、标准，有明确的说法：在他看来，只能以不同哲学对"物质与精神何者为本原、何者为第一性"问题的立场为依据来划分"唯物主义"和"唯心主义"："唯心主义"就是在此问题上鼓吹"精神是物质、自然界的本原，是第一性的，物质、自然界是第二性的，是精神产生的"的一种哲学本体论学说；唯物主义则是坚称"物质、自然界是精神之本原，精神是物质之产物"的一种立场相反的本体论观点。②恩格斯还强调，除上述含义外，"唯心主义和唯物主义这两个用语本来没有任何别的意思"，他反对在其他意义上使用这两个概念，以免陷入理论上的"混乱"。③根据恩格斯的经典解释及其思维方式，应当

---

① 这里借鉴了林锋《重估马克思早期六部著作的价值与地位》一书（北京大学出版社2016年版，第104—105页）中的观点，在表述上有所调整。
② 参看《马克思恩格斯文集》第4卷，人民出版社2009年版，第277—278页；林锋：《〈1844年经济学哲学手稿〉劳动观辨析——对国内学界一种流行观点的质疑》，载《学术研究》2015年第2期。
③ 《马克思恩格斯文集》第4卷，人民出版社2009年版，第278页。

在下述意义上理解"唯心史观"、"唯物史观"的基本内涵及二者的"根本区别":"唯心史观"就是在"社会存在与社会意识关系问题"(这是"物质与精神关系问题"在历史观层面的具体化)上作出如下回答的历史本体论观点:"社会意识"("社会意识",是马克思主义对人类社会、历史领域中精神因素、精神现象的统称)是"社会存在"(这是马克思主义对社会历史领域中"物质因素"、"物质现象"的统称)的本原、根源、创造者,是第一性的,"社会存在"是第二性的,是"社会意识"的产物、派生物;"唯物史观",就是在上述问题上坚持相反立场的另一种历史本体论观点:"社会存在"是"社会意识"的本原、源泉、基础,是第一性的,"社会意识"是"社会存在"的"反映",是后者的产物、派生物。

那么,《手稿》中的上述引文到底体现了"唯物史观"的思维方式、本体论立场,还是体现了"唯心史观"的思维方式和本体论立场呢?关于这个问题的"答案",相信读者中不会产生太大的争议。显然,答案就是:上述引文是"唯物史观"思维方式、本体论立场的自觉"运用"或"体现"。

如前所述,在上述引文中,马克思表达的一个"哲学"观点是:人与人之间经济关系的客观实际(具体地说就是,是否存在人对人"经济上的""依赖"关系,这种客观实际,属于"社会存在"的范畴)决定了他们的"自我认识"、"自我评价"(这里特指人们对自身经济地位的认识、评价、定位:究竟他们自己是"独立的"存在物,还是"从属性"的存在物?这种认识、评价、定位,属于"社会意识"的范畴)。不难看出,这是一种强调"人们物质经济生活的客观实际决定其思想认识"的较为鲜明的唯物史观思维方式。在马克思看来,人们在经济上的"自力性"或"依附性",必然会反映到他们对自己的认识、评价上;他们对自己是"独立存在物"还是"从属性存在物"的认识,归根到底是由他们物质经济生活中的实际情况决定的。用他的话说:"任何一个**存在物**只有当它用自己的双脚站立(这里说的是经济上'自力'、'不依赖他人'——引者注)的时候,才认为自己是独立的……靠别人恩典为生的人,把自己看成一个从属的存在物。"①

值得一提的是，上述引文中，马克思的"唯物史观"思维方式还鲜明地体现在：他用私有制条件下社会成员经济上"依附于他人"（即"依赖他人而谋生"）这一客观现象的普遍存在，来说明"创造"观念何以在人类精神意识中"难以根除"，并进而说明了：宗教神创论何以受常人青睐，唯物主义自因说、无神论观点何以难被人们理解和认同。不难发现，这是一种用人类社会物质经济生活层面的客观实际、用人与人之间客观存在的"经济依附关系"（这种具有"客观实在性"的"经济依附关系"，是马克思所说的"社会存在"的一种具体形式）来解释人类精神领域的某些现状、现象（指"创造"观念在人类精神意识中"难以根除"，宗教神创论在社会成员的意识中受青睐，唯物主义、无神论遭遇理解上的"困境"）的非常鲜明的"历史唯物主义倾向"。在马克思眼中，人类精神世界中的一切状况、特点，其实都是由特定的物质状况、物质背景造成的，都有其物质根源，上述精神现象（创造观念的难以根除，宗教"神创论"的流行，唯物主义、无神论在传播中的困境）就是鲜明的例证。解释精神现象的现状，探寻其原因，不能离开这些现象背后的物质背景、物质基础，否则便难以作出真正有说服力的"解释"。简而言之，追问"精神现象"背后的"物质基础"、"物质根源"，从"物质"层面来解释一切精神现象，而不是"就精神现象论精神现象"，正是上述引文中所蕴涵、体现的一种自觉的思维方式、思维方法。这种思维方式、思维方法，当然是"唯物史观"色彩的思维方式、思维方法。

事实上，用物质原因来解释精神现象，追问精神现象背后的物质基础、物质根源，强调"'社会存在'决定'社会意识'"、"'社会意识'根源于'社会存在'"，将"社会意识"视为"社会存在"的"反映"，是整个《手稿》自觉的思维方式。以上不过是列举了《手稿》中一个较为典型的例证。这样的例证，当然还可以从这一著作中举出不少。比如，同样在《手稿》的第三笔记本，马克思还明确认为："拜物教徒的感性意识不同于

---

① 《马克思恩格斯文集》第1卷，人民出版社2009年版，第195页。

希腊人的感性意识，因为他的感性存在还不同于希腊人的感性存在。"①这句话同样非常有力地证明了《手稿》是唯物史观上述思维方式的自觉运用者。在这里，马克思用拜物教徒与希腊人物质层面的差异来说明他们意识上的差异，"社会存在决定社会意识"、"社会意识根源于社会存在，是社会存在的反映"是他十分认同并在考察具体问题（"拜物教徒与希腊人意识的差异性"问题）时自觉加以运用的历史观基本原理，这一点读者完全不难看出。毫不夸张地说，"社会存在决定社会意识"这条唯物史观最基本的原理，并不是形成于《关于费尔巴哈的提纲》、《德意志意识形态》等所谓的"标志性著作"（通过上述引文及笔者的阐释，足以证明这一点），早在《手稿》中，这条原理就已成为马克思历史观的基本理念、基本立场。澄清这一点，对于驳斥所谓"《手稿》历史观是唯心史观"的说法，有重大意义。

三、第三个文本学证据

笔者这里要提交的第三个"文本学证据"则是：在《手稿》中，"实践"的观点已初步形成，并成为统摄《手稿》历史观的核心观点。

我们已经知道，"劳动"的观点是《手稿》历史观的核心观点。如前所述，按照这一著作的历史观，整个人类历史本质上就是一部"人类能动地、持续地从事生产劳动，借以实现自我延续、自我发展"的历史，生产劳动是人类社会最本质、最重要的活动，是人类社会存在和发展的基础。值得我们注意的是，"劳动"在《手稿》中已被马克思明确地视为一种"实践"活动。为了证明这一点，这里有必要列出一个"决定性"的"证据"：在该著作中，马克思在考察、揭露了资本主义异化劳动的两个典型表现（即劳动产品、劳动活动与工人相异化）之后，紧接着便说道："我们从两个方面考察了实践的人的活动即劳动的异化行为。"② 很明显，他这里明确提出一个说法，"实践的人的活动即劳动"。在他心目中，劳动本身

---

① 《马克思恩格斯文集》第1卷，人民出版社2009年版，第231页。
② 《马克思恩格斯文集》第1卷，人民出版社2009年版，第160页。

不仅是一种"实践"活动,而且是一种"典型"的实践活动,是他在《手稿》中谈论的最重要的实践活动(当然,除了"劳动实践"外,他还考察和谈论了人类实践的另一种形式,即改造私有制社会的"革命实践")。马克思把"劳动"这一典型的"实践活动"作为理解人类历史的一把钥匙,把人类历史理解为"劳动史",这也意味着,他已把"实践"的观点,确立为历史观的首要观点、核心观点。

在《手稿》中,"劳动实践"不仅被视为理解人类全部历史的一把钥匙,而且被视为理解人与动物的本质区别、理解人的"本质"的"关键"。我们知道,在此著作中,"劳动"被明确视为人的类本质、"类生活"、人类的"生命活动",马克思正是用能动的、富有创造性的生产劳动实践来说明人对动物的"超越性"。实践的观点,可以说是《手稿》人学的核心观点,这一点毫不为过,完全符合《手稿》的实际。不仅如此,马克思还用实践的观点,从人类劳动史、实践史的整体视野和思想高度,来说明"异化劳动"问题,后者是被自觉地纳入到人类劳动史、实践史的整体视域中加以把握的:在他看来,绝不能脱离人类劳动实践活动孤立、抽象地谈论异化劳动、异化问题,"异化劳动"作为人类劳动史、实践史的一个特定历史环节,既有其产生、存在的历史必然性、合理性,也有其消亡的内在必然性;"异化劳动是怎么来的,将向何处去",只有从人类劳动史、实践史本身的考察中才能找到科学答案。① 此外,《手稿》还以劳动、实践的观点来说明资本主义的起源、发展及其战胜封建领主制生产方式的"历史必然性"。他深刻地指出:"获得自由的、本身自为地构成的**工业**和**获得自由的资本**,是劳动的必然**发展**"②,这里他是从整个人类劳动史、实践史的思想高度、整体视野,理性、客观地看待并认可资本主义工业及"资本"本身在人类特定历史阶段存在、发展的必然性、合理性。他还认为,资本主义生产方式之所以必然战胜封建领主制生产方式,其奥秘正在于"资本发现

---

① 参看王东、刘军:《马克思哲学革命的源头活水和思想基因——〈1844年经济学哲学手稿〉新解读》,载《理论学刊》2003年第5期;林锋:《重估马克思早期六部著作的价值与地位》,北京大学出版社2016年版,第187页。
② 《马克思恩格斯文集》第1卷,人民出版社2009年版,第173页。

并促使人的劳动代替死的物而成为财富的源泉"①。马克思还以革命实践的观点来看待资本主义的消亡途径及未来社会的实现方式。在他看来,只有诉诸根本变革私有制社会的无产阶级革命实践,才能真正消灭资本主义私有制、生产方式,确立未来理想社会。他写道:"要扬弃私有财产的**思想**,有**思想上的**共产主义就完全够了。而要扬弃现实的私有财产,则必须有**现实的**共产主义行动。"② 这里说的"共产主义行动",实质上是一种以根本改造私有制社会为特征的"革命实践活动",它是人类获得真正解放的根本途径。恰如其分地讲,"实践"的观点,正是贯穿《手稿》整个历史观的核心观点、思想主线,是理解《手稿》历史观及其组成部分(人学、异化劳动观、资本主义观、共产主义观等)的"关键"。

  需要说明的是,《手稿》已确立实践观点,这一点绝不是笔者的主观臆测,而是有着可靠的"文本学证据"。在《手稿》中,马克思不仅明确使用了"实践"的概念,而且赋予其科学内涵,这一内涵与我们所熟知的马克思主义哲学的"实践"概念的内涵是基本一致的。在该著作中,他已把"实践"理解为一种"有意识、有目的地改造特定对象的对象化活动"(而这就是马克思主义哲学的"实践"概念科学内涵中最核心、最重要的内容)。关于这一点,可以从《手稿》中找到充分的"证据"。在这一手稿中,马克思写道:"通过实践创造**对象世界**,**改造**无机界,人证明自己是有意识的类存在物"③,这里不难看出,马克思对于"实践",正是把它理解和界定为一种"有意识地改造客观世界的对象化活动"的。马克思主义的"实践"概念,其实正是初现于《手稿》这部长期以来被批判、被贬低的早期著作,而不是形成于学界流行见解所认定的《关于费尔巴哈的提纲》一文。此外,值得重视的是,《手稿》已经形成了马克思主义实践观的基本构架。在这部被严重低估的早期著作中,马克思不仅揭示了人类实践活动的物质基础、物质前提,还分析了实践的基本特征,强调了人类

---

① 参看林锋:《〈1844年手稿〉的逻辑主线究竟是什么?——兼评"两种逻辑论"》,载《东岳论丛》2006年第4期;《马克思恩格斯文集》第1卷,人民出版社2009年版,第176页。
② 《马克思恩格斯文集》第1卷,人民出版社2009年版,第231—232页。
③ 《马克思恩格斯文集》第1卷,人民出版社2009年版,第162页。

实践活动对物质自然界的巨大改造作用，以及自然界在人类实践的积极作用下形成的"人化自然"现象。可以说，马克思主义实践观的几乎所有重要的理论要点，《手稿》中都已经形成，并作了明确的表述。

举例来说，在该著作中，马克思写道："**没有自然界，没有感性的外部世界**，工人什么也不能创造。自然界是工人的劳动得以实现、工人的劳动在其中活动、工人的劳动从中生产出和借以生产出自己的产品的材料。"① 这里他谈的是物质自然界、客观自然条件对人类实践活动（生产劳动）的制约作用，涉及的是马克思主义实践观中的一个基本要点："人类实践活动的物质基础、物质前提"。在《手稿》中，马克思还指出，"通过实践创造**对象世界**，**改造**无机界，人证明自己是有意识的类存在物"②；"正是在改造对象世界的过程中，人才真正地证明自己是**类存在物**。这种生产是人的能动的类生活。通过这种生产，自然界才表现为**他的**作品和他的现实"③。在这些表述中，马克思既揭示了实践的基本特征（"改造外部对象"、"受意识指导"、"能动性"），还明确表述了关于"人化自然"的观念。他说的"自然界表现为人的作品和人的现实"，毫无疑问讲的就是自然界在人类劳动实践活动的强烈作用下发生的符合人类目的、意志的变化，以及带有人类实践活动之"烙印"的"人化自然"的生成问题。在《手稿》的其他地方，马克思还明确认为："**劳动的对象是人的类生活的对象化**：人不仅像在意识中那样在精神上使自己二重化，而且能动地、现实地使自己二重化，从而在他所创造的世界中直观自身。"④ 这里他谈论的同样是"人化自然"问题，即人类通过生产劳动创造新的物质形态、形成"人化自然界"的问题。此外，马克思还写道："**工业的历史和工业的已经生成的对象性的存在，是一本打开了的关于人的本质力量的书。**"⑤ 这句话同样蕴涵了关于"人化自然"的思想。他这里说的是，资本主义的工业及其生产实践对自然界构成了强大的改造作用，这种改造作用及其产物

---

① 《马克思恩格斯文集》第1卷，人民出版社2009年版，第158页。
② 《马克思恩格斯文集》第1卷，人民出版社2009年版，第162页。
③ 《马克思恩格斯文集》第1卷，人民出版社2009年版，第163页。
④ 《马克思恩格斯文集》第1卷，人民出版社2009年版，第163页。
⑤ 《马克思恩格斯文集》第1卷，人民出版社2009年版，第192页。

（指"对象性的存在"，其实就是人化的、人造的物质形态）体现了人类巨大的能动性、创造性。

我们知道，唯物史观的核心范畴、核心概念，正是"实践"，"实践"的观点是唯物史观的"首要的"、"基本的"观点，这一点我国学界中已达成共识。客观地说，《手稿》历史观与马克思后来的著作中蕴含的"唯物史观"，都是以实践为核心观点，以实践观为核心内容的，这一点是高度一致的。更重要的是，《手稿》的实践观与1844年后的所谓"成熟著作"的实践观，就其"精神实质"、基本观点而言是一致的。首先，二者的实践观都建立在唯物主义本体论之上：都强调人类实践活动的物质前提、物质基础，肯定物质自然界、物质条件对人类实践活动的客观制约，这一点并无任何差异；都承认"实践对象"的客观实在性，都认为这是人类实践活动赖以发生的基本前提。其次，就实践观的理论要点而言，二者是基本一致的：都认为"改造外部对象"、"有目的、有意识"、"能动性、创造性"是人类实践的基本特征；都高度肯定人类实践活动对外部世界的巨大改造作用，并注意到物质世界在人类实践的持续作用下发生的有利于人类、符合其目的、意志的形态变化，以及因实践而形成的"人化自然"现象。二者的实践观要说有什么"不同"，那只是二者实践观在"完善程度"上的差异。这种差异绝不是两种"对立"的实践观（比如"唯心实践观"与"唯物实践观"、"马克思主义实践观"与"非马克思主义实践观"）之间的"根本差异"，而是"同一种质态"中两种具体形态在"量"上的差异。① 长期以来，学界的主流见解将马克思主义实践观的形成时间认定为1845年春，以《关于费尔巴哈的提纲》为相关文本，这种见解根本忽视了《手稿》对马克思主义实践观的"奠基"之功，不符合马克思主义思想史的本来面目，是不公允的。实事求是地说，《手稿》才是马克思主义实践观的奠基之作、形成标志。② 《关于费尔巴哈的提纲》、《德意

---

① 很明显，《手稿》以后的马克思实践观在内容上更加"丰富"、"充实"，《手稿》的实践观相对而言不那么"丰富"、"完善"，有待进一步"深化"。
② 这里借鉴了王东教授的学术观点。他先于笔者认识到，《手稿》实现了对马克思"新唯物主义实践观"的"初次理论奠基"，是马克思主义实践观形成的标志，笔者赞同王东教授的这一说法（林锋：《重估马克思早期六部著作的价值与地位》，北京大学出版社2016年版，第221页）。

志意识形态》等论著不过是推进、深化了《手稿》的"马克思主义实践观",它们与后者之间是"继承"关系,而非"对立"关系。

以上是笔者依据《手稿》中若干(富有"代表性"的)文字表述,结合必要的学理分析,论证了《手稿》历史观与唯物史观在"精神实质"、"精神气质"上的"一致性"。读者已经看到,笔者并未列出过多的"文本依据"。本章所列的不过是《手稿》文本中极具"说服力"的一些代表性言论。按照笔者粗略的理解,学术观点的"说服力",首先不在于(用以支持观点的)"证据"数量上的优势(当然,这也是一个衡量观点"说服力"的重要标准),而在于"证据"本身的"质量"、"分量"。限于篇幅,本章既不宜列出太多的"文本依据",也不能追求"面面俱到",探索和解决所有相关的学术问题。本章的特色,就在于以"文本分析"为中心,以若干"关键性"文本表述的阐释、解读及这些表述与马克思主义相关立场的"比较研究"为主要着力点,来完成对《手稿》历史观的"辩护"。笔者为《手稿》历史观所作的学术辩护,当然不限于本章。如前所述,读者可将本章所作的"文本学分析"与笔者之前对"《手稿》历史观是唯心史观"的说法的立论基础、核心依据所作的"质疑"结合起来加以了解和领会,这样有助于掌握笔者学术工作的"全貌",对读者们重估马克思《手稿》的价值与地位、评价流行见解的是非得失,也有一定的"学术意义"。在笔者看来,学术研究是一项神圣而艰巨的事业,笔者的研究仍不很完备,笔者恳切地希望包括"持不同意见者"在内的学界所有同志不吝赐教、批评指正,共同推进关于《手稿》及其历史观的学术讨论。

第三节 《1844年经济学哲学手稿》历史观的出发点究竟是什么

辨明《手稿》历史观的真正出发点,是正确理解《手稿》历史观"精神实质"的前提,具有重大的学术意义。以往国内学界对《手稿》的所谓"不成熟性"的种种批评、责难,最后往往都归结到对《手稿》历史观"出发点"的这样一种指责上:《手稿》是从抽象的、理想化的"人"、"人的本质"出发来说明社会历史问题的,因此《手稿》绝不是一部马克思主义哲学的"成熟著作"。本节对这种观点提出了根本质疑,阐明了笔者对"什么是《手稿》历史观真正出发点"的学术观点,欢迎学界同志指正。

一、劳动实践活动是《手稿》历史观的真正出发点

在《手稿》历史观"出发点"问题上,国内学界的流行观点认为:《手稿》历史观的"出发点"是抽象、理想化的"人"、"人的本质",马克思是从后者出发来说明社会历史问题的,这和他后来的唯物史观著作从现实的物质生产活动出发来说明社会历史,显然有着原则性的区别,这表明,《手稿》绝不是一部马克思主义的科学著作、成熟著作,此种观点在国内学界流行甚广,产生了重要的学术影响,其倡导者、支持者中,不乏著名学者、知名学者,南京大学孙伯鍨先生、张一兵先生,北京大学施德福先生、赵常林先生等学者,都鲜明地持这一看法。①

在笔者看来,上述观点是值得"商榷"的,不符合马克思《手稿》的实际情况。《手稿》历史观的真实出发点,绝非什么抽象、理想化的"人"、"人的本质",而是感性、现实的"劳动实践活动",马克思正是以此为基本出发点,来说明社会历史问题的。"劳动实践"的观点,是理解《手稿》历史观及其"理论实质"的一把钥匙。笔者曾在论文《〈1844 年经济学哲学手

---

① 参看孙伯鍨:《探索者道路的探索——青年马克思恩格斯哲学思想研究》,南京大学出版社 2002 年版,第 165、178 页;张一兵:《回到马克思——经济学语境中的哲学话语》,江苏人民出版社 1999 年版,第 25 页;张一兵:《〈1844 年经济学哲学手稿〉中的多重话语结构》,载《南京大学学报(哲学·人文科学·社会科学版)》1998 年第 1 期;黄楠森主编:《马克思主义哲学史》,高等教育出版社 1998 年版,第 51 页;赵常林:《从马克思异化思想的演变看他对异化的理解和使用》,见北京大学哲学系:《人道主义和异化问题研究》,北京大学出版社 1985 年版,第 266、270 页。

稿》历史观出发点新探——"抽象人本学出发点"质疑》（载《社会科学研究》2007年第1期）中详细论证了上述见解，提出了几个重要的"论据"。限于篇幅，这里不详加论证，只陈述文章的要点并适度展开：

（一）《手稿》正是从劳动实践活动出发，来说明人类历史的本质特征和运动过程的

如前所述，马克思在《手稿》中明确提出："对社会主义的人来说，**整个所谓世界历史**不外是人通过人的劳动而**诞生**的过程，是自然界对人来说的生成过程，所以关于他通过自身而**诞生**、关于他的**形成过程**，他有直观的、无可辩驳的证明。"① 他在肯定资本主义工业、异化劳动对推动人类生产力进步的历史功绩时，也指出："全部人的活动迄今为止都是劳动。"② 在马克思的历史视野中，感性、现实的劳动实践活动正是人类历史的本质内容和首要特征；人类历史正是人类通过劳动自我创造、自我发展的历史，是人类能动地从事劳动实践活动的历史。简言之，历史是劳动的历史，这一思想是贯穿《手稿》整个历史观的基本观点。从一定意义上说，《手稿》的历史观同时也是劳动史观，二者是内在统一的。另外，如前所述，马克思正是根据生产劳动创造历史、创造人类本身的客观事实，坚持了历史发展的唯物主义自因说，驳斥了人类来源问题上的神创论。他还从劳动实践观点出发，用劳动实践活动的不同表现形式，来把握人类历史发展不同阶段的特点。

（二）《手稿》正是从人类劳动史、实践史的整体视野和思想高度，来说明异化劳动问题的③

按照长期以来国内学界的流行看法，似乎"异化劳动观"就是贯穿

---

① 《马克思恩格斯文集》第1卷，人民出版社2009年版，第196页。
② 《马克思恩格斯文集》第1卷，人民出版社2009年版，第193页。
③ 笔者接受这一看法（即《手稿》从人类劳动史、实践史的整体视野和思想高度来说明"异化劳动"问题的）及在下文对该看法所作的论证，在很大程度上是受到王东、刘军教授学术观点的启发、借鉴其学术成果的结果（参看王东、刘军：《马克思哲学革命的源头活水和思想基因——〈1844年经济学哲学手稿〉新解读》载《理论学刊》2003年第5期），笔者在此向两位研究者深表感谢和敬意。笔者在两位学者的研究范式、基本观点的基础上，作了一定的阐释。

《手稿》及其历史观的思想主线和核心观点，《手稿》的历史观就是一种抽象人本学意义上的"劳动异化史观"或"异化史观"，人类历史就是按照"异化——异化的扬弃"的抽象人本学公式运动和发展的。这种看法之所以是值得"商榷"的，原因就在于：没有恰当地理清劳动实践观和异化劳动观的真实关系。实际上，在《手稿》中，"异化劳动"不过是人类劳动实践的一种特殊表现形式，异化劳动观所描述的仅仅是人类劳动在特定历史时代（即私有制社会）的具体状况和特征，换言之，它的解释力仅仅限于私有制社会的劳动状况，而不能有效说明马克思劳动史观视野中的非私有制社会的劳动状况。在《手稿》中，马克思绝不是脱离人类劳动实践活动孤立、抽象地谈论"异化劳动"、"异化"问题的，后者是被自觉地纳入到人类劳动史、实践史的整体视域中加以把握的。"异化劳动"作为人类劳动史、实践史的一个特定历史环节，既有其产生、存在的历史必然性、合理性，也有其消亡的内在必然性。不论是它的"历史来源"问题，还是它的"未来趋势"问题，都不能脱离人类劳动史、人类实践活动进行孤立的考察。说得更透彻一点，"异化劳动是怎么来的，将向何处去"，只有从人类劳动史、实践史本身的考察中才能找到科学的"答案"。

（三）《手稿》正是从劳动实践活动出发，来说明人的"现实性"和"人的本质"问题的

本书的第七章第三节将详细说明这一点。为减少重复，这里不展开论证。这里先作一个提示：马克思《手稿》所理解的"人"、"人的本质"，之所以不是什么"抽象"、"神秘"的概念，而是"经验"、"现实"的概念，其根本原因就在于，他用感性、现实的劳动实践活动来理解人的"现实性"、说明"人的本质"，从而既超越了黑格尔唯心主义人学观的抽象化、神秘化解释，也克服了费尔巴哈唯物主义人学观的消极直观性质。

（四）《手稿》正是从劳动实践观点出发，来说明资本主义起源、发展的历史必然性和未来趋势问题的

劳动实践的观点，是贯穿《手稿》中三个经济学手稿的核心观点。马克思正是从劳动实践的观点出发，说明了资本主义起源、发展和走向灭亡

的历史必然性。《手稿》精辟地指出,"获得自由的、本身自为地构成的**工业**和**获得自由的资本**,是劳动的必然**发展**"①;"活劳动"和劳动条件的分离,是资本主义起源的历史前提;资本主义生产方式之所以能够,并必然战胜封建制生产方式,真正的根源就在于,"资本发现并促使人的劳动代替死的物而成为财富的源泉"②,这正是在资本主义战胜封建主义的历史进程中起决定作用的客观逻辑,是"资本的文明的胜利"③的真正秘密。此外,在资本主义条件下,雇佣工人的生产劳动,是资本主义生产方式、经济生活和整个资本主义社会赖以存在的现实基础。这种生产劳动既创造了巨大的生产力成果,使资本主义社会得以存在和延续,也为消灭异化劳动和资本主义私有制,创造了极为重要的物质前提、物质基础。而资本主义生产劳动中内在蕴含的对抗性矛盾——劳动和资本的尖锐对抗,预示了资本主义灭亡和未来社会到来的必然趋势。在他看来,劳动和资本的对抗从一开始就内在地蕴含在资本主义生产劳动本身中,这种对抗必然从最初的潜在状态,最终发展至尖锐状态,进而导致资本主义社会的灭亡和未来社会的诞生。

二、《手稿》历史观的逻辑结构和理论实质

《手稿》历史观,实际上内在包含着三个理论支点:社会形态的更替、劳动形式的演进和人的存在形态的发展。或者说,"社会形态的更替——劳动形式的演进——人的存在形态的发展",就是《手稿》历史观的内在逻辑结构。人类历史,既是不同社会形态依次更替的运动过程,也是人类不同劳动形式的演进过程,同时也是人的存在形态的发展史。根据《手稿》的历史观,人类社会形态的发展轨迹就是:原始公有制社会——私有制社会(以资本主义社会为最高形态)——未来公有制社会(在更高起点

---

① 《马克思恩格斯文集》第1卷,人民出版社2009年版,第173页。
② 《马克思恩格斯文集》第1卷,人民出版社2009年版,第176页。
③ 《马克思恩格斯文集》第1卷,人民出版社2009年版,第176页。

上向原始公有制的复归，对私有制的扬弃）；人类劳动形式的发展轨迹就是：原始的自由自觉劳动——异化劳动（以资本主义雇佣劳动为最高形态）——未来社会新的自由自觉劳动（在更高起点上向原始的"自由自觉劳动"的复归，对异化劳动的扬弃）；人的存在形态的发展轨迹就是：原始状态下自由、平等的人——私有制条件下异化的、不自由的人——未来社会自由、全面发展的人（在更高起点上对原始状态下"自由、平等的人"的复归，对人的现实异化的扬弃）。在马克思的历史视域中，这三者绝不是彼此孤立、互不相关的，而是紧密联系、内在统一的。说得更透彻些，三者绝不是截然对立、相互矛盾的三条逻辑线索，而是同一种历史逻辑（即以劳动实践活动为根本出发点、核心观点的唯物史观逻辑）在三个不同层面的分别展开和具体体现。三者内在统一的基础和根据，正是劳动实践活动。马克思正是从劳动实践活动出发，来说明社会形态的历史发展及人的存在形态的历史变迁的。劳动实践活动的根本性质，既规定和制约着社会形态的具体性质，也规定和制约着人的存在形态的具体性质。譬如，在异化劳动成为主导性社会劳动方式的私有制社会，生产劳动的异化决定了社会的经济、政治和精神生活的普遍异化，处于这种社会劳动方式之下的个人，必然是自我异化的、片面发展的人。可见，劳动实践的观点，是贯穿《手稿》历史观及其逻辑结构的一条思想红线。而《手稿》历史观的"理论实质"就在于，它是以劳动实践活动为根本出发点、核心观点和思想主线的唯物主义历史观。

此外，在笔者看来，以往一些国内学者之所以将《手稿》历史观归结为从抽象的"人"、"人的本质"出发的唯心史观，一个十分重要的认识论根源，就在于仅仅抓住了（也可以说是片面地夸大了）《手稿》历史观中"人的发展"的单一理论支点，却根本忽视了这样一个基本事实：《手稿》绝不是脱离劳动实践活动孤立、抽象地谈论"人"的发展问题的，而是始终从劳动实践观点出发，来理解人的存在形态及其历史发展的。在《手稿》中，"人的存在形态"与人类劳动的根本性质是直接关联的，并受到后者的根本制约。人的发展史与人类劳动史，绝不是彼此割裂的，而是紧密联系、内在统一的。

第二章　马克思早期哲学与费尔巴哈的关系

马克思创立"唯物史观"的思想进程，是改革开放以来我国哲学界研究和讨论的热点话题，长期以来，国内哲学界流行着所谓马克思通过其哲学思想的"两次转变"实现"哲学革命"，创立"唯物史观"的学术观点①。在这种观点②看来，马克思摆脱了青年黑格尔派唯心主义之后，转向的是费尔巴哈式的一般唯物主义和人本主义历史观；在经历了这么一个"费尔巴哈阶段"（以费尔巴哈式的"抽象人本学唯心史观"为鲜明特征）之后，马克思才从根本上修正和超越了自己的"旧哲学立场"（即费尔巴哈哲学立场），摆脱了"旧哲学思维方式"的束缚，真正创立了"唯物史观"，实现了"哲学变革"③。按照这种解读范式，作为马克思早期哲学代表作的《1844年经济学哲学手稿》是他的一部"不成熟"甚至"不科学"的哲学作品，超越或克服这部早期作品的"非马克思主义倾向"或"反马克思主义倾向"，摆脱其内在固有的旧哲学思维范式，成了马克思后来成功实现"哲学革命"、创立新哲学（唯物史观）的前提和关键。该见解在我国学界颇有"市场"，为国内不少研究者所认同或附和，是国内学界一种重要的马克思主义哲学史解读范式。必须指出，这一流行说法不符

---

① 王东、林锋：《马克思哲学存在一个"费尔巴哈阶段"吗？——"两次转变论"质疑》，载《学术月刊》2007年第4期。
② 这种流行观点以南京大学孙伯鍨教授为主要倡导者。
③ 参看王东、林锋的论文《马克思哲学存在一个"费尔巴哈阶段"吗？——"两次转变论"质疑》（载《学术月刊》2007年第4期）对该流行观点所作的介绍。

第二章　马克思早期哲学与费尔巴哈的关系

合马克思早期思想演进的真实轨迹，是一种"似是而非"的见解。实际上，在马克思的哲学思想史上根本不存在一个什么"费尔巴哈阶段"。所谓的"两次转变论"不是对马克思哲学历程的准确表述和如实反映，而是基于对马克思早期哲学与旧哲学之关系的片面理解而形成的一种偏颇见解。

在"马克思早期哲学与费尔巴哈的关系"问题上，笔者完全赞同王东教授的观点：在青年马克思创立唯物史观的思想进程中，费尔巴哈唯物主义哲学的"影响"确实存在，但并不存在一个所谓的"费尔巴哈阶段"，马克思从未成为一个真正的"费尔巴哈主义者"[1]。在我们看来，所谓的"费尔巴哈阶段论"不过是夸大费尔巴哈对青年马克思的哲学影响的产物，是一种违反马克思思想史的基本事实、缺乏相关"文本学证据"的错误见解。本章对所谓"费尔巴哈阶段论"（根据上述流行见解倡导者的学术理解，该论调亦可表述为"两次转变论"，这两种提法、这两种表述方式就其"精神实质"而言是完全一致的）提出了根本质疑，辨析和探讨了马克思早期哲学与费尔巴哈的关系，阐明了二者的"根本差异"，从一个重要方面（即青年马克思与旧哲学的关系）为马克思早期哲学、早期著作的历史地位作了辩护。为达成"最佳论证效果"，笔者还将在下一章（本书第三章）与"两次转变论者"（按照其见解，也可称之为"费尔巴哈阶段论者"）进行更进一步的"学术对话"，对其立论方式、基本论据进行深入的批判性分析，澄清若干重要问题，为王东教授与笔者的学术见解作进一步的论证。笔者的叙述如有不妥，欢迎学界同行指正。

---

[1] 笔者对"马克思早期哲学与费尔巴哈哲学的关系"及上述流行观点（即南京大学学者倡导的"两次转变论"）的理论缺憾的理解和表述，受到北京大学王东教授学术思想的影响，借鉴了他的学术观点，在此向他表示感谢。王东教授先于笔者对马克思早期哲学与费尔巴哈哲学的关系及上述流行观点的理论缺憾进行了研究，形成了如下看法：费尔巴哈对马克思早期哲学的影响确实存在且不可忽视，但不宜将这种影响夸大，在马克思哲学发展历程中并不存在一个"费尔巴哈阶段"；上述流行观点夸大了费尔巴哈哲学对马克思早期哲学的影响，忽视了二者的重大差异。笔者赞同并接受他的上述看法。笔者在本章第一、二节中采用、借鉴了王东、林锋的学术论文《马克思哲学存在一个"费尔巴哈阶段"吗？——"两次转变"质疑》（载《学术月刊》2007 年第 4 期）中的研究成果及表述，并作了补充。

第一节 "两次转变论"对马克思早期哲学与费尔巴哈的关系的解读

一、"两次转变论者"如何看待马克思早期哲学与费尔巴哈的关系

"两次转变论者"提出,青年马克思转向唯物史观、实现"哲学革命"的思想历程中,存在两次"思想转变":第一次转变是他从先前的青年黑格尔派唯心主义(1837年加入青年黑格尔派至1843年夏)转向费尔巴哈式的"一般唯物主义"和人本主义历史观,与这一阶段①对应的文本,包括马克思1843年夏天以后写下的从《克罗茨纳赫笔记》至1845年3月他评论李斯特《政治经济学的国民体系》的笔记的所有论著,其中又以《1844年经济学哲学手稿》(以下简称《手稿》)为马克思这一时期的费尔巴哈主义立场的顶点②;"第二次转变"才真正完成了哲学革命,创立了"唯物史观",根本超越了上一阶段的费尔巴哈式的抽象人本学唯心史观。这一"哲学革命"在马克思评李斯特的笔记中初见端倪,以《关于费尔巴哈的提纲》为起点,完成于《德意志意识形态》《马克思致安年柯夫》《哲学的贫困》等著作。他们还认为,青年马克思的《手稿》中存在两种截然相反的理论逻辑:以抽象的"人的本质"为出发点的"思辨逻辑"和以客观事实为出发点的"科学逻辑"。在这两种逻辑中,占"优

---

① "两次转变论者"称之为马克思哲学历程中的"费尔巴哈阶段"。按照其见解,该阶段是马克思思想的"第一次转变"的产物。
② 按照"两次转变论者"的理解,《手稿》无疑是作为"费尔巴哈主义者"的青年马克思的"第一代表作"。

势"、占"主导"的是抽象人本主义逻辑(即"思辨逻辑"),这种抽象的"思辨逻辑"是显性的、强势的,从客观事实出发来说明社会历史问题的"科学逻辑"则是弱势的,居于次要、从属地位。《手稿》从抽象的、理想化的劳动(即"自由自觉的劳动")出发,伦理地批判私有制下的现实劳动,对后者进行道德色彩的苛责,得出现实劳动都是所谓"异化劳动"的结论。《手稿》还从抽象的人本主义观点出发,把历史理解为抽象的"人的本质"的自我实现的历史。就整体而言,《手稿》的历史观显然是一种人本主义历史观,这种历史观实际上还是唯心史观的构架。总之,马克思思想的"第一次转变"所实现的只是费尔巴哈式的一般唯物主义、人本主义唯心史观,与"第二次转变"创立的"唯物史观"是截然对立的。①

很明显,"两次转变论者"是如此看待马克思早期哲学与费尔巴哈的关系的:1843—1844 年的马克思早期哲学,是以"信奉费尔巴哈主义哲学"为思想特征的,费尔巴哈哲学的思维方式不仅对这一时期的马克思有重大、深刻影响,而且构成其哲学思维的本质特征,当时马克思正是以费尔巴哈哲学为主要的思维范式来看待、认识社会历史问题的。在上述论者看来,马克思当时所达到的所谓的"唯物主义",绝不是真正意义的"历史唯物主义"("两次转变论者"多次强调这一点),而是费尔巴哈式的"一般唯物主义"或"人本学唯物主义",这种旧式唯物主义与费尔巴哈唯物主义(二者同属"旧唯物主义")一样具有不彻底性,即在自然观上是唯物主义的,但却在社会历史问题上陷入了"唯心史观","费尔巴哈式的人本学唯心史观"就是对马克思这一时期历史观的精确描述。

---

① 以上观点参见孙伯鍨教授的《探索者道路的探索——青年马克思恩格斯哲学思想研究》(南京大学出版社 2002 年版)、张一兵教授的《回到马克思——经济学语境中的哲学话语》(江苏人民出版社 1999 年版)中的相关论述。此外,也可参看他们的一些相关论文。"两次转变论"的上述见解,转引自王东、林锋的论文《马克思哲学存在一个"费尔巴哈阶段"吗?——"两次转变论"质疑》(载《学术月刊》2007 年第 4 期)中("对两次转变论")所作的介绍。这里根据"两次转变论者"的学术观点,略作补充。

二、"两次转变论者"对《1844年经济学哲学手稿》的定位和评价

从上文所引述的"两次转变论"的基本观点中，读者已能大致了解："两次转变论者"是如何定位、评价《手稿》这一早期著作的。在他们看来，作于1844年的《手稿》，是马克思思想历程中一部颇为"特殊"的哲学作品。与其他研究者一样，"两次转变论者"对这一手稿极为关注和重视。不过，与高度评价《手稿》的某些西方学者及国内学者不同，他们高度关注、重视的不是《手稿》的"正面价值"，而是该著作的所谓"负面意义"，即《手稿》的所谓"不科学性"。在他们看来，作为马克思思想一个独特阶段（"费尔巴哈阶段"）的代表作，《手稿》不仅不是真正的"马克思主义哲学著作"（"两次转变论者"明确将其排除在"马克思主义哲学著作"的范畴外，极力渲染其"不科学性"），而且是一部与马克思主义、唯物史观有"重大冲突"、存在某些"根本对立"之处的"前马克思主义著作"或"反马克思主义的著作"，《手稿》历史观中占据核心地位的，是一种思辨色彩的哲学逻辑（即一种抽象的"人本主义逻辑"），这种逻辑与（从"客观事实"出发的）唯物史观性质的"科学逻辑"是完全对立、相互矛盾的。《手稿》这部被不少国内外学者高度评价的哲学作品，在"两次转变论者"的解读框架下，不仅被剔除出"马克思主义著作"的行列，而且几乎完全成为马克思主义及其哲学的"对立面"，沦为了马克思1844年后著作的"超越对象"，告别这一著作所体现的旧哲学思维方式（费尔巴哈哲学范式），成了马克思在哲学上"自我革命"、"自我超越"的标志。这种理解与法国学者阿尔都塞对马克思早期哲学及其代表作所作的批判性论调颇为相似，与后者的见解相"呼应"，形成了学术上的某种"同盟"关系。阿尔都塞与"两次转变论者"（以孙伯鍨教授为主要代表）堪称为对马克思《手稿》的哲学价值、历史地位否定得最为坚决、最为自觉，也最为极端的学者。不论"两次转变论者"如何坚称其与

阿尔都塞立场的差异，都难以否定这样一个事实：二者在将《手稿》与"马克思主义"隔绝、对立起来时所表现出来的"自觉性"、"坚决性"，在批判《手稿》时所作的言辞激烈的"否定性评语"，是国内外学者中最为"鲜明"、最为"突出"的。

第二节　马克思早期哲学是"费尔巴哈式"的旧唯物主义哲学吗

在我们看来，"两次转变论者"将马克思早期哲学（1843—1844年）定性为"费尔巴哈式的旧唯物主义"、在马克思思想历程中提出一个"费尔巴哈阶段"的做法是不可取的。这种做法明显夸大了费尔巴哈对马克思早期哲学的影响，忽视了二者的重大差异①，是偏颇的、不宜采纳的。

一、马克思在接纳费尔巴哈影响的同时，就对后者持一分为二、批判地吸收的态度

关于这一点，可以从马克思的文本中找到"证据"。例如，青年马克思早在1843年3月13日致卢格的信中就提到："费尔巴哈的警句只有一点不能使我满意，这就是：他强调自然过多而强调政治太少。然而这是现代哲学能够借以成为真理的唯一联盟。结果可能会像16世纪那样，除了醉心于自然的人以外，还有醉心于国家的人。"② 马克思在这里实际上指出了费尔巴哈哲学的致命缺陷——基本停留在自然观上，"强调自然过多而强调政治太少"。在他看来，既重视自然，也强调政治，实现二者的统一，

---

① 参看王东、林锋：《马克思哲学存在一个"费尔巴哈阶段"吗？——"两次转变论"质疑》，载《学术月刊》2007年第4期。
② 《马克思恩格斯全集》第47卷，人民出版社2004年版，第53页，转引自王东、林锋：《马克思哲学存在一个"费尔巴哈阶段"吗？——"两次转变论"质疑》，载《学术月刊》2007年第4期。

这才是现代哲学有资格成为"真理"的根本要求。可以说，这一批评虽然委婉，却是致命的。它反映了马克思自己的哲学追求与费尔巴哈的根本区别，并预告了他后来的思想发展必定一开始就沿着不同于费尔巴哈哲学的方向前进。马克思的这一态度也表明了：从他刚刚离开黑格尔唯心主义并注意吸收费尔巴哈思想时，他就打算和费尔巴哈保持一定距离，立足于走自己的独立哲学之路；他在开始借鉴后者思想时，就几乎同时地意识到了后者的根本局限，二者是基本同步的。同样，马克思在1843年夏至1844年底的这段时期内，对于费尔巴哈哲学，一向是不迷信、不盲从，坚持"批判地、有选择地吸收"的态度的。即使在出于论战的特定需要（例如在《手稿》等著作中批判青年黑格尔派的思辨哲学）而对其作了较高评价时，马克思也从来没有不加分析地采纳费尔巴哈的哲学立场。比如，在《手稿》中，马克思在肯定费尔巴哈恢复唯物主义权威的历史功绩时，坚决抛弃了其哲学的一些不科学做法。例如，费尔巴哈对黑格尔哲学尤其是辩证法采取了简单否定的做法，马克思则在《手稿》中不点名地批评了这种简单做法，大力赞扬了黑格尔辩证法的积极因素，与费尔巴哈形成了鲜明对照。

二、费尔巴哈合理思想只是马克思当时众多思想来源之一

在关于马克思哲学存在一个"费尔巴哈阶段"的观点背后，实际上隐藏着一个哲学预设：在上述时期，费尔巴哈哲学的影响超过或压倒了其他思想来源对马克思本人的影响，成为马克思主导性的哲学观。否则，就决不能认为存在一个独立的"费尔巴哈阶段"。而事实并非如此。实际上，在1843年夏至1844年底，费尔巴哈哲学始终只是马克思合理借鉴的哲学因素之一而不是全部，而且也不能认为它就是这一时期马克思哲学的压倒性因素。费尔巴哈的影响，可以说从来就没有根本超越黑格尔的影响（特别是其辩证法的影响）而成为马克思的主导性哲学观。即使在马克思批判

黑格尔唯心主义时也是如此。夸大费尔巴哈的影响，实际上大大贬低了马克思探索自身哲学的主体性。费尔巴哈人本学的影响虽然存在，但马克思在借鉴其合理思想的同时，又批判性改造了其哲学，扬弃了其消极直观性、形而上学性；随着这一时期马克思思想的逐步深入，他越来越超越了费尔巴哈抽象人本主义，不断走向唯物史观；到了《手稿》，马克思已初步形成了以"劳动实践"为核心观点的唯物史观基本理论构架，基本超越了费尔巴哈人本主义。应当说，不论是这一时期的开端，还是终点，费尔巴哈哲学的影响都没有压倒其他思想来源的影响而占据实质性上风。对费尔巴哈的"影响"，应予以肯定，但不应夸大。

我们认为，马克思在经过《莱茵报》时期，基本摆脱了黑格尔唯心主义之后，所走的哲学道路，不是重新投向任何独特哲学（比如费尔巴哈哲学）的怀抱，而是走"哲学综合创新"之路：马克思虽然批判了黑格尔唯心主义，实际却在批判的同时积极继承、改造黑格尔哲学（特别是其辩证法）的合理因素，并用黑格尔辩证法的合理因素克服费尔巴哈存在论的消极直观性质；对于费尔巴哈哲学，他重点吸收了其哲学基本问题（思维和存在关系）上的唯物主义本体论原则和以人为本位的思想，抛弃了其一些不科学做法（比如不注重政治、脱离社会现实、简单否定黑格尔辩证法等），同时还根据黑格尔等人的哲学成果，来补充费尔巴哈的上述合理因素，这就使这些因素已不同于它们在费尔巴哈哲学中的原有存在形式，它们是在被有意识地改造后作为一个要素融入到马克思思想体系中的；除二者的影响外，这一时期马克思还广泛吸收了青年恩格斯、赫斯、资产阶级政治经济学家（斯密、李嘉图等人）及其他一些思想家的研究成果；当然，除此之外，还不应排除马克思自己亲身参加革命实践的思想成果。在这之中，尤其值得重视的是，在他作为黑格尔主义者的末期（即《莱茵报》时期），首先是现实问题的触动而不是费尔巴哈的启发，开始促使马克思去研究经济问题，从而打开唯物史观思想之门的；同样是这一时期暴露出来的黑格尔唯心主义与社会现实的剧烈冲突，才决定性动摇了马克思原有的黑格尔哲学信仰，促使他探寻新的哲学真理的。推动马克思离开黑格尔唯心主义的更强大、更直接的因素，还是现实实践的触动。正是实践触动导致的马克思的思想动摇,才使费尔巴哈的影响得以顺利进入马克思思想并发生真正作用。同样,正是马克思在《德法年鉴》时期直接深入了工人运动本身,这才直接推动了他完成由革命民主主义者向共产主义者的转变。也正是马克思在巴黎期间对工人阶级生存状况和资本主义社会的实地考察,才使他得以在《手稿》中进一步揭破资产阶级经济学家关于资本主义制度的谎言,深刻理解资本主义经济结构的内在秘密和阶级对抗,从而为唯物史观和科学共产主义学说的形成奠定了实践基础。而这些都是脱离革命实践、远离社会现实的费尔巴哈及其哲学不可能提供的。这一时期马克思正是综合了各家各派思想,并总结了自己参加革命实践的思想成果,从而逐步创立自己的新哲学的。

三、"马克思早期哲学是费尔巴哈式的旧唯物主义"的说法根本忽视了马克思对黑格尔辩证法的"继承关系"及"辩证法"的重要地位

诚然,1843—1844 年这一时期的马克思著作是与他对黑格尔、青年黑格尔派乃至整个德国思辨哲学的批判分不开的。但是,如果我们仅仅停留在马克思对黑格尔的批判上,而看不到他对后者的实质性继承关系,那么,我们就会得出类似于普列汉诺夫等人主张的"这一时期是马克思思想的非黑格尔化运动,是一个反黑格尔的新的'费尔巴哈阶段'"[①]的结论。而如果我们透过马克思批判黑格尔的外表深究这种批判的实质,就不难看出,这一时期绝不是什么简单的"非黑格尔化"、"去黑格尔化"时期,而是既批判黑格尔为代表的整个德国思辨哲学,也批判性继承后者哲学遗

---

① 参见[俄]普列汉诺夫:《普列汉诺夫机会主义文选》下卷,虚容译,生活·读书·新知三联书店 1965 年版,第 414—416 页。这里转引自王东、林锋:《马克思哲学存在一个"费尔巴哈阶段"吗?——"两次转变论"质疑》,载《学术月刊》2007 年第 4 期。

产（尤其是黑格尔辩证法）的时期。这一时期马克思对黑格尔的两次重要批判（分别呈现于《黑格尔法哲学批判》、《手稿》两部著作）的矛头都主要指向黑格尔的唯心主义、神秘主义，而不是他的辩证法合理内核。对于后者，马克思则作了明确肯定和批判性继承。正如恩格斯所指出的，与费尔巴哈对黑格尔的简单抛弃态度不同，马克思不是把黑格尔"简单地放在一边"①，而是以他的辩证方法为出发点，"马克思和我，可以说是从德国唯心主义哲学中拯救了自觉的辩证法并且把它转为唯物主义的自然观和历史观的唯一的人"②。

例如，在《黑格尔法哲学批判》（以下简称《批判》）中，马克思既揭露了黑格尔辩证法的神秘色彩，也积极肯定了这种辩证法的合理因素。他认为，黑格尔发现了对立面双方真实对立的一面，肯定了矛盾存在的客观性，这是他的深刻和正确之处。在肯定其矛盾学说合理因素的前提下，马克思提出了对待矛盾的正确方法：承认客观存在的矛盾，并采用具体分析的方法，正确解释这些矛盾，发现其内在根源和必然性，从矛盾特殊性的层次来把握每一个具体矛盾。《批判》通过对黑格尔矛盾辩证法的继承和扬弃，初步形成了自己的矛盾辩证法。没有黑格尔矛盾辩证法的奠基，就没有马克思的矛盾辩证法。在《手稿》中，马克思进一步继承、改造了黑格尔辩证法。这次继承、改造的重点则是黑格尔辩证法的否定之否定学说。他充分肯定，作为推动原则和创造原则的否定性辩证法，是黑格尔辩证法的积极内容和伟大成果。他指出："黑格尔的《现象学》及其最后成果——辩证法，作为推动原则和创造原则的否定性——的伟大之处首先在于，黑格尔把人的自我产生看作一个过程，把对象化看作非对象化，看作外化和这种外化的扬弃；可见，他抓住了劳动的本质，把对象性的人、现实的因而是真正的人理解为他自己的劳

---

① 参见《马克思恩格斯选集》第4卷，人民出版社1995年版，第242页，转引自王东、林锋：《马克思哲学存在一个"费尔巴哈阶段"吗？——"两次转变论"质疑》，载《学术月刊》2007年第4期。
② 《马克思恩格斯全集》第20卷，人民出版社1971年版，第13页，转引自王东、林锋：《马克思哲学存在一个"费尔巴哈阶段"吗？——"两次转变论"质疑》，载《学术月刊》2007年第4期。

动的结果。"① 在他看来,黑格尔所说的"否定"和"否定之否定",包含着十分丰富的内容,实际上曲折地揭示了事物自我发展、自我运动的辩证过程。马克思唯物主义地改造了黑格尔这一学说,并将其运用于对人类历史的考察。他在《手稿》中所表述的人类历史、人类劳动史"否定之否定"的辩证发展过程(私有制产生前的人类原始社会—私有制社会—扬弃私有制的未来社会,原始的自由自觉劳动—异化劳动—未来的自由自觉劳动),包括他表述人类史、劳动史时使用的"异化"、"异化的扬弃"等历史哲学范畴都反映了他对黑格尔否定之否定学说的积极继承和改造。马克思还认为,黑格尔的深刻之处还在于"把劳动看作人的本质,看作人的自我确证的本质"② 基于对黑格尔学说的批判性继承,马克思确立了"能动的人"、"劳动的人"的观点,克服了费尔巴哈所说的"人"的消极直观性、被动性,并将劳动确立为"现实的人"的本质和根本存在方式。此外,不论是在《批判》,还是在《手稿》中,都不难发现马克思对黑格尔辩证发展观的积极继承和改造。他继承了黑格尔"世界不是既成事物集合体,而是过程集合体"的伟大思想,在这一时期的著作中自觉地将各种社会现象(例如政治国家、私有财产、异化劳动,包括资本主义制度本身等)视为"历史范畴",视为"并非从来就有,也非永恒存在"的特定历史现象。

此外,如前所述,在这一时期,马克思在借鉴费尔巴哈唯物主义,批判黑格尔唯心主义时,并不是简单地用费尔巴哈哲学否定黑格尔哲学,并把自己归入前者的思想阵营,而是同样也用黑格尔辩证法的合理内核,扬弃费尔巴哈式一般唯物主义的形而上学性、消极直观性,将唯物论和辩证法有机结合起来,使二者都摆脱了分别在费尔巴哈和黑格尔那里的根本局限性——使唯物论成为辩证的唯物论,而不是形而上学的机械唯物论,也

---

① 马克思:《1844年经济学哲学手稿》,人民出版社2000年版,第101页,转引自王东、林锋:《马克思哲学存在一个"费尔巴哈阶段"吗?——"两次转变论"质疑》,载《学术月刊》2007年第4期。
② 马克思:《1844年经济学哲学手稿》,人民出版社2000年版,第101页,转引自王东、林锋:《马克思哲学存在一个"费尔巴哈阶段"吗?——"两次转变论"质疑》,载《学术月刊》2007年第4期。

使辩证法根本摆脱唯心主义色彩，成为以唯物论为前提、基础的新辩证法。马克思这一时期的哲学，实际上正是对费尔巴哈唯物主义和黑格尔辩证法的有机综合和分别超越。如果我们把这一时期的马克思唯物主义简单等同于费尔巴哈式的"一般唯物主义"，就等于既否定了他事实上对黑格尔辩证法的批判性继承关系，也否定了他自己的新哲学正在实现的唯物论、辩证法的有机综合。实际上，正是拥有了基于对黑格尔哲学继承、改造而形成的唯物辩证法，马克思哲学，不论是其存在观，还是对历史观，都发生了真正的革命。

比如，在哲学存在观上，由于引入了辩证法，马克思的理解超越了费尔巴哈的形而上学理解。马克思既看到存在对思维的决定作用，也看到思维自身的能动性和反作用，这就避免了把思维变成完全被动的思维；存在虽决定思维，但它自身也受到人类思维的巨大反作用。存在和思维之间不是线性的决定、被决定的关系，而是主客体间双向互动关系。二者不是简单对立的，而是辩证统一的。"存在"不仅包括自在意义的存在，也包括人类思维、实践作用下的存在。与此不同，费尔巴哈基本停留在"存在决定思维"上，根本忽视了人类思维、意识的巨大能动性和反作用。正是由于不懂得辩证法，他对思维和存在关系的理解必然是形而上学的、反辩证法的：存在和思维之间是单纯的决定和被决定的关系，思维是完全被动的；只看到存在对思维的作用，却找不到从思维到达存在的真正桥梁（实践）；存在不是人类实践作用下的存在，而只是静态的、直观意义上的直接存在物。这就完全割裂了思维和存在之间的辩证统一关系。此外，由于借鉴黑格尔辩证法并形成了自己的唯物辩证法，马克思的历史观既坚持了唯物论，又坚持了辩证法，实现了二者的统一。辩证法成为马克思这一时期（尤其是《手稿》）历史观的基本哲学方法。在《手稿》中，马克思比较成熟地运用了唯物辩证法的对立统一规律、否定之否定规律等基本规律来解释人类历史的辩证运动和发展趋势。他深刻认识到劳动和资本、工人阶级和资本家阶级是资本主义社会的两大对立面、对立阶级，二者的矛盾运动必然导致资本主义灭亡和新的社会形式的诞生；他把资本主义生产方式的运动看作是历史地产生，由于自身的矛盾运动不断发展，最后必然灭亡的辩证运动过程；未来社会，作为人类发展的否定之否定阶段，并不是要退回人类原始状态，而是在更高起点（资本主义全部成果）上恢复人类劳动的自由自觉特性，实现人类的自由全面发展。对"历史"的既唯物又辩证的理解，正是费尔巴哈历史观完全不具备的。马克思的历史观之所以能够超越费尔巴哈，基本前提之一，就是继承、借鉴了黑格尔辩证法的合理内核，形成了自己的历史辩证法思维。

四、马克思早期哲学与费尔巴哈哲学乃至一切旧唯物主义之间存在重大差异

（一）马克思早期哲学与费尔巴哈哲学在"哲学基本问题"的具体理解上存在重要差异

费尔巴哈与传统唯物主义者一样，基本停留在物质对精神的决定作用上，对精神性因素本身的"能动性"及其对物质性因素的"反作用"认识得不充分、不深刻，甚至在很大程度上忽视了这种"能动性"和"反作用"；马克思的早期哲学则与此不同，其本体论既充分肯定物质对精神的决定性作用，亦高度重视精神性因素的"能动性"与"反作用"。关于这一点，马克思的《手稿》表现得相当充分。《手稿》充分肯定劳动实践对物质世界的改造作用，而劳动、实践正是对人的精神性因素（观念、欲望、意志等）所具有的"能动性"的生动证明，是它们对物质世界施加反作用的中介和途径。《手稿》在分析人相对于动物的"优越性"时还指出，人"懂得按照任何一个种的尺度来进行生产，并且懂得处处都把固有的尺度运用于对象；因此，人也按照美的规律来构造"[1]。不难看出，这里所提到的人的"内在的尺度"对外部对象的作用，其实说的正是人的精神性因素对物质对象的作用。

---

[1]《马克思恩格斯文集》第 1 卷，人民出版社 2009 年版，第 163 页。

（二）马克思早期哲学的自然观与费尔巴哈的自然观存在重大差别

虽然二者都承认自然界的客观物质性，但对自然界的存在方式、自然与人的关系的具体理解却存在很大差异。在其早期哲学中，马克思已初步确立了以实践观为基础的新唯物主义自然观，这种新自然观不仅肯定外部自然界的优先存在地位，承认实践主体、实践活动受自然界客观制约，并且充分确认了人类通过实践活动改造外部自然界，使后者适应人类目的与需要，成为"人化自然"的巨大能动性、主体性。他在《手稿》中写道："正是在改造对象世界的过程中，人才真正地证明自己是**类存在物**。这种生产是人的能动的类生活。通过这种生产，自然界才表现为**他的**作品和他的现实"①。在人类劳动实践活动作用下的自然界，已经截然不同于完全"自在"意义上的自然界，而是打上人的活动烙印，日益人化的自然界；因此，自然和人之间不是单向的决定与被决定的关系，而是相互作用、相互制约的双向互动关系。费尔巴哈和一切旧唯物主义者虽然肯定了自然界对于精神、意识的优先存在地位，但仅从消极直观的意义上把握自然，没有从它和人类实践活动的现实关系上来把握自然的存在方式；因此，"自然"仅仅是直观意义上的自然，而不是处于人类实践活动能动改造下的"人化自然"。在人与自然的关系问题上，费尔巴哈等传统唯物主义者基本停留在物质自然界对人的客观制约、人的受动性上，忽视了人本身的能动性、主体性及人类对自然界的巨大反作用，很显然，这种关于"人与自然关系"的理解是很不全面、很不透彻的。

（三）马克思早期哲学已确立唯物主义实践观的基本思想，而费尔巴哈哲学则是一种严重缺乏实践观点的消极、直观的旧唯物主义

正如马克思所注意到的那样，费尔巴哈对自然界和物质对象，只是从客体的意义上静态地加以把握，没有将它们同人类的实践活动联系起来加以考察，忽视了人类劳动实践对物质世界的巨大改造作用。缺乏"实践"观点，是费尔巴哈哲学的重大缺憾。关于这一点，马克思在《关于费尔巴哈的提纲》中一针见血地批判道："从前的一切唯物主义（包括费尔巴哈

---

① 《马克思恩格斯文集》第1卷，人民出版社2009年版，第163页。

的唯物主义）的主要缺点是：对对象、现实、感性，只是从**客体**的或者直观的形式去理解，而不是把它们当做**感性的人的活动**，当做**实践**去理解，不是从主体方面去理解。因此，和唯物主义相反，唯心主义却把**能动的**方面抽象地发展了……费尔巴哈想要研究跟思想客体确实不同的感性客体，但是他没有把人的活动本身理解为**对象性**的活动。因此，他在《基督教的本质》中仅仅把理论的活动看做是真正人的活动，而对于实践则只是从它的卑污的犹太人的表现形式去理解和确定。因此，他不了解'革命的'、'实践批判的'活动的意义。"①而在马克思的早期著作（以《手稿》为代表）中，他已正确揭示了人的实践的基本类型（改造自然对象的生产劳动、改造社会的实践活动）、实践的本质（改造对象的、对象化的物质性活动）、客观物质世界对人类实践的制约、实践对物质世界的反作用、生产劳动的历史阶段等唯物主义实践观的基本内容，根本超越了严重缺乏"实践"观点的费尔巴哈哲学。

（四）在对黑格尔辩证法的态度上，马克思早期哲学与费尔巴哈也迥然不同

正如恩格斯在《路德维希·费尔巴哈和德国古典哲学的终结》一书所批评的那样，费尔巴哈未能充分认识黑格尔辩证法的合理因素及其思想价值，对其辩证法采取了简单抛弃的偏颇做法。马克思的早期哲学则完全不同。他正是在充分借鉴、吸收黑格尔辩证法思想精髓的基础上转向"唯物主义"的，其唯物主义从一开始就是与辩证法自觉结合的，是渗透着"辩证法精神"的"新唯物主义"，《批判》便是明证，该著作不仅唯物而辩证地解释物质和精神的关系，还根据唯物主义和辩证法自觉结合的思路，探讨了矛盾对立的客观性、对待矛盾的正确态度、对抗性矛盾与非对抗性矛盾、同一本质内部的矛盾和不同本质之间的矛盾、对立的绝对性和相对性、对立面之间的对立统一关系，该著作确立的"具体对象具体分析"的方法论原则，实质上也是唯物主义立场和辩证法因素自觉结合的产物。②

---

① 《马克思恩格斯文集》第 1 卷，人民出版社 2009 年版，第 499 页。
② 参看林锋：《〈黑格尔法哲学批判〉的四大哲学创新——兼评"〈黑格尔法哲学批判〉不成熟论"》，载《北京行政学院学报》2010 年第 5 期。

(五) 费尔巴哈的历史观本质上是唯心史观，而马克思早期哲学则初步确立了唯物史观立场

众所周知，费尔巴哈在历史观上是一个唯心主义者，恩格斯曾对其唯心史观进行了深刻的揭露和批判。在恩格斯看来，在费尔巴哈那里，自然界和自然属性的人是哲学的中心，社会历史领域基本在他的哲学视野之外，"费尔巴哈不能找到从他自己所极端憎恶的抽象王国通向活生生的现实世界的道路"[①]；"关于社会的学说，即社会学，对他来说，是一个未知的领域"[②]；"历史对他来说是一个不愉快的可怕的领域"[③]；他的社会政治理想基本停留在资产阶级意识形态上，他主张阶级调和，建立所谓"爱的宗教"，用泛爱来实现人类解放，根本脱离工人阶级解放事业，反对革命；他主张超阶级、超历史的道德，实际上仍然停留在资产阶级抽象道德观上；他所说的"人"基本停留在自然的、肉体的、有情欲的人上，只重视人的自然差别，对人的社会差别的认识是完全不够的；"人"仍然是抽象的人，而不是现实的"在历史中行动的人"[④]。马克思的早期哲学则初步确立了唯物史观立场，阐明或揭示了唯物史观的许多重要观点，与费尔巴哈的唯心史观形成了鲜明对照。他的《批判》初步阐明了"经济因素决定上层建筑"的唯物史观原理[⑤]，《论犹太人问题》、《〈黑格尔法哲学批判〉

[①] 《马克思恩格斯选集》第4卷，人民出版社1995年版，第240页，转引自王东、林锋：《马克思哲学存在一个"费尔巴哈阶段"吗？——"两次转变论"质疑》，载《学术月刊》2007年第4期。

[②] 《马克思恩格斯选集》第4卷，人民出版社1995年版，第237页，转引自王东、林锋：《马克思哲学存在一个"费尔巴哈阶段"吗？——"两次转变论"质疑》，载《学术月刊》2007年第4期。

[③] 《马克思恩格斯选集》第4卷，人民出版社1995年版，第237页，转引自王东、林锋：《马克思哲学存在一个"费尔巴哈阶段"吗？——"两次转变论"质疑》，载《学术月刊》2007年第4期。

[④] 参看《马克思恩格斯选集》第4卷，人民出版社1995年版，第241页，转引自王东、林锋：《马克思哲学存在一个"费尔巴哈阶段"吗？——"两次转变论"质疑》，载《学术月刊》2007年第4期。

[⑤] 参看林锋：《〈黑格尔法哲学批判〉的四大哲学创新——兼评"〈黑格尔法哲学批判〉不成熟论"》，载《北京行政学院学报》2010年第5期。

导言》深刻探讨了唯物史观的人类解放理论①与宗教观,初步阐明了无产阶级革命思想;《手稿》确立了劳动史观的基本思想②,对"人的本质"、人的"现实性"作了初步的科学揭示,等等。不难看出,马克思早期哲学的历史观与费尔巴哈哲学的唯心史观之间存在根本差异,绝不能不加辨析、不假思索地将二者混为一谈。

通过上文的详细分析,我们可以有把握地断定:马克思早期哲学与费尔巴哈哲学之间存在原则区别,将前者定性为"费尔巴哈式"的哲学是不妥当的。笔者十分赞同王东教授的一个看法,即在马克思的哲学历程中,费尔巴哈的"影响"的确存在,但切不可将这种影响夸大,进而认为在其哲学中曾存在过一个独立的"费尔巴哈阶段"。③

第三节 对"两次转变论者" 一个重要论据的质疑

"两次转变论者"对马克思哲学历程的描述、对《手稿》等早期著作的批评、责难,是以他们对马克思早期著作(尤其是《手稿》)本身的解读为基础和依据的。"两次转变论"的一个核心论据是,《手稿》历史观中占据主导地位的是一种唯心史观色彩的思辨人本主义逻辑(因此可将《手稿》历史观的整体性质认定为"人本学唯心史观"),其具体表现是"用应有来批判现有、责难现有,质疑客观现实的合理性",这一点具体到《手稿》的劳动观上,就是用抽象的、理想化的劳动形式("自由自觉的劳动")来批判、责难私有制社会中现实的、具体的劳动,质疑后者存在的合理性;在此种见解的倡导者或支持者看来,《手稿》的劳动观是"不

---

① 参看林锋:《马克思〈问题〉与〈导言〉人类解放理论新探——兼评所谓"〈问题〉、〈导言〉不成熟论"》,载《东岳论丛》2011年第4期。
② 参看林锋:《〈1844年经济学—哲学手稿〉历史观出发点新探——"抽象人本学出发点"质疑》,载《社会科学研究》2007年第1期。
③ 王东、林锋:《马克思哲学存在一个"费尔巴哈阶段"吗?——"两次转变论"质疑》,载《学术月刊》2007年第4期。

成熟"甚至"不科学"的,带有明显的"抽象性"与"理想化"色彩,马克思当时所理解的"劳动",还主要是一种理想化的、道德"应然"意义上的抽象劳动形式,与现实劳动、具体劳动是截然有别的。①

针对上述流行观点,本节澄清下述两个重要问题。

一、"自由自觉劳动"是抽象、理想化的劳动形式吗

笔者注意到,指责《手稿》劳动观的所谓"抽象化"、"理想化"的论者,往往将矛头指向马克思所说的"自由自觉劳动"这一概念。在他们看来,"自由自觉劳动"是一种实际并不存在的抽象的、理想化的劳动形式。事实上,这种看法是对马克思有关论述的曲解,是无法成立的。

首先,在笔者看来,我们首先需要认真辨析"自由自觉劳动"这一提法所处的具体语境,才能对其作出正确的评价。实际上,通过考察、辨析该提法的语境,可以发现,《手稿》主要是在强调人类有意识的、能动的生产劳动相对于动物无意识生命活动的巨大"优越性"的意义上讲劳动的这种"自由自觉"特性的。马克思强调人类劳动的"自由自觉"特性,其实意在说明人类及其生命活动即"劳动"(相对于动物及其生命活动)的"优越性"、"能动性",赞扬人类作为一个特殊生物物种所独有的"伟大"之处。在笔者看来,这并无不妥之处。事实上,人类有意识的、能动的、富有创造力的生命活动(劳动)的确比动物无意识的、本能式的、缺乏能动性、创造力的生命活动"自由"得多、"优越"得多,这绝非"夸大其词",而是完全符合事实的。在马克思那里,人类劳动的"自由自觉",是相对于动物生命活动的"不自由"、"受局限"、"无意识"而言的。可以说,他是在具体的、相对的意义上、有针对性(针对人与动物的

---

① 请读者参看孙伯鍨教授的专著《探索者道路的探索——青年马克思恩格斯哲学思想研究》(南京大学出版社 2002 年版)、张一兵教授的专著《回到马克思——经济学语境中的哲学话语》(江苏人民出版社 1999 年版)中的相关论述。读者也可参看他们的一些相关论文。

生命活动的根本区别）地谈劳动的"自由自觉"的。在《手稿》中，马克思从来没有抽象地、笼统地、无条件地谈论或夸大人类劳动的"自由自觉"特性，比如他从未不加分析地断言，劳动在任何特定历史时期（比如私有制社会）、任何特定劳动主体（比如雇佣工人）那里，都必然是"自由自觉"的；相反，作为一个对人类历史有高度认知能力、富有科学精神的思想家，他完全清楚并承认：在特定历史条件下（比如在私有制条件下），劳动必然是不自由的。在他看来，这种不自由的劳动（即异化劳动）是特定历史条件的产物，就当时的历史背景、历史条件而言，其存在具有必然性。简而言之，马克思并未将劳动的"自由自觉"特征绝对化，而是在分析人与动物生命活动的差别时，有条件地、在相对的意义上强调劳动的"自由自觉"（如上所述）。在他那里，"自由自觉"并不是超越历史时空的人类劳动的绝对特征。脱离具体语境，将马克思的"自由自觉劳动"这一提法过度诠释，大做文章，说成是一个单纯的"道德概念"，进而将其指认为《手稿》劳动观"不成熟"、"不科学"的所谓"证据"，是笔者极不赞同的。

再次，"自由自觉劳动"绝不仅仅是马克思当时关于人类劳动的一种道德理想，在他的历史视域中，这种劳动形式在人类的原始状态中是真实存在的，而不是纯粹被假想出来的、实际并不存在的劳动形式。

事实上，马克思充分肯定了：在人类历史上，的确存在一个劳动尚未异化的原始的"自由自觉劳动"阶段。持上述流行观点的论者往往认为，马克思只是将"自由自觉劳动"作为关于人类劳动的一种道德理想，他当时并不知道或并不认为这种劳动在历史上真实存在过。其实这是对马克思思想的一种主观揣测，是缺乏根据的，甚至是武断的。这种说法大大低估了青年马克思的历史视野，忽视了他当时对人类早期历史已达到的认知水平。事实上，借助于当时世界历史学界关于人类早期社会的初步研究成果，在写作《手稿》之前，马克思就已形成了"史前社会"的概念，并对人类史前社会及其劳动形式的"自由"特征有所认识。在写作时间早于《手稿》的《〈黑格尔法哲学批判〉导言》中，他写道："那些好心的狂热者，那些具有德意志狂的血统并有自由思想的人，却到我们史前的条顿原始森林去寻找我们的自由历史。但是，如果我们的自由历史只能到森林中去找，那么我们的自由历史和野猪的自由历史又有什么区别呢？"①这些话表明，马克思当时对人类的"史前时期"、对人类原始的"自由"状态已有一定程度的了解。他当时已经知道，人类原先曾经存在一个以"自由"为特征、不存在统治压迫现象的早期社会，在这一早期社会中，人类的劳动尚未发生"异化"，是"自由自觉"的。他这里所反对的，只是"我们的自由历史只能到森林中去找"（言外之意是，人类的自由只能存在于人类的原始状态中）这样的说法，而不是"人类在史前时期曾处于自由状态"这一历史事实。对于后者，他是知道并认同的。他的这些话不过是在对人民进行革命的启蒙教育，他在此明确告诫人们："自由"绝不是人类原始状态的专利，而是完全可以在经历了私有制社会后重新获得的，只是这需要人民拿出斗争的勇气来，依靠革命手段摧毁私有制社会，争得自由与解放。

笔者认为，上述论者还忽视了马克思《手稿》所具有的深厚的辩证法素养。作为一个深得黑格尔辩证法精髓的青年思想家，马克思已能较为深刻、自如地运用辩证法，并将其贯彻到自己的历史观中。"历史辩证法"的一个基本看法，就是认为私有制社会中存在的一切历史现象（比如异化劳动、私有财产）都有其暂时性，它们既有其历史起源和形成过程，亦有其必然消亡的历史趋势。《手稿》正是按照这种历史辩证法的观点来看待私有财产、异化劳动乃至整个私有制社会的。在《手稿》中，他不满足于资产阶级经济学家非历史地考察资本主义生产方式，拒绝考虑私有财产、异化劳动起源问题的形而上学做法，鲜明地提出了异化劳动的历史起源问题。②他写道："我们已经承认**劳动的异化**、劳动的**外化**这个事实，并对这一事实进行了分析。现在要问，**人是怎样使自己的劳动外化**、异化的？这种异化又是怎样由人的发展的本质引起的？"③在他看来，"异化劳动"不

---

① 《马克思恩格斯文集》第1卷，人民出版社2009年版，第5页。
② 林锋：《〈1844年经济学—哲学手稿〉历史观出发点新探——"抽象人本学出发点"质疑》，载《社会科学研究》2007年第1期。
③ 《马克思恩格斯文集》第1卷，人民出版社2009年版，第168页。

是从来就有的，人类原先的确存在一个劳动尚未"异化"的原始状态。不难理解，按照"历史辩证法"，既然作为"自由自觉劳动"之对立面的"异化劳动"有其历史起源，是人类发展到某一特定时期才产生的，那就意味着，人类劳动原本是"非异化"的，也就是说，是"自由自觉的"。在马克思的历史视野中，不论是人类最初的"自由自觉劳动"，还是后来历史地产生的"异化劳动"，抑或未来社会新的"自由自觉劳动"，都是一种特定历史条件下的具体劳动形式，它们相对于其由以产生的历史条件而言，都是现实的、具体的，比如，在"私有制"尚不存在的社会形态（原始社会）中，人类劳动就不是"异化"的，而是"自由自觉"的，这种劳动形式正是与私有制尚未产生的原始状态相适应的，因而有其存在的必然性和合理性。

二、《手稿》是用抽象、理想化的"自由自觉劳动"来批判现实劳动吗

对此，笔者的看法是：

其一，上述流行说法将"自由自觉劳动"定性为"抽象、理想化的"劳动形式是不妥的。如前所述，"自由自觉劳动"这一提法有其具体的语境，马克思并未抽象地、无条件地谈论或夸大人类劳动的"自由自觉"特性，而是在分析人与动物生命活动的"差别"时有条件地、在相对的意义上强调劳动的"自由自觉"，在他那里，"自由自觉"并不是超越历史时空的人类劳动的绝对特征。就其内涵而言，（马克思所说的）"自由自觉劳动"其实一点也不"抽象"、"神秘"。"自由"说的不过是劳动的"自主性"，"自觉"说的则是劳动的"有意识性"，"自由自觉劳动"指的不过是："自主的、有意识的劳动"。笔者实在看不出：这种内涵具体、简明易懂的劳动形式究竟"抽象"在哪里？另外，如前所述，这种劳动不仅仅是马克思当时关于人类未来劳动的一种道德理想，它在人类的原始状态中是真实存在的，是人类史前社会中现实存在的一种具体劳动形式，青年马

克思已经意识到这一点。将这种劳动说成是一种"理想化的劳动形式"（这是一种很不准确、颇具"误导性"的提法）①，等于否定它的"现实性"，仅仅将其视为马克思关于人类劳动的道德标准，这既不符合历史事实，也不符合马克思当时的思想状况、认知水平。在笔者看来，既然"自由自觉劳动"并非什么"抽象的、理想化的劳动形式"，而是一种"具体的、历史中实存的劳动形式"，那么《手稿》便谈不上是用什么"抽象、理想化的'自由自觉劳动'"来批判现实劳动了。如果该流行观点断言青年马克思"用历史来批判现实"（即用史前时期的"自由自觉劳动"来批判资本主义社会的"异化劳动"）还有几分道理，但说他仅仅是用关于劳动的"道德理想"来批判私有制社会劳动的现状，就有失偏颇、违背事实了。

其二，马克思的《手稿》用其关于人类劳动的理想来批判人类劳动的现状、谴责其"非正义性"，这本身并无不妥，绝不是可用来指责《手稿》劳动观"不成熟"、"不科学"的正当理由。

在笔者看来，马克思的《手稿》当然有其关于人类劳动的"理想"。对此笔者毫不否认，并认为这是"毫无疑问"且"无可非议"的。马克思有其关于劳动的"理想"，绝不是什么"不成熟"或"不科学"的表现②。"劳动者不受任何奴役和强制，自由、自觉地进行劳动"，这便是该著作关于人类劳动的基本理想（当然，如前所述，"自由自觉的劳动"不只是一种道德理想，它在人类原始状态中是真实的存在）。我们应当意识到，这一理想是合理的，它实质上表达了私有制社会中处于被奴役者地位的劳动者的共同呼声，具有高度的合理性和正义性。既然我们承认私有制社会的劳动者反抗奴役、追求自由是合理的、正义的，那么，也应承认，

---

① 在中国人的语境中，"理想化"往往带有"因过度完美而无法实现"的意蕴。该流行观点说"自由自觉劳动"是一种"理想化"的劳动形式，其言外之意是，这种"高度完美"的劳动在现实中无法存在，只存在于青年马克思的道德观念中。在该流行观点看来，推崇所谓"自由自觉劳动"的青年马克思是一个追求抽象的、虚幻的道德理想、缺乏科学精神的"浪漫主义者"、"唯心主义者"。
② 很显然，马克思有无"理想"与其思想是否"成熟"、"科学"，根本没有必然的联系。这一点读者很容易理解，笔者无须赘述。

马克思以维护劳动者的自由与尊严为宗旨的上述劳动理想（即"劳动者不受任何奴役和强制，自由、自觉地进行劳动"）是合理的、正义的。笔者想反问道，用这种"合理"而"正义"的劳动理想来批判与之相矛盾的私有制社会的劳动现状，谴责后者的"非正义性"，究竟有何不妥之处？这种批判、质疑怎么能说是马克思的"不成熟"、"不科学"之处呢？！难道私有制社会中人类劳动的现状不该受到批判和质疑吗？难道默认甚至接受"异化劳动"这种奴役人的劳动形式反而是正确的、合理的，反而成了马克思的"成熟"之处、"科学"之处？这显然是说不通的。

事实上，对私有制社会劳动现状的批判、质疑，恰恰有利于人类劳动形式的变革和进步。如果连批判不自由、不正义的"异化劳动"的勇气都没有，人类又如何能战胜"异化劳动"、私有制，实现劳动本身的解放，建立理想、美好的未来社会呢？应当说，马克思基于上述劳动理想而对私有制社会人类劳动现状进行的批判、谴责，既有其进步性、积极意义，又有其必要性。

另外，我们还应意识到，马克思的《手稿》对私有制社会的现实劳动（即"异化劳动"）并非完全否定，而是既有"批判"亦有"肯定"。所谓"《手稿》对私有制社会的现实劳动完全否定、对其进行单纯道德批判"的说法，其实是对马克思相关思想的误解，大大低估了他关于历史的辩证法造诣与科学精神。事实上，马克思并未停留在对现实劳动的单纯道德谴责上，而是以巨大的历史感、现实感，客观地考察了人类劳动的各种具体表现形式（包括"异化劳动"的各种历史形态），分别肯定了它们相应于不同历史条件而存在的必然性、合理性：原始的"自由自觉劳动"相应于私有制尚未产生的原始社会；异化劳动相应于私有制社会；未来的"自由自觉劳动"相应于扬弃了私有制的未来公有制社会，劳动形式的历史必然性和存在的合理性，正是由特定的历史条件规定和赋予的，相应于各自的历史条件，它们的存在都是必然的、合理的。他还充分肯定，扬弃了资本主义的共产主义是保存了人类以往发展的全部丰富成果的，这其中就包括资本主义异化劳动所创造的巨大成果，真正的共产主义绝不是"对整个文化和文明的世界的抽象否定，向**贫穷的**、需求不高的人——他不仅没有超越私有财产的水平,甚至从来没有达到私有财产的水平——的**非自然的**[IV]简单状态的倒退"①;马克思对那些不加分析,简单否定资本主义异化劳动及其创造的生产力成果的做法,恰恰是持批判态度的,在他看来,资本主义异化劳动虽然存在对劳动者的压迫(这种压迫基于特定的历史条件是不可避免的),但它同样创造了巨大的生产力成果,表现了人类自身的巨大能动性、主体力量,②是"人的**本质力量**的**公开的**展示"③,对于它的巨大"历史功绩",是不容简单否定的。

---

① 《马克思恩格斯文集》第1卷,人民出版社2009年版,第184页。
② 林锋:《〈1844年经济学哲学手稿〉历史观出发点新探——"抽象人本学出发点"质疑》,载《社会科学研究》2007年第1期。
③ 《马克思恩格斯文集》第1卷,人民出版社2009年版,第193页。

第三章　与"两次转变论者"的进一步对话：两个焦点问题

在本书第二章，笔者介绍了我国学界一种重要的流行见解（"两次转变论"）对"马克思早期哲学与费尔巴哈的关系"及马克思早期哲学代表作《1844年经济学哲学手稿》（以下简称《手稿》）所作的界定和解读，深入辨析了马克思早期哲学与费尔巴哈唯物主义的关系，揭示和论证了二者的重大差异，并对两次转变论者的一个重要论据（马克思的《手稿》用一种"抽象"的、"理想化"的、道德"应然"意义上的劳动形式即"自由、自觉的劳动"伦理地批判、责难私有制社会中现实、具体的劳动，质疑后者存在的合理性①）进行了剖析。为了创造最佳的"论证效果"，进一步说服"两次转变论者"及意见相似者，笔者还打算回顾先前我们（王东教授与笔者）与南京大学学者（两位"两次转变论者"）十余年前就"马克思早期哲学与费尔巴哈的关系"问题进行的那场直接的学术交锋，针对后者在其文中作出的具体的答辩意见，进行有"针对性"的剖析和批判，澄清相关问题，进一步论证我们的学术见解。

---

① 参看孙伯鍨先生的专著《探索者道路的探索——青年马克思恩格斯哲学思想研究》（南京大学出版社2002年版）、张一兵先生的专著《回到马克思——经济学语境中的哲学话语》（江苏人民出版社1999年版）中的相关论述，也可参看他们的一些相关论文。在"两次转变论者"看来，这显然是一种道德唯心主义的立场，而不是历史唯物主义的正确立场、科学立场。

第一节 我们与南京大学学者的学术对话

一、是否存在独立的"费尔巴哈阶段":
与"两次转变论者"的第一次对话

2007年第4期的《学术月刊》杂志以"对话与交锋"的形式[①],刊发了我们与南京大学学者(姚顺良教授、汤建龙博士生)的两篇论文,分别是:北京大学哲学系王东教授与笔者(时为王东教授指导下的博士研究生)合作的《马克思哲学存在一个"费尔巴哈阶段"吗?——"两次转变论"质疑》;南京大学姚顺良教授、博士生汤建龙合作的《"两次转变论"的文本依据及其方法论意义——兼答王东教授等》。两文发表后均在国内产生了较大的反响,文章均被《人大复印报刊资料》全文转载[②],有学者参与到这场学术讨论中来,从其自身的学术理解出发,评论了论战双方的学术观点[③]。

在我们看来,这场学术对话、学术交锋是非常"必要"且很有"意义"的。它是两种截然不同甚至"根本对立"的马克思主义哲学史解读范式的直接对话和交锋。通过这种对话、交锋,有助于学界深入反思(关于"马克思哲学历程"的)传统流行见解、传统解读范式的"合理性"、"可信度",推动相关学术疑难问题的解决。并不讳言,笔者在参与这场对话时,是以"根本解决学术问题,彻底推翻上述流行见解"为志趣和追求的。王东教授和笔者在文章(约15000字)中从青年马克思对费尔巴哈哲

---

① 参看《学术月刊》2007年第4期的目录。
② 王东教授与笔者合作的这篇文章被人大复印报刊资料《哲学原理》2007年第7期转载,南京大学学者的文章则被人大复印报刊资料《马克思列宁主义研究》同年第7期转载。
③ 参看朱天明:《"两次转变"与马克思的"新哲学"、"新世界观"——兼与王东、姚顺良教授等商榷》,载《学术月刊》2008年第1期。

学"一分为二"的辩证评价、马克思早期哲学"理论来源"的多样性、马克思早期哲学与费尔巴哈哲学的重大差异、青年马克思对黑格尔辩证法的学术继承关系、《手稿》历史观的出发点、马克思、恩格斯、列宁对马克思早期著作的评价等方面对"两次转变论"的"科学性"、"说服力"提出了全面质疑。① 我们力图通过这种全面的、透彻的质疑、批判,彻底推翻国内某些学者首倡的所谓"马克思哲学经历'两次转变'创立马克思主义哲学"的流行说法,有效澄清相关问题,在学界确立一种截然不同于该流行见解的学术观点、学术立场。作为"两次转变论"的支持者、信奉者,南京大学哲学系姚顺良教授及博士生汤建龙对我们的质疑作了申辩,进行了"回应"。为"自圆其说",两位学者在其文中提出了一些值得注意、值得"商榷"的提法或说法。② 笔者阅读南京大学两位学者的答辩性文章后,曾有开展进一步的"学术批判"、将相关的"学术讨论"进行到底的想法。不过,十余年来,限于时间与精力,笔者一直未能推进和完成这项工作。笔者写作计划中的(针对南京大学上述两位学者观点的)"商榷性文章"一直未能写成。

二、与"两次转变论者"的第二次对话:两个焦点话题

2018年正值伟大的马克思主义创始人马克思200周年诞辰,笔者任教的北京大学召开第二届"世界马克思主义大会",我国马克思主义研究进入新的高潮,国内学界关于马克思的研究空前活跃,笔者决定不再懈怠,加紧推进并完成这项工作,与南京大学学者进行第二次"学术对话"。在本章中,笔者以近十余年来从事"马克思早期著作研究"的"学术心得"

---

① 参看王东、林锋:《马克思哲学存在一个"费尔巴哈阶段"吗?——"两次转变论"质疑》,载《学术月刊》2007年第4期。
② 参看姚顺良、汤建龙:《"两次转变论"的文本依据及其方法论意义——兼答王东教授等》,载《学术月刊》2007年第4期。

第三章 与"两次转变论者"的进一步对话：两个焦点问题

及关于《手稿》的最新研究为依据，对南京大学学者上述答辩性文章（《"两次转变论"的文本依据及其方法论意义——兼答王东教授等》，载《学术月刊》2007年第4期）中的若干重要观点进行有针对性的回应和剖析。笔者不打算平均使用气力，追求所谓的"面面俱到"，不分主次地谈论我们与南京大学学者"对话"时面临的所有话题，而是聚焦其中的核心问题、焦点问题，重点谈论两个"关键性"的、"实质性"的话题：其一，青年马克思及其《手稿》的哲学思维方式是否"费尔巴哈式"的？其二，学界长期流行的"两次转变论"究竟有无"文本依据"？这两大问题是南京大学学者在答复我们的"学术质疑"时重点关注或谈论的话题，对这些问题的独特理解或说法构成了其"立论"的基础。毫无疑问，要与他们进行有"深度"、有"针对性"的"学术对话"，必须直接面对和剖析这些话题，进而驳倒其关于马克思哲学思想演变历程的基本结论。本章的第二、三节，就专门辨析这两个"焦点话题"。除上述话题外，"如何正确看待马克思本人对其思想历程所作的'回忆'、对其早期著作所作的'评价'"，这个话题同样富有价值，亦值得我们重视和讨论。在辨析和探讨了上述两大话题后，笔者将在本章最后一节（第四节）中谈谈自己对这一重要问题的认识，与南京大学两位学者作进一步的"对话"。

值得一提的是，笔者与南京大学学者的"学术对话"，并不限于本书的第二章、第三章。本书的不少章节（譬如第一章、第四章、第六章、第七章、第八章）一定程度上都带有这种"对话"或"论战"的色彩。"有破有立，破立结合"，是本书的一大"特点"。笔者对己方论点的阐释、论证，往往伴随着对异质见解的质疑与批判（在笔者看来，这二者很难截然"割裂"开来）。南京大学学者的"两次转变论"及其对《手稿》的"定性"、"责难"，是本书首要的批判对象。本书在谈及《手稿》及其哲学体系的各组成部分、为其"辩护"时，往往要面对和批判南京大学学者关于《手稿》及其哲学思想的"否定性"论调（这是难以避免的）。为"澄清问题"、"还原真相"，本书以一种"论战"的形式来阐明学术立场。笔者热忱欢迎并期待，广大读者及学界同行关注我们双方的"学术争鸣"

并直接参与相关问题的"讨论",踊跃表达意见,共同推进马克思主义哲学史相关问题的学术探索。

第二节 评南京大学学者关于青年马克思"哲学思维方式"的定性

一、"两次转变论者"关于青年马克思"思维方式"及其与费尔巴哈关系的一个值得注意的说法

青年马克思的"哲学思维方式"是否是"费尔巴哈式"的?这是笔者与南京大学学者进行第二次"学术对话"时要重点关注和谈论的焦点话题。这个问题对我们双方的"学术对话"来说,其"意义"是显而易见的。很明显,在这一问题上,王东教授、笔者的观点与上述两位论者(南京大学姚顺良教授、汤建龙博士生)的看法是不一致的,双方的立场正好相反。南京大学两位学者的说法是,1843—1844年的青年马克思是一个典型的"费尔巴哈主义者",其哲学思维方式是"费尔巴哈式"的。

不过,耐人寻味的是,为了"自圆其说",或许也为了避免陷入更大的"偏颇性",两位学者在其答辩性文章(《"两次转变论"的文本依据及其方法论意义——兼答王东教授等》,载《学术月刊》2007年第4期)中提出了这样的说法:"在如何理解马克思的这个费尔巴哈式的阶段问题上,我们说马克思这一时期在哲学思维方式上是费尔巴哈式的,这是从理论思维的范式和方法层面上来说的,而不是说,马克思此时和费尔巴哈没有任何区别,没有超出费尔巴哈的地方。实际上,正像马克思从来不是一个完全的黑格尔主义者一样,他也从来不是一个完全的费尔巴哈主义者。马克思在接受费尔巴哈的同时就在批判费尔巴哈,甚至在很多地方已经超出了费尔巴哈。这主要表现在两个方面:一是把费尔巴哈的宗教异化推进到了

政治异化，从而在论域上超出了费尔巴哈的自然和宗教的范围，扩大到了对政治和法的批判。二是马克思对人的本质的界定超出了费尔巴哈。费尔巴哈对人的本质的界定偏重于自然和直观的方面，而马克思则偏重于社会和活动的层面；费尔巴哈的人的本质是自然固有的本质，马克思的则是理想的应有的本质。同时，马克思此时在历史观和存在观上也都超出了费尔巴哈的静态直观的纯自然、本体论的历史观和存在观。马克思认为，'费尔巴哈不能找到从他自己所极端憎恶的抽象王国通向活生生的现实世界的道路'，'历史对他来说是一个不愉快的可怕的领域'，费尔巴哈的人不是'在历史中行动的人'。"[1] 不过，为了维护"两次转变论"的基本立场，两位学者还是声明道："尽管有上述区别，马克思这个时期哲学的根本范式还是费尔巴哈式的。马克思和费尔巴哈一样，都为'人'设定了一个先验的本质，并用这个先验的本质来批判现有的现实，而得出一个'应有'和'现有'的关系：即应有的不存在，现有的不应有；真正的人不是现实的人，现实的人不是真正的人。这明显是一种费尔巴哈式的思维方式。"[2]

为了进行有效的论战和批判，也为了便于读者进行对照性的阅读，笔者大量引用了南京大学两位学者关于青年马克思及其"哲学倾向"的描述。下面，笔者对两位论者的上述说法逐一进行分析和评论。

二、我们与"两次转变论者"在学术见解上的某些"相似性"

两位论者明确认为，青年马克思（即1843—1844年的马克思）与费尔巴哈是有"区别"的，他"甚至有很多地方已经超出了费尔巴哈"[3]。这种说法笔者颇为赞同。两位论者在说明青年马克思与费尔巴哈的"差

---

[1] 姚顺良、汤建龙：《"两次转变论"的文本依据及其方法论意义——兼答王东教授等》，载《学术月刊》2007年第4期。
[2] 姚顺良、汤建龙：《"两次转变论"的文本依据及其方法论意义——兼答王东教授等》，载《学术月刊》2007年第4期。
[3] 姚顺良、汤建龙：《"两次转变论"的文本依据及其方法论意义——兼答王东教授等》，载《学术月刊》2007年第4期。

异"时所作的一些描述（他们谈到，青年马克思哲学的"论域"、他对"人的本质的规定"、他的历史观、存在观均超出了费尔巴哈哲学①），笔者也表示赞同②。的确，青年马克思所谈的"异化"现象不限于"宗教"领域，而是扩展到了包括经济、政治、社会关系、精神生活（在《手稿》看来，宗教异化不过是"精神生活异化"的一种表现、一个方面）等领域在内的整个社会历史领域。③ 他的异化理论是一个视野开阔、论域广泛、内容丰富的"异化理论体系"④。同样如南京大学两位论者所言，马克思对"人的本质"的理解也超出了费尔巴哈哲学，这两位论者断定，费尔巴哈与马克思对"人的本质"的界定，其"侧重点"各不相同，前者"偏重于自然和直观的方面"，后者"则偏重于社会和活动的层面"⑤，这一点笔者也表示赞同。此外，青年马克思的历史观、存在观，当然也与费尔巴哈有着明显的不同。这一点，王东教授与笔者已在《学术月刊》2007年第4期的那篇长文（《马克思哲学存在一个"费尔巴哈阶段"吗——"两次转变论"质疑》）中作了比较详细的说明。⑥ 请读者查阅该文，这里不作赘述。

不过，必须澄清：笔者与南京大学论者在观点上的所谓"相似性"，

---

① 姚顺良、汤建龙：《"两次转变论"的文本依据及其方法论意义——兼答王东教授等》，载《学术月刊》2007年第4期。
② 当然，南京大学论者的某些提法（比如他们对青年马克思"人的本质观"的具体看法），在笔者看来是错误的、不能成立的。笔者在下文中马上要谈到这一点。
③ 在笔者看来，南京大学两位论者对青年马克思异化理论的看法还不够"全面"和"严谨"。应当说，青年马克思不仅关注"宗教异化"和"政治异化"，更关注"经济异化"（作为青年马克思代表作的《手稿》就是如此），此外，他还关注了其他领域（譬如社会关系领域）的"异化"现象。较之南京大学学者"青年马克思把费尔巴哈的宗教异化推进到了政治异化"的说法（参看姚顺良、汤建龙：《"两次转变论"的文本依据及其方法论意义——兼答王东教授等》，载《学术月刊》2007年第4期），更准确的提法，应当是：青年马克思将异化学说从"费尔巴哈式"的单纯的"宗教异化学说"推进、发展到了一种视野更为"开阔"、论及人类社会生活所有领域的"异化理论体系"。青年马克思的异化理论，当然不只是一种"政治异化理论"，也不只是一种"经济异化理论"，而是一种论域广阔、内容丰富的异化理论体系。
④ 参看本书第五章第二节对青年马克思"异化理论体系"的阐释和介绍。
⑤ 姚顺良、汤建龙：《"两次转变论"的文本依据及其方法论意义——兼答王东教授等》，载《学术月刊》2007年第4期。
⑥ 参看王东、林锋：《马克思哲学存在一个"费尔巴哈阶段"吗？——"两次转变论"质疑》，载《学术月刊》2007年第4期。

第三章 与"两次转变论者"的进一步对话：两个焦点问题

只是一种"现象"层面的、"表面"的"相似性"①，而不是一种内在的、基于共同学术立场和解读范式而达成的"一致性"。事实上，我们是基于截然不同的学术理解、学术立场，来提出这些"相似"的学术见解的。②仅仅停留在这些表面的"相似性"上，根本无法领会和理解我们双方在基本立场、解读范式上的根本分歧。

诚然，与上述论者相似，王东教授与笔者也认为，青年马克思与费尔巴哈是有"差异"的。在我们看来，马克思在接受费尔巴哈影响的同时，就对后者的思想持"一分为二"、"批判地吸收"的态度。③但是，如何具体地理解青年马克思与费尔巴哈之间的"差异"、"区别"？如何评价这种"差异"的"性质"？如何看待青年马克思对费尔巴哈的"批判"？在这些问题上，我们与南京大学论者的看法是截然不同的，甚至是"根本对立"的。按照我们的立场和见解，费尔巴哈与青年马克思在哲学上的"差异"，不是同一哲学思维范式内部的"量"的差异（与我们相反，南京大学两位论者正是这样认为的），更确切地说，不是同为"费尔巴哈主义者"的青年马克思与费尔巴哈在某些"次要方面"、"非本质方面"的差异，而是明显不同的"两种哲学思维方式"之间的"根本性"的、"本质性"的差异（用辩证法的术语来说，这种"差异"是一种"质"的差异，而不是同一质态中"量"的差异），是这两种有着"原则性差异"的思维范式在哲学观点上必然要表现出来的差异或分歧。虽然"两次转变论者"承认，

---

① 相对于我们的"分歧"而言，这种"相似性"是次要的、第二位的，甚至是无足轻重的。
② 在一些相对"抽象"的观点（比如，我们都认为，青年马克思与费尔巴哈是有"差异"的，不可将二者混为一谈）上，笔者的看法与南京大学两位学者的看法是一致的。在这种情形下，我们的"分歧"被我们观点表面的"一致性"掩盖、遮蔽了。越是探讨相对"具体"的问题（比如，如何具体地看待青年马克思与费尔巴哈的"差异"？这种"差异"究竟是一种次要的、"细枝末节"的、"量"的差异，还是一种"质"的差异、"根本性"的差异？），笔者与南京大学两位论者的"分歧"就越是暴露无遗。
③ 参看王东、林锋：《马克思哲学存在一个"费尔巴哈阶段"吗？——"两次转变论"质疑》，载《学术月刊》2007年第4期。南京大学两位论者在其文中同样认为，"马克思在接受费尔巴哈的同时就在批判费尔巴哈，甚至有很多地方已经超出了费尔巴哈。"（姚顺良、汤建龙：《"两次转变论"的文本依据及其方法论意义——兼答王东教授等》，载《学术月刊》2007年第4期）

"马克思在接受费尔巴哈的同时就在批判费尔巴哈"①,但是,在这些论者看来,青年马克思对费尔巴哈的所谓"批判",不过是"同一思想阵营"内部的批判,是作为"费尔巴哈主义者"的青年马克思对后者的个别缺憾、个别不足表达的某种不满,是对后者某种"次要"意义上的、"有限度"的超越,而非对后者的一种"根本性"的、"实质性"的超越;较之马克思对费尔巴哈的认同甚至崇拜,这种"批判"或"不满"是次要的、第二位的,他对后者的认同、崇拜则是首要的、第一位的。王东教授与笔者的看法则完全不同。在我们看来,马克思对费尔巴哈的批判虽然经常是"婉转的"、"客气的",但其实是基于明显不同的哲学思维方式、基于不同的学术立场、学术理解而作的一种"实质性"、"原则性"的批判(这种批判意味着他对后者的一种"实质性"的、"根本性"的超越)。《手稿》对费尔巴哈的批评的确较为委婉,甚至较为"隐蔽"(马克思在《手稿》中甚至以"不点名"的方式批评费尔巴哈),但绝不能像某些论者所认为的那样,这种批评是"无关紧要"的或微不足道的。青年马克思对费尔巴哈的"批判",绝不是作为"费尔巴哈主义者"的他基于相同的哲学思维方式对后者作出的个别批评,而是初步成为"马克思主义者"的青年马克思基于"马克思主义哲学"的思维范式与基本观点对后者的"重大局限性"所作的揭露和分析。

其次,两位论者在说明青年马克思与费尔巴哈的"差异"时所作的具体的描述,笔者虽然一定程度表示赞同,但往往也是基于不同的学术理解来看待他们所描述的这些"差异"的。

比如,较之费尔巴哈的哲学,青年马克思的哲学在"论域"上更为广阔,其视野更为开阔(我们赞同两位论者的这一说法),仅就"论域的差异"而言,或许我们还不能完全说明青年马克思与费尔巴哈的"原则性"差异,不过,在我们看来,二者这方面的差异是不可忽视的。这种貌似"无关紧要"的差异(即两种哲学在"论域大小"上的差异),其实必定导致马克思与费尔巴哈走向完全不同的哲学方向,形成根本不同的哲学思

---

① 姚顺良、汤建龙:《"两次转变论"的文本依据及其方法论意义——兼答王东教授等》,载《学术月刊》2007年第4期。

维方式。这一点并非"夸大其词",而是有相当道理的。正如马克思、恩格斯所意识到的那样,像费尔巴哈那样"关注自然远胜于关注政治"的所谓哲学,不但不符合现代哲学的潮流和发展趋势,而且势必最终因此陷入社会历史视野的某种封闭性,因为对社会、历史及当代现实缺乏深刻考察而陷入某种肤浅的、错误的认识,甚至陷入"唯心史观"(而事实正是如此)。晚年恩格斯在其名著《路德维希·费尔巴哈和德国古典哲学的终结》一书中对费尔巴哈的重大局限性及其唯心史观倾向的分析[1],是有着相当的"说服力"的。与南京大学学者的理解有所不同,我们虽然也认为青年马克思与费尔巴哈在"论域"上明显不同,但并不像后者那样,只是把"论域的不同"看作一种无关紧要的同一哲学范式内部的"量的差异",而是注意到:这种论域的差异,可能会导致历史观思维方式的根本差异(事实上,《手稿》的历史观与费尔巴哈的历史观在根本性质上就是有着"根本差异"的,前者是"唯物史观"的初级形态,后者则完全陷入"唯心史观")。另外,这里附带说明一下,在谈论青年马克思与费尔巴哈"哲学论域"的差异时,不能只注意到二者的"异化观"论域的差异(事实上,异化理论远不是《手稿》哲学思想的全部),而是应该参照青年马克思自己对费尔巴哈所作的批评及马克思早期著作的特点,把二者哲学论域的差异概括为:费尔巴哈哲学的中心是自然界与自然属性的人[2],"强调自然过多而强调政治太少"[3](马克思语),自然界与人是其哲学的主要论域;青年马克思的哲学则以政治、社会与历史为主要论域。

此外,"两次转变论者"提到,"马克思对人的本质的规定超出了费尔巴哈。费尔巴哈对人的本质的界定偏重于自然和直观的方面,而马克思则

---

[1] 参看《马克思恩格斯文集》第4卷,人民出版社2009年版,第287—295页。恩格斯在该著作第三部分的开篇之处便指出,"我们一接触到费尔巴哈的宗教哲学和伦理学,他的真正的唯心主义就显露出来了。"(《马克思恩格斯文集》第4卷,人民出版社2009年版,第287页。)
[2] 王东、林锋:《马克思哲学存在一个"费尔巴哈阶段"吗?——"两次转变论"质疑》,载《学术月刊》2007年第4期。
[3] 参看《马克思恩格斯全集》第47卷,人民出版社2004年版,第53页,转引自王东、林锋:《马克思哲学存在一个"费尔巴哈阶段"吗?——"两次转变论"质疑》,载《学术月刊》2007年第4期。

偏重于社会和活动的层面"①。在笔者看来，这个说法是成立的。不过，两位论者随后所作的描述则是错误的："费尔巴哈的人的本质是自然固有的本质，马克思的则是理想的应有的本质。"② 这里显然还是在《手稿》（针对"人的本质"问题）提出的"自由自觉的劳动"这一提法上做文章，脱离《手稿》的上下文语境，对青年马克思的人学观点进行断章取义式的曲解和误读。在两位论者看来，青年马克思所规定的"人的本质"带有理想化色彩，所谓的"自由自觉的劳动"是一个道德"应然"意义上的抽象道德概念，而不是历史唯物主义色彩的科学概念。王东教授与笔者在《马克思哲学存在一个"费尔巴哈阶段"吗？——"两次转变论"质疑》（载《学术月刊》2007年第4期）一文中就已指出，《手稿》"自由自觉的劳动"的提法是针对人类劳动与动物生命活动的差别而言的，马克思是在强调人类有意识的、能动的劳动活动相对于动物无意识生命活动的巨大"优越性"的意义上来谈劳动的"自由自觉"特性的，他从来没有抽象地、无条件地讲人类劳动的"自由自觉"特性。③ 在本书第二章第三节，笔者又指出，青年马克思强调人类劳动的"自由自觉"特性，其实意在说明人类及其生命活动即"劳动"相对于动物及其生命活动的优越性、能动性，赞扬人类作为一个特殊生物物种所独有的"伟大"之处，这并无"不妥"之处。在马克思那里，人类劳动的"自由"、"自觉"，是相对于动物生命活动的"不自由"、"受局限"、"无意识"而言的。"自由、自觉的劳动"④作为马克思对"人的本质"的界定，其实并无不妥之处，不能借此

---

① 姚顺良、汤建龙：《"两次转变论"的文本依据及其方法论意义——兼答王东教授等》，载《学术月刊》2007年第4期。
② 姚顺良、汤建龙：《"两次转变论"的文本依据及其方法论意义——兼答王东教授等》，载《学术月刊》2007年第4期。
③ 王东、林锋：《马克思哲学存在一个"费尔巴哈阶段"吗？——"两次转变论"质疑》，载《学术月刊》2007年第4期。
④ "自由自觉的劳动"是我国学界主流的马克思主义哲学史解读范式喜用的表述方式（"两次转变论者"也采用这种表述方式），其实这种表述不很贴切，容易在读者中产生一定的误解或误导。按照马克思的真实所指，对这一提法确切的表述，应该是"自由的、有意识的劳动"。国内学界所讲的"自觉"应理解为"有意识"，这才符合《手稿》的原意。笔者先前在北京大学从事教学活动或开设相关学术讲座时多次提到这一点。

指责《手稿》的"人的本质观"带有所谓的"抽象化"和"理想化"色彩①。应当说,当马克思对"人的本质"作这样的界定时,"自由自觉的劳动"的提法并不带有所谓的"道德色彩"、"伦理色彩"。具体来说,马克思在把人的生命活动(劳动)与动物本能色彩的、无意识的生命活动进行对比、对照时特别强调人类劳动具有"自由自觉特性",这与其说是作了一个鲜明的"道德判断",倒不如说是作了一个鲜明的"事实判断"。如前文所述,人类有意识的、能动的、富有创造力的生命活动(劳动)的确比动物无意识的、本能式的、缺乏能动性、创造力的生命活动"自由"得多、"优越"得多。相对于动物,人类的劳动不仅是"有意识"的(即"自觉的"),而且是"自由"的,这绝非夸大其词,而是完全符合事实的。简言之,"自由、自觉的劳动"不是马克思从道德视角"先验"地"设定"出来的"理想"的本质,而是人相对于动物而言的一种"现实"的本质。换言之,"自由、自觉的劳动"首先是一个事实性概念。另外,笔者在第二章第三节也指出,"自由自觉的劳动"这一提法,其"含义"相当明确,根本不存在什么"抽象"色彩:所谓"自由",讲的是"自主性",所谓"自觉",讲的则是"有意识"。从其"具体语境"上看,"自由自觉劳动"既不是什么"道德概念",亦不是"抽象概念"。由此看来,"两次转变论者"对青年马克思"人的本质观"所作的解读和批评明显是不能成立的主观见解,是不合理、不公正的、不宜轻信的。

三、对具体说法的回应

如上所述,"两种转变论者"在对"青年马克思与费尔巴哈的关系"作了一些与我们的见解有一度"相似度"的诠释后,为了表明其基本立场,与我们"划清界限",又特别声明道:"问题的实质在于,尽管有上

---

① "《手稿》的'人的本质观'带有'抽象化''理想化'色彩"的说法,其实是"两次转变论者"及其支持者脱离马克思相关论断的上下文语境,基于不准确的学术理解而对《手稿》人学思想扣的一顶"帽子",系无理指责。

述区别，马克思这个时期哲学的根本范式还是费尔巴哈式的。马克思和费尔巴哈一样，都为'人'设定了一个先验的本质，并用这个先验的本质来批判现有的现实，而得出一个'应有'和'现有'的关系：即应有的不存在，现有的不应有；真正的人不是现实的人，现实的人不是真正的人。这明显是一种费尔巴哈式的思维方式。"① 现在，笔者就来直接面对和评论上述说法，揭露其不能"自圆其说"之处。

笔者明确认为，所谓"青年马克思哲学的根本范式是费尔巴哈式的"说法是缺乏说服力的错误见解。这一论调从"论点"到"论证"都是错误的。笔者采用"先破后立"的叙述方式，首先考察和评论南京大学学者为这一论调所作的"论证"、所提出的"论据"，揭露其谬误性、主观性，接着正面阐明我们对"青年马克思哲学思维方式之性质"的看法，欢迎学界同志指正。值得一提的是，笔者对南京大学学者上述论调的批判，其实也是对学界长期以来流行的类似的错误见解、错误解读范式的批判。笔者的批判虽然以"个案批判"的形式呈现，但或许具有某种"普遍性"的意义。

（一）马克思"为'人'设定了一个'先验'的本质"吗

笔者想指出的是，所谓马克思"为'人'设定了一个先验的本质"的说法是"大有问题"的。这里的"关键词"有两个，分别是"设定"与"先验"。先来看第一个关键词："设定"。在笔者看来，这个词用在青年马克思的人学思想上是非常不妥的。普通读者或许会感到困惑不解："设定"这么一个简单的词汇或术语，究竟有什么需要"批判"之处呢？这其中有什么"奥秘"吗？这里，笔者来作一些说明。事实上，笔者反对"设定"这个提法，绝不是没有考虑的。笔者注意到，这个用语多次出现于"两次转变论者"及其支持者的学术论著或学术言论中。细心的读者不难发现，它其实是与"两次转变论者"的马克思哲学史解读范式内在联系、相互印证、为后者提供"论证"上的某种"便利"，被后者大量地、自觉

---

① 姚顺良、汤建龙：《"两次转变论"的文本依据及其方法论意义——兼答王东教授等》，载《学术月刊》2007 年第 4 期。

第三章 与"两次转变论者"的进一步对话：两个焦点问题

地加以运用的一个关键性术语。从"设定"一词的语义来看，这个词体现的是什么"含义"呢？所谓"设定"，就是"主体（比如青年马克思）从自身的某种需要（往往是某种主观的需要）出发，按照某种意图，'人为地'、主观地进行规定、设置"。那么，这样的术语，这样的"内涵"，真的适用于马克思《手稿》对"人的本质"的理解或界定吗？绝对不是的。在笔者看来，主观地、强行地用这一极不严谨、极不准确[①]的用语来描述马克思对"人的本质"的界定或理解，将会严重扭曲事情的"真相"，对青年马克思的人学思想构成不公正、不公允的定性或评价。笔者的上述说法，对于不熟悉事情"真相"的普通读者而言，或许显得有些"夸张"。不过，如果读者对马克思《手稿》的人学思想进行仔细的辨认、推敲，对笔者的说法的"可靠性"进行谨慎的辨析，或许不会这么看。笔者不打算拐弯抹角，作繁琐论证，为节省本书的篇幅，打算"直截了当"地亮明立场：《手稿》对"人的本质"的理解，是他基于人与动物之关系的学术研究，通过对二者的经验生活的"对照"与"比较"而得出的学术结论，这一结论是严肃的、符合事实的，并无明显的"不妥"之处。所谓的"自由自觉的劳动"绝不是青年马克思主观地、人为地"设定"或"设置"出来的抽象的"本质"，不是他基于自己的某种道德价值观强加于"人"自身的一种"莫须有"的"本质"，而是他针对"人类"这一特定生物物种的主要特性进行哲学层面、哲学意义上的"抽象"、"概括"而形成的学术结论（如上所述，这是马克思对"人"本身进行"学术思考"的产物，是一种"严肃的"而不是"主观随意的"结论或看法）。在《手稿》看来，"自由、自觉地进行劳动"，这是人相对于动物而言所具有的一种真实的、内在的能力，是人相对于动物所表现出来的一种显著的"优越性"、"优点"，体现了前者对后者根本的"超越性"；这种"能力"、这种"优越性"、这种"超越性"都是真实存在的，而不是虚假的、虚幻的。无论马克思作不作什么"设定"，人类上述的"能力"、"优越性"、"超越性"都是客观存在、无法否定的事实。对于上述说法，不知"两次转变论者"

---

① 毫不客气地说，将"设定"这一术语用于马克思的人学思想是一种"完全错误"的做法。"两次转变论者"或许从未意识到这一点，仍在"孜孜不倦"地利用这一提法，论证其见解。

以为如何？值得一提的是，"两次转变论者"用"设定"这样的特定用语而不是用"概括"、"界定"这样的中性表述来青年描述马克思对"人的本质"的理解，往往是别有一番用意的。事实上，他们正是想用"设定"一词来认定或坐实马克思《手稿》"人的本质观"的所谓"主观性"、"思辨性"、"反科学性"，否定马克思人学思想的"学术色彩"、"科学性"，为否定《手稿》及马克思早期哲学的"历史地位"、论证"两次转变论"作必要的"铺垫"。从表面上看，"设定"一词貌似没有"贬义"色彩，实际情况绝非如此。事实上，这个词与"两次转变论者"对《手稿》及其人学思想的"批判性"论调高度匹配，是一种被精心设计出来承担特定"批判"（即针对《手稿》及其人学思想的批判）功能的重要术语。

我们再来看另一个关键词："先验"。很明显，较之"设定"（其贬义色彩较为隐蔽），"先验"这个词的"批判功能"、"批判色彩"更为鲜明。"两次转变论者"用这个词来形容青年马克思所界定的"人的本质"（"自由自觉的劳动"），其意图极为明显，就是借此渲染《手稿》人学思想与真正的马克思主义人学观点在"思维范式"上的"对立性"，论证前者的"不科学性"。按照南京大学两位论者所作的解读，马克思的《手稿》所界定的"人的本质"（"自由自觉的劳动"）带有"先验"色彩，是一种"先验的本质"①。这里，笔者要认真地请教两位论者：你们认定"自由自觉的劳动"是青年马克思设定出来的"先验"的本质，究竟有何根据？比如，有何"文本学"方面的"证据"？"自由自觉的劳动"为什么就不是一种"经验式"的本质呢？！在笔者看来，"两次转变论者"为马克思早期人学扣上这么一顶"帽子"，如此自信地对《手稿》进行责难和否定，要是拿不出实质性的"证据"，只是基于他们某种主观化的理解或解读便作此判断，那就未免显得不很严肃、不很严谨了。按照学界一般的理解，"先验"就是"先于经验"之意。这里需要认真辨析并加以澄清的一个重要话题是，《手稿》所理解的"人的本质"（"自由自觉的劳动"）究竟是一种"经验"色彩的本质，还是"先验"色彩的本质？

---

① 姚顺良、汤建龙：《"两次转变论"的文本依据及其方法论意义——兼答王东教授等》，载《学术月刊》2007年第4期。

在笔者看来，毫无疑问，答案是前者。青年马克思所揭示的作为"人的本质"的"自由自觉劳动"，其实是他基于对动物和人的经验观察及在此基础上的比较、对照而得出来的，他关于"人的本质"的这一结论不是也不可能脱离人的经验生活得来。从逻辑上说，任何研究者要正确地考察和界定"人的本质"，离开对人本身与动物的经验观察是绝不可能的，他关于"人"及其"本质"的任何结论都应当以人类的感性生活世界为背景和基础。"自由自觉的劳动"作为"人的本质"，很明显是马克思基于对人类的经验观察而形成的经验式概念，是他基于若干经验事实而作出的一种哲学色彩的"概括"、"抽象"。从《手稿》的上下文语境来看，"自由、自觉的劳动"明明是马克思在描述关于人与动物的各种经验事实并对二者加以比较时对"人的本质"所作的界定，这是一种对"人"及其"本质"的"经验式"的界定。我们不妨回顾一下《手稿》中的相关表述。马克思在《手稿》第一笔记本的"异化劳动和私有财产"篇，明确谈道：

> 一个种的整体特性、种的类特性就在于生命活动的性质，而自由的有意识的活动恰恰就是人的类特性——动物和自己的生命活动是直接同一的。动物不把自己同自己的生命活动区别开来。它就是自己的生命活动。人则使自己的生命活动本身变成自己意志的和自己意识的对象。他具有有意识的生命活动。这不是人与之直接融为一体的那种规定性。有意识的生命活动把人同动物的生命活动直接区别开来。正是由于这一点，人才是类存在物。或者说，正因为人是类存在物，他才是有意识的存在物，就是说，他自己的生活对他来说是对象。仅仅由于这一点，他的活动才是自由的活动……通过实践创造对象世界，改造无机界，人证明自己是有意识的类存在物，就是说是这样一种存在物，它把类看做自己的本质，或者说把自身看做类存在物。①

紧接着，他又进一步描述了人与动物的具体差异：

---

① 《马克思恩格斯文集》第 1 卷，人民出版社 2009 年版，第 162 页。

诚然，动物也生产。动物为自己营造巢穴或住所，如蜜蜂、海狸、蚂蚁等。但是，动物只生产它自己或它的幼仔所直接需要的东西；动物的生产是片面的，而人的生产是全面的；动物只是在直接的肉体需要的支配下生产，而人甚至不受肉体需要的影响也进行生产，并且只有不受这种需要的影响才进行真正的生产；动物只生产自身，而人再生产整个自然界；动物的产品直接属于它的肉体，而人则自由地面对自己的产品。动物只是按照它所属的那个种的尺度和需要来构造，而人却懂得按照任何一个种的尺度来进行生产，并且懂得处处都把固有的尺度运用于对象；因此，人也按照美的规律来构造。①

从这些表述不难看出，"自由自觉的劳动"作为马克思对"人的本质"的界定，是他根据（与人与动物相关的）大量经验事实进行哲学思考、哲学概括的产物，这种"本质"是一种"经验式"的本质，而不是一种"超验"的或"先验"的本质。我们绝不能像南京大学两位论者那样，不从《手稿》的具体语境出发，却从某种主观化的个人理解出发，先入为主地判定《手稿》人学思想的所谓"先验性"，那样势必造成对马克思早期文本理解的偏差和评价的失误。笔者还想认真地声明一下：青年马克思绝不是从某种抽象的价值观、道德信念出发，来认定人类劳动的所谓"自由自觉"的。与此截然不同，他是以相关的"经验事实"为基础和依据，从人与动物客观的"差异"出发，得出"相对于动物，人类的劳动是自由、自觉的"这一结论的（上述引文鲜明地证实了这一点）。认识到这一点，极为重要。

（二）青年马克思用其关于人和劳动的道德理想来批判私有制社会的黑暗现实并无不妥之处②，这种批判不宜定性为"费尔巴哈式的思维方式"

在笔者看来，所谓"马克思用先验的'人的本质'来批判人类社会的

---

① 《马克思恩格斯文集》第 1 卷，人民出版社 2009 年版，第 162—163 页。
② 本书的其他章节（第二章第三节、第八章第二节）同样为"青年马克思用其关于'人'或'劳动'的道德理想来批判、谴责私有制社会的黑暗现实"的做法进行了辩护，请读者参看这些章节的相关论述。这里为避免大量重复，仅重申要点，并略作补充。

第三章 与"两次转变论者"的进一步对话：两个焦点问题

现实"的说法，是一种不准确的提法。笔者在上文中已通过大量的分析，澄清了一个事实：《手稿》所谈的"人的本质"（"自由自觉的劳动"）是一种经验色彩的本质，而不是"先验"或"超验"的本质。既然如此，那么，说《手稿》用"先验"的"人的本质"来批判人类社会、人类劳动的现状，批判私有制条件下人的现实境况，这种说法就带有相当的"误导性"，就值得"商榷"了。不过，笔者认为，可以认同下面这种说法：青年马克思在其《手稿》中确实是用他关于"人"、关于"人类劳动"的道德理想来批评、谴责私有制社会的黑暗现实的。笔者完全不否认这一点。不过，笔者对上述事实的评价方式却与南京大学两位学者明显不同。南京大学学者认为，这是一种用"应有"来批判"现有"的道德唯心主义逻辑，是一种错误的"费尔巴哈式"的思维逻辑。笔者的看法则是：

其一，《手稿》确实存在"用应有来批判现有"的哲学思维方式（这一点在《手稿》中颇为"鲜明"，笔者当然不否认），但我们却不能简单地否定或拒斥这种思维方式，不能"不分青红皂白"，抽象、笼统地反对这种思维范式，更不能将其说成是什么"唯心史观思维方式"、"道德唯心主义逻辑"。在笔者看来，这里的"关键"在于：作为马克思批判的思想武器的"应有"（即他关于"人"与"劳动"的道德理想），到底是什么"性质"、什么"色彩"的"应有"？更确切地说，这种关于"人"、关于"劳动"的"应然"意义上的"道德理想"，究竟是一种"正确"的、"合理"的道德理想，还是一种"错误"的、"不合理"的道德理想？笔者认为，这才是我们定性和评价《手稿》"用应有来批判现有"的哲学思维方式时要辨析的关键问题。此问题的"答案"，笔者在本书第二、八章已作了揭示。在第二章，笔者明确指出："劳动者不受任何奴役和强制，自由、自觉地进行劳动"，这便是《手稿》关于"人类劳动"的基本理想；这一理想表达了私有制社会中处于"被奴役者"地位的劳动者的共同呼声，具有高度的"合理性"和"正义性"，用这种"合理"而"正义"的劳动理想来批判与之相矛盾的私有制社会的劳动现状（不自由、受强制的劳动），谴责后者的"非正义性"，并无任何不妥、不当之处，绝不能以此来责难青年马克思及其《手稿》，并将其与马克思主义思维范式"对立"起来。同样地,《手稿》用关于"人"本身的道德理想("劳动者应当是自由的、不受奴役和强制的")来谴责、批判私有制条件下人(指劳动者)的悲惨境况,同样没有任何不妥之处(请读者参看本书第八章第二节的相关论述)。情况完全类似,这里提到的《手稿》关于"人"本身的道德理想无疑是一种正确的、合理的、正义的道德理想,用这种"正义"的、"正确"的、"合理"的道德理想来反对"不合理"、"不正义"的人类生存现状,又有何不妥呢?! 如果说有什么"不妥",反而是"奇谈怪论"。笔者不知,"两次转变论者"是否认真推敲过这个问题? 笔者在先前发表的学术论文中还提到,恩格斯在其晚年的经典著作《路德维希·费尔巴哈和德国古典哲学的终结》中明确告诫读者,区分和界定"唯物主义"与"唯心主义",只能依据不同哲学对物质与精神之关系(物质、自然界与精神,何者为本原、源泉,何者为"派生物")所持的具体看法,以此为唯一的标准和依据,而不能从别的意义上,按照别的什么标准来理解和定性"唯物主义"与"唯心主义",否则将会陷入理论上的混乱。① 笔者在北京大学授课时多次提到,一种学说陷入"谬误"的方式有"多种",不是每一种"错误"、"谬误"都是"唯心主义","唯心主义"只是人们陷入"谬误"的一种方式、一种类型(即对物质与精神的先后关系作了歪曲性的解释),切不可滥用"唯心主义"的术语。在笔者看来,我们绝不能无视恩格斯所告诫的(区分、界定"唯物主义"、"唯心主义"的)上述唯一标准,仅根据我们自己的某种喜好或某种主观的理解,将我们反对、排斥的不同观点或倾向一概定性为"唯心主义",归入"唯心主义"的阵营。这是非常不严谨的。笔者理解"两次转变论者"急于否定《手稿》的心理,但不得不作此提醒:"唯心主义"一词有其特定的含义,用"应有"来批判"现有"与是否"唯心主义"毫无关系。绝不能不加辨析、不加区分,将二者强行联系起来,制造二者之间"莫须有"的联系。

---

① 参看《马克思恩格斯文集》第4卷,人民出版社2009年版,第277—278页;林锋:《〈1844年经济学哲学手稿〉劳动观辨析——对国内学界一种流行观点的质疑》,载《学术研究》2015年第2期。

其二，笔者还要提醒"两次转变论者"："用'应有'来批判'现有'"不是费尔巴哈哲学的"专利"，不宜借此来谈马克思《手稿》的所谓"费尔巴哈倾向"。这一点也是被"两次转变论者"严重忽略的。笔者这里要请教南京大学两位论者，你们断言"马克思和费尔巴哈一样，都为'人'设定了一个先验的本质，并用这个先验的本质来批判现有的现实，而得出一个'应有'和'现有'的关系：即应有的不存在，现有的不应有；真正的人不是现实的人，现实的人不是真正的人"①，究竟有什么"文本学"方面的"依据"？更具体地说，你们是依据什么来断言费尔巴哈"为'人'设定了一个先验的本质，并用这个先验的本质来批判现有的现实"，"得出一个'应有'和'现有'的关系：即应有的不存在，现有的不应有；真正的人不是现实的人，现实的人不是真正的人"②？你们对费尔巴哈的这种"指控"真的符合费尔巴哈思想的实际吗？笔者对此持怀疑态度。在笔者看来，费尔巴哈也是依据其对人类的经验观察来概括、界定"人的本质"的，所谓的"设定"、"先验"这两个负面词汇，用在费尔巴哈那里，恐怕也是不公允、不准确的。在笔者看来，一个较有可能的情况是，两位论者首先依据自己对青年马克思《手稿》的主观化、片面化解读，得出了《手稿》"为'人'设定了一个先验的本质，并用这个先验的本质来批判现有的现实，而得出一个'应有'和'现有'的关系：即应有的不存在，现有的不应有；真正的人不是现实的人，现实的人不是真正的人"③的结论，然后在未对费尔巴哈著作深入考察的情况下，不假思索地将这一结论推广到费尔巴哈哲学上，并据此论证两者思维范式的"一致性"。笔者的这一判断当然带有"主观猜测"的色彩，可能不符合南京大学学者的实际。不过，笔者实在难以理解，为何南京大学两位论者在论证费尔巴哈与马克思在哲学思维范式上的"一致性"时，其言论如此随意

---

① 姚顺良、汤建龙：《"两次转变论"的文本依据及其方法论意义——兼答王东教授等》，载《学术月刊》2007年第4期。
② 姚顺良、汤建龙：《"两次转变论"的文本依据及其方法论意义——兼答王东教授等》，载《学术月刊》2007年第4期。
③ 姚顺良、汤建龙：《"两次转变论"的文本依据及其方法论意义——兼答王东教授等》，载《学术月刊》2007年第4期。

和自信。关于费尔巴哈与马克思的上述结论,貌似是得不出来的。另外,即便费尔巴哈也存在"用'应有'来批判'现有'"的思维倾向,也不能简单地断言,"用'应有'来批判'现有'"就是费尔巴哈主义哲学的独有思维特征。众所周知,"用'应有'来批判'现有'"这种思维范式在马克思之前的(或与他同时代的)许多思想家、哲学家的学说和思想中都不同程度地存在着,绝不是费尔巴哈的"专利"。我们不妨设想一下,如果某位思想家(姑且用"X"来表示)先于马克思和费尔巴哈掌握和运用了"用'应有'来批判'现有'"的思维范式,那么,是否应该说,青年马克思是"X主义者"而不是"费尔巴哈主义者"呢?这种表述是否更为严谨呢?我们在追溯《手稿》"用'应有'来批判'现有'"的思维范式的理论来源、思想渊源时,关注同一思维方式更早的表述者和运用者,称马克思为"某某主义者",不是更"合理"、更"顺理成章"的一种做法吗?

第三节 "两次转变论"
究竟有无"文本依据"

在耗费大量笔墨,评析了南京大学学者关于青年马克思"哲学思维方式"的说法后,笔者在本节中接着探讨第二个焦点话题:南京大学学者首倡的"两次转变论"究竟有无"文本依据"(即文本学方面的"证据")?很明显,有无"文本依据"关涉到"两次转变论"这一学界流行见解的"可靠性"、"说服力",是论战双方都极为关注的一个重点话题。在本节中,笔者就来详细探讨这一问题。

在南京大学两位论者看来,"两次转变论"是有"充足"的"文本依据"的。值得注意的是,两位学者的答辩文章就是以"'两次转变论'的文本依据及其方法论意义"为题[①]的。这么说来,他们对这一流行见解的

[①] 参看姚顺良、汤建龙:《"两次转变论"的文本依据及其方法论意义——兼答王东教授等》,载《学术月刊》2007年第4期。

第三章 与"两次转变论者"的进一步对话:两个焦点问题

"文本学证据"是"胸有成竹"的。不过,令笔者颇为困惑的是,既然文章以"'两次转变论'的文本依据及其方法论意义"为正标题,那么按照"文题对应"的写作规则(这应该是文章写作时应遵循的一个最基本的"规则"),此文似应以主要篇幅列举和分析马克思文献中足以验证"两次转变论"之论调的那些(具有"代表性"的)文字表述。不过,此文却先以不小的篇幅谈论了"'两次转变论'这一解读模式的形成、完善和深化过程"(构成其文的第一部分),接着又耗费更多的笔墨探讨了"'两次转变论'与普列汉诺夫论断的区别",然后在文章的第三部分详细考察了与马克思早期思想的转变相关的几个问题(在分析这些问题时附带着提出了若干"文本依据",以支持其"两次转变论"的论调),最后谈了"如何看待马克思本人和其他经典作家的评价以及文本解释的方法论问题"。① 综观其文,可以发现,此文直接叙述和分析"两次转变论"的"文本依据"的内容,仅占文章较小的篇幅,该文仅在上述的第三、四部分(这两部分中,作者除叙述上述"文本依据"外,还基于其"两次转变论"的学术立场,作了大量的主观分析、主观解读)列举了一些所谓的"文本依据",以支持"两次转变论"的结论。② 笔者所关注的最大的"焦点",当然不是两位论者对其"两次转变论"所作的主观辩护(这些辩护,如果没有强有力的"文本学证据"或其他"证据"的支持,则是毫无"说服力"的),而是后者列举的"实质性"的"文本学证据"。不能不提的是,笔者最初看到这篇答辩文章时,是颇为失望的。笔者原本打算针对"两次转变论者"的论辩(尤其是后者提供的强有力的"文本学证据"),与后者作更加深入、更加充分的"学术对话"。

不过,既然"两次转变论者"在其文中多少还是提出了一些值得推敲和辨析的"文本依据",那么,笔者与他们就"两次转变论"的"可信度"而开展的"学术对话",一定程度上还是能够"实现"的。笔者还确

---

① 参看姚顺良、汤建龙:《"两次转变论"的文本依据及其方法论意义——兼答王东教授等》,载《学术月刊》2007年第4期。
② 参看姚顺良、汤建龙:《"两次转变论"的文本依据及其方法论意义——兼答王东教授等》,载《学术月刊》2007年第4期。

信,南京大学学者谈到的那些"文本依据",是他们最为倚重并构成其"立论基础"的那些"文本依据"。对这些"依据"或"论据"进行辨析和推敲,对于澄清相关问题,恢复《手稿》等早期著作的"历史地位",还是较有"意义"的。下面,笔者就来直接面对和分析这些所谓的"文本依据",与南京大学学者进行一番正面的"学术交锋"。

一、"两次转变论"的"文本依据"之一

"两次转变论者"提出的一个重要的"文本依据"是:马克思在《手稿》中谈道,"人甚至不受肉体需要的影响也进行生产,并且只有不受这种需要的影响才进行真正的生产","人懂得按照任何一个种的尺度来进行生产,并且懂得处处把内在的尺度运用于对象"。①在南京大学两位论者看来,这些言论充分表明:青年马克思把人类劳动的"自由自觉特性"绝对化,脱离了其"客观基础"和"历史前提",他所讲的"劳动"实质是一种"人本主义的、抽象的、理想化的、应有形态的'自由自觉劳动'"②。两位论者在其文中郑重表示,"任何现实的劳动即使是未来社会下的劳动同样具有客观制约性,它总是合规律性与合目的性的统一;从历史视角来看,现实的人类劳动又是一个从自然必然性、经济必然性向'自由王国'的上述过程'。"③

对于这样的说法,笔者颇有些无奈。笔者这里不得不尖锐地提出这样的质疑:两位学者是否对这些话的"上下文语境"进行了辨析?你们的指责听似"言之凿凿"、"不容置疑",貌似"很有道理",不过,你们的说

---

① 参看姚顺良、汤建龙:《"两次转变论"的文本依据及其方法论意义——兼答王东教授等》,载《学术月刊》2007年第4期;《马克思恩格斯文集》第1卷,人民出版社2009年版,第162、163页。
② 参看姚顺良、汤建龙:《"两次转变论"的文本依据及其方法论意义——兼答王东教授等》,载《学术月刊》2007年第4期。
③ 姚顺良、汤建龙:《"两次转变论"的文本依据及其方法论意义——兼答王东教授等》,载《学术月刊》2007年第4期。

法真的"客观"、"公允"吗?不错,如果马克思的这些言论脱离其"语境",被人们断章取义式地加以诠释,那么,的确很容易形成类似于"两次转变论者"上述意见的解释学结论。不过,如果这些话回到其"具体语境"中去,与马克思《手稿》中的上下文联系起来,问题的"答案"就很清楚了。

通过考察上下文语境,不难发现,这两句话是马克思在分析"人与动物的差异",描述"人对动物的优越性、超越性",界定"人的本质"时说的。关于这一点,笔者相信仔细阅过《手稿》的读者,都不会轻易否认这一点。马克思讲这两句话当然是有具体的"语境",有具体的"针对性",有具体的"所指"的。绝不能脱离这种语境,割裂其与上下文的联系,断章取义地进行解读,以此为"两次转变论"的论调提供什么文本学方面的"证明",这种目的是根本达不到的。这里,笔者将这两句话的上下文加以引用,为读者完整转述马克思《手稿》中的相关表述(这里引用的是《马克思恩格斯文集》第1卷中的相关表述),请读者再次阅读并甄别:

> 通过实践创造对象世界,改造无机界,人证明自己是有意识的类存在物,就是说是这样一种存在物,它把类看做自己的本质,或者说把自身看做类存在物。诚然,动物也生产。动物为自己营造巢穴或住所,如蜜蜂、海狸、蚂蚁等。但是,动物只生产它自己或它的幼仔所直接需要的东西;动物的生产是片面的,而人的生产是全面的;动物只是在直接的肉体需要的支配下生产,而人甚至不受肉体需要的影响也进行生产,并且只有不受这种需要的影响才进行真正的生产;动物只生产自身,而人再生产整个自然界;动物的产品直接属于它的肉体,而人则自由地面对自己的产品。动物只是按照它所属的那个种的尺度和需要来构造,而人却懂得按照任何一个种的尺度来进行生产,并且懂得处处都把固有的尺度运用于对象;因此,人也按照美的规律来构造。①

---

① 《马克思恩格斯文集》第 1 卷,人民出版社 2009 年版,第 162—163 页。

很明显,马克思在说"两次转变论者"引用的那两句话时,是围绕着"人与动物的差异,人类对动物的优越性、超越性"这些主题来谈的。如上,马克思说,"动物只是在直接的肉体需要的支配下生产,而人甚至不受肉体需要的影响也进行生产,并且只有不受这种需要的影响才进行真正的生产",他的意思不过是,较之动物的"有重大局限"的、"片面"的生产(这种"局限性"与"片面性"突出地表现在,动物只是在"肉体需要"的支配和驱动下,迫于生存的必要性、生存的压力,被动地、被迫地进行生产,这种生产只具有"谋生"的意义,带有"受强制"的特点,不带有人类劳动所特有的选择性、自主性、自由性),人类的生产具有更大的"自由度"和"全面性",这种"生产"在相当程度上摆脱和超越了动物式的单纯的"谋生性劳动",充分地展示了人类作为"人"的主体性、选择性、能动性。在他看来,人类的生产、劳动固然也带有"谋生"的功能或色彩,但单纯满足肉体生存需要的"谋生性劳动"只是劳动的一种,而不是全部。人类进行劳动有时确实是基于谋生的需要,但不全是如此。有时候,人所进行的生产劳动并不直接围绕"谋生"的需要,而是基于劳动主体(谋生以外的)某种自觉的需要(比如某种精神层面的、心理方面的需要),有意识、自由地进行相应的生产(这种生产不是"谋生性劳动"),以达成谋生以外的某种目的。在相当程度上超越单纯的谋生需要,这正是人类劳动独有的特征,体现了人对动物生命活动根本上的"超越性"、"优越性"。另外,马克思说"动物只是按照它所属的那个种的尺度和需要来构造,而人却懂得按照任何一个种的尺度来进行生产,并且懂得处处都把固有的尺度运用于对象;因此,人也按照美的规律来构造",他说的不过是:较之动物,人具有无与伦比的主体性、能动性、想象力与创造力,他懂得按照自己内在的"需要"、"价值观"甚至某种"审美观念"(他所说的"内在尺度",其"具体所指",不外乎是这些)来改造或塑造相应的对象,积极地实现自己的意志。

应当说,马克思在这里绝不是简单地否认"人类劳动受到客观必然性、客观规律或客观物质因素的制约"(他显然无意于此,他这里谈的也不是这个问题),而只是强调人相对于动物,在生产的"自由度"和"全面性"上的巨大"优点"、巨大"优越性"。难道不是这样吗？在笔者看来，"两次转变论者"对马克思"忽视人类生产的客观制约性、客观规律性"的指控是非常"不负责任"、"毫无道理"的（不客气地讲，他们的指责是"完全错误"的）。这里仅举一例，即可驳倒"两次转变论者"。马克思在《手稿》这两句话的同一章节（即"异化劳动和私有财产"部分）中明确提出一个重要论断："没有**自然界**，没有**感性的**外部世界，工人什么也不能创造。自然界是工人的劳动得以实现、工人的劳动在其中活动、工人的劳动从中生产出和借以生产出自己的产品的材料。"① 马克思这里谈的正是客观物质因素对人类劳动的"现实制约性"。不知"两次转变论者"以为如何？说马克思的《手稿》忽视人类劳动所受的"客观制约"，究竟有什么根据？

二、"两次转变论"的"文本依据"之二

"两次转变论者"提出的另一个"文本依据"是：青年马克思在《手稿》中"仍然把工业看成人的本质力量的公开的展示，把'生成'看作是一种'［潜在的］实现'，因而仍然带有'预成论'、'目的论'的性质，这表明马克思此时仍然尚未完全超出人本主义伦理批判的框架"②。值得注意的是，在列举上述"文本依据"、描述马克思及其《手稿》的上述"缺陷"之前，南京大学两位论者首先对青年马克思及其《手稿》作了一定程度的"肯定"："《手稿》充分肯定了在私有财产和异化劳动下为'正在生成的社会'提供'这种形成所需的全部材料'，强调'工业的历史和工业的已经生成的对象性的存在，是一本打开了的关于人的本质力量的书'，这正表明，马克思此时思想中不同于'人本逻辑'的另一种'现实

---

① 《马克思恩格斯文集》第1卷，人民出版社2009年版，第158页。
② 姚顺良、汤建龙：《"两次转变论"的文本依据及其方法论意义——兼答王东教授等》，载《学术月刊》2007年第4期。

逻辑'在孕育。"①

笔者推敲了半天，实在没有看出两位论者的上述"指控"究竟"合理"在何处。当然，为了不误解进而"冤枉"两位论者，笔者首先认真地对上述说法的"语境"进行了辨析，试图还原和领会两位论者的"立论逻辑"。不过，笔者颇为失望的是，两位论者根本未向笔者展示什么富有"说服力"、富有"启发性"的思维逻辑。笔者想知道，他们是如何自信地从其所谓的"论据"出发，合乎逻辑、顺理成章地推演出结论的？

笔者首先要质疑道，两位论者指责马克思在《手稿》中"仍然把工业看成'人的本质力量的公开的展示'"，认为这是一种"错误"的思维方式②，这种指责究竟有什么"道理"？马克思"把工业看成'人的本质力量的公开的展示'"③有什么不妥吗？如果说有什么"不妥"，恐怕也是某些论者基于不准确的主观理解人为地提出来、实际并不存在的（关于青年马克思思想的）所谓"缺憾"、"局限"。笔者仍然怀疑，两位论者是否真正弄清了马克思的这些话（"**工业**的历史和工业的已经生成的**对象性**的存在，是一本打开了的关于人的本质力量的书"④，"如果把工业看成人的**本质力量**的**公开**的展示，那么，自然界的**人**的本质，或者人的**自然**的本质，也就可以理解了"⑤）的原意？马克思这里所说的"工业的已经生成的对象性的存在"，讲的显然就是资本主义条件下人类通过工业生产所创造的文明成就（当然，这是一种"物质"层面的文明，即"物质文明"）。在他看来，这些了不起的"工业文明成就"充分展示和表现了人类巨大的能动性、惊人的创造力（用他的话说就是，工业是"人的本质力量的公开的展示"）。令笔者莫名其妙的是，两位论者却认为，《手稿》"把工业看成'人的本质力量的公开的展示'"是一种思想上的缺陷，"表明马克思此时

---

① 姚顺良、汤建龙：《"两次转变论"的文本依据及其方法论意义——兼答王东教授等》，载《学术月刊》2007年第4期。
② 参看姚顺良、汤建龙：《"两次转变论"的文本依据及其方法论意义——兼答王东教授等》，载《学术月刊》2007年第4期。
③ 参看《马克思恩格斯文集》第1卷，人民出版社2009年版，第193页。
④ 《马克思恩格斯文集》第1卷，人民出版社2009年版，第192页。
⑤ 《马克思恩格斯文集》第1卷，人民出版社2009年版，第193页。

第三章 与"两次转变论者"的进一步对话:两个焦点问题

仍然尚未完全超出人本主义伦理批判的框架"①。笔者实在不明白,马克思充分肯定"工业文明成就"所体现的人类主体性、能动性,与两位论者指控的"人本主义伦理批判的框架"之间,究竟存在什么"联系"?应当说,二者之间并无必然联系,甚至"风马牛不相及"。笔者这么说,读者是否同意?在笔者看来,马克思这两句话根本没有对资本主义工业、资本主义生产方式进行任何"伦理"色彩的"批判"(当然,人们可以说,在《手稿》别的地方,他是作了这种"批判"的,不过,这两句话确实没有进行这类批判),恰恰相反,他这里对后者的"历史贡献"进行了某种"肯定"②(即从"正面"意义谈了资本主义工业、资本主义生产方式对人类物质文明发展的巨大意义,这一点颇具"讽刺"意味,值得两位论者深思)。

另外,笔者还认为,两位论者指责青年马克思及其《手稿》陷入了所谓的"预成论"、"目的论"③,也是非常偏颇、非常不妥的。两位论者批评马克思把"生成看作是一种潜在的实现",认为这是"不恰当"的,陷入了"预成论"、"目的论"④,笔者同样难以理解:这种批评的"道理"何在?这里,笔者结合自己多年的学术理解,力图澄清相关问题,消除学界关于马克思《手稿》的某些误解。

首先,马克思这里所谈的"生成",并没有什么复杂、神秘的"内涵",其"含义"非常明确、简明,就是"形成"。这里甚至只需把马克思的原话完整地复述一遍,读者就会明白这一点。《手稿》的原话是:"通过**私有财产**及其富有和贫困——或物质的和精神的富有和贫困——的运动,正在生成的社会发现这种**形成**所需的全部材料。"⑤很明显,他这里

---

① 姚顺良、汤建龙:《"两次转变论"的文本依据及其方法论意义——兼答王东教授等》,载《学术月刊》2007年第4期。
② 这种"肯定"恰恰展现了青年马克思强烈的历史感,强烈的科学精神、科学态度。
③ 参看姚顺良、汤建龙:《"两次转变论"的文本依据及其方法论意义——兼答王东教授等》,载《学术月刊》2007年第4期。
④ 参看姚顺良、汤建龙:《"两次转变论"的文本依据及其方法论意义——兼答王东教授等》,载《学术月刊》2007年第4期。
⑤ 《马克思恩格斯文集》第1卷,人民出版社2009年版,第192页。

说的"生成"就是"形成"的意思。①

那么,《手稿》中的这句话("通过**私有财产**及其富有和贫困——或物质的和精神的富有和贫困——的运动,正在生成的社会发现这种**形成**所需的全部材料")究竟说的是什么意思,有没有"两次转变论者"所指控的"预成论"、"目的论"的色彩呢?笔者提供的答案是"否定性"的。为避免不必要的误解,这里需要对马克思这一论断的原意作一个准确的"还原"。通过对这句话及其上下文语境的仔细推敲,可以确定:

其一,这里所说的"社会",并非人类所经历的所有社会形态,也不是笼统地泛指"人类社会",而是特指人类通过对私有制社会的变革所要达到或实现的那个"理想社会"(即"社会主义社会")。其二,马克思这句话所表述的完整的"意思"是,作为"理想社会形态"的社会主义社会,其"实现"(用马克思的原话来表述,就是"形成"、"生成")是一个漫长的"历史过程"②,这种社会绝不是"无源之水"、"无本之木",突然从人类历史进程中冒出来的,而是人类文明进程合乎逻辑的结果,确切地说,这种社会是建立在人类以往的全部文明成就的基础上的(在《手稿》看来,没有这种"成就"作为基础和铺垫,绝不会形成这种理想社会),之前的私有制社会为这种"理想社会"的最终形成创造了必不可少的物质基础、物质前提。马克思这句话看似抽象、费解,其实所表述的意思不外如此。

为了帮助读者理解、领会这一点,笔者再引用《手稿》中的另一个与之相关联的重要论断(这一论断与马克思那句话在《手稿》中处于同一部分,且位置相近):"自然科学却通过工业日益**在实践上**进入人的生活,改造人的生活,并为人的解放作准备,尽管它不得不直接地使非人化充分发展。"③

---

① 应当说,马克思说这句话时,他讲的"生成"就是"形成",所谓的"正在生成"就是"正在形成"的意思。
② 这个历史过程其实就是社会主义社会的各种基础、前提(首先是物质基础、物质前提)"从无到有"的培育、生成过程。
③ 《马克思恩格斯文集》第1卷,人民出版社2009年版,第193页。在作这一论断前,马克思写道,"**自然科学**展开了大规模的活动并且占有了不断增多的材料。而哲学对自然科学始终是疏远的,正像自然科学对哲学也始终是疏远的一样。过去把它们暂时结合起来,不过是**离奇的幻想**。存在着结合的意志,但缺少结合的能力。甚至历史编纂学也只是顺便地考虑到自然科学,仅仅把它看做是启蒙、有用性和某些伟大发现的因素。"(《马克思恩格斯文集》第1卷,人民出版社2009年版,第193页。)

这里马克思同样提醒我们,"人的解放"是一个历史的过程,这个过程不可能一蹴而就;为了实现"人的解放"(即达到或实现社会主义社会),人类在其历史进程中必须作必要的铺垫和"准备";自然科学所起的历史作用,与资本主义工业一样,都是"为人的解放作准备",作必要的铺垫。应当说,《手稿》的这种理解,并无什么不妥,它与马克思后来的《1857—1858年经济学手稿》对人类解放的历史进程的理解是高度一致的。在这些后来的著作中,马克思同样把"人类解放"看作一个漫长的历史进程,这个进程同样被理解为人类解放的各种条件、各种基础、各种前提"从无到有、逐渐生成"的历史过程。按照历史唯物主义的理解,整部人类历史,不外就是人类不断追求自由,不断走向解放的历史,是人类的自由、解放逐步实现的历史。《手稿》的理解与历史唯物主义的这种立场并无真正的"矛盾"或"对立"之处。《手稿》的上述理解,其实就是以"人类解放"为主线来理解、诠释全部人类历史,这种理解绝不能简单地定性为"两次转变论者"所指控的(那种带有唯心史观色彩的)"预成论"、"目的论"。必须指出,《手稿》所理解的人类发展史,同样是一个"合目的性和合规律性相统一"的历史进程。在《手稿》看来,人类欲摆脱"异化劳动",必先经历"异化劳动";这个"异化"过程的不可避免,充分体现了人类历史的"客观规律性";"异化"是一个不以所有人的意志为转移的历史过程;"自我异化的扬弃同自我异化走的是同一条道路"[①],通过"异化劳动"进而扬弃"异化劳动",这是人类摆脱"异化劳动"的唯一现实路径;在"异化—异化的扬弃"的历史进程中,人类一点一点地、一步一步地向"人类解放"的终极目标迈进。

三、"两次转变论"的"文本依据"之三

"两次转变论者"提出的"文本依据"之三:"恩格斯曾经在《大陆

[①] 《马克思恩格斯文集》第1卷,人民出版社2009年版,第182页。

上的社会改革运动的进展》一文中把马克思和赫斯等都称为'德国的共产主义者',并认为'德国的共产主义者'是从德国哲学中产生的,而马克思是其'首领'。事实上,恩格斯在这里讲的'共产主义',其实就是后来恩格斯称为'哲学共产主义'(必须澄清,这种说法不准确,恩格斯的这篇文章已将德国的这种共产主义称为'哲学共产主义'①,而不是后来才如此——引者注)、马克思称为'哲学社会主义'、后来都叫'真正的社会主义'的非科学的社会主义形态。对此,马克思、恩格斯自己在《形态》(指《德意志意识形态》——引者注)中作了说明:'许多曾以哲学为出发点的德国共产主义者,正是通过这样的转变过程走向了并且继续走向共产主义,而其他那些不能摆脱意识形态的羁绊的人,将终生宣传这种'真正的社会主义'。"②

笔者对两位论者的说法作下述回应:

的确,在"两次转变论者"提到的《大陆上社会改革运动的进展》(以下简称《进展》)一文中,恩格斯③是把马克思和赫斯等都称为"德国的共产主义者"(按照恩格斯《进展》的原文,他称之为"共产主义者"的,还有卢格、海尔维格等人),并认为"德国的共产主义"是从德国哲学中产生的。④ 关于这两点,坦率地说,笔者阅过恩格斯这篇文章后,所得出的"结论"相同,笔者高度赞同南京大学两位论者的说法。另外,在该文中,恩格斯明确把马克思、赫斯等人的共产主义学说统称为"哲学共

---

① 在该文中,恩格斯写道:"由此可见,虽然各邦政府想尽办法要扼杀哲学共产主义,可是它在德国可以说已经永远确立下来了";"对抽象原则的偏好,对现实和私利的轻视,使德国人在政治上毫无建树;正是这样一些品质使哲学共产主义在这个国家取得了胜利。"(《马克思恩格斯全集》第 1 卷,人民出版社 1956 年版,第 591、592 页)
② 姚顺良、汤建龙:《"两次转变论"的文本依据及其方法论意义——兼答王东教授等》,载《学术月刊》2007 年第 4 期。这两位论者在其文中认为,"马克思、恩格斯就是从这里走出来的人,而赫斯他们则是没有走出来的'真正的社会主义者'。'真正的社会主义者'实际上是以费尔巴哈的人本学唯物主义为自己的哲学基础的。"(姚顺良、汤建龙:《"两次转变论"的文本依据及其方法论意义——兼答王东教授等》,载《学术月刊》2007 年第 4 期。)
③ 值得一提的是,作为这篇文章的作者的恩格斯,显然是"青年恩格斯",他的《进展》一文作于 1843 年 10—11 月(参看《马克思恩格斯全集》第 1 卷,人民出版社 1956 年版,第 593 页)。
④ 参看《马克思恩格斯全集》第 1 卷,人民出版社 1956 年版,第 588—591 页。

产主义"。①不过,笔者阅读该文献所得出的"终极结论"却不同于"两次转变论者"。在笔者看来,两位论者实际上是以某种不恰当的方式来论证其见解的。笔者这里要澄清与该文(指恩格斯的《进展》)相关的几个重要事实:

其一,两位论者说,恩格斯在《进展》一文中将马克思视为德国共产主义者的"首领",这明显不符合事实。实际上,恩格斯的这篇文章并未这么断定,他的原话是这么说的:"还在1842年秋天,党的某些活动家就已得出结论说,光是实行政治变革是不够的,并且宣称,只有经过以集体所有制为基础的**社会**革命,才能建立符合他们抽象原则的社会制度。可是,当时就连布鲁诺·鲍威尔博士、费尔巴哈博士和卢格博士这样一些党的领袖,也都没有打算采取这一决定性的步骤。党的政治性刊物'莱茵报'发表了几篇文章来捍卫共产主义,但并没有得到预期的效果。然而共产主义是新黑格尔派哲学的**必然**产物,任何一种抵抗都阻止不住它的发展;今年(指恩格斯写作该文的当年,即1843年②——引者注),第一批拥护共产主义的人就曾满意地指出,共和主义者正在纷纷加入他们的行列。现在除了现已被封的《莱茵报》的编辑之一、实际上是该党第一个成为共产主义者的赫斯博士而外,已经又有很多人加入了他们的行列,这些人就是:卢格博士——根据德意志联邦议会的决定而被查封的青年黑格尔派的学术期刊《德国年鉴》的编辑;马克思博士——也是《莱茵报》编辑之一;格奥尔格·海尔维格——诗人,他给普鲁士国王的信去年冬天曾译成英文,发表在英国许多报纸上;以及其他一些人。我们希望其余的共和党人也逐渐转到我们这方面来。"③请问这里哪有"马克思是德国共产主义者的'首领'"这样的说法呢?如果两位论者不服,就请拿出"证据"来,谈谈:恩格斯是在这篇文章的何处,将马克思描述为德国共产主义者的"首领"的?

其二,恩格斯写这篇文章的时间是1843年10—11月④。在这个时间,

---

① 参看《马克思恩格斯全集》第1卷,人民出版社1956年版,第591页。
② 《马克思恩格斯全集》第1卷,人民出版社1956年版,第593页。
③ 《马克思恩格斯全集》第1卷,人民出版社1956年版,第590—591页。
④ 参看《马克思恩格斯全集》第1卷,人民出版社1956年版,第593页。

马克思还没有写出《手稿》这一青年马克思所谓的"费尔巴哈式著作"①来。众所周知,《手稿》的写作时间是1844年4—8月②。显然,青年恩格斯当时(指他创作《进展》一文时)还不知道也无法评论、定性马克思后来写出的《手稿》。他同样也没有看到青年马克思的《论犹太人问题》与《〈黑格尔法哲学批判〉导言》(这两篇文献写于1843年10月中—12月中,1844年2月发表于《德法年鉴》③,根据二者的写作时间,恩格斯完成《进展》一文时,马克思的《论犹太人问题》《〈黑格尔法哲学批判〉导言》可能还未写成),连马克思1843年夏天所作的《黑格尔法哲学批判》他也未必能看到。试问,在这种情况下,恩格斯又怎能判断1843年夏天至1845年2月的青年马克思及其论著的思想倾向,进而得出类似于南京大学学者首倡的"两次转变论"的结论呢?这显然是要求恩格斯做他根本不可能办到的事。想以恩格斯1843年所写的这篇文章的某些说法来论证"两次转变论"关于1843—1844年马克思著作的具体结论,无论如何是达不到目的的。

其三,值得两位论者注意的是,恩格斯这篇文章对"哲学共产主义"及马克思等"德国共产主义者"是持欣赏、肯定态度的④。这一点与"两次转变论者"是截然不同的。在这篇文章中,恩格斯并未把哲学共产主义作为"贬义"用语,也没有认为"德国共产主义从哲学中产生"有何不妥。恰恰相反,他对这二者都是持鲜明的赞赏态度的。这里似乎不必作过多的引用,从该文中摘引几句"代表性言论"就足够了:"德国人是一个哲学民族;既然共产主义建立在健全的哲学原理的基础上,并且是——尤其是——从德国**本国**哲学必然得出的结论,那他们就决不愿意也决不会摈弃共产主义"⑤;"德国人要不抛弃使本民族感到骄傲的那些伟大的哲学

---

① "费尔巴哈式著作"是"两次转变论者"对青年马克思哲学的代表作(《手稿》)的评语。
② 这里依据的是中共中央马克思恩格斯列宁斯大林著作编译局编译的《马克思恩格斯文集》第1卷中显示的《手稿》写作时间(参看《马克思恩格斯文集》第1卷,人民出版社2009年版,第248页)。
③ 《马克思恩格斯文集》第1卷,人民出版社2009年版,第18、55页。
④ 参看《马克思恩格斯全集》第1卷,人民出版社1956年版,第588、591、592页。
⑤ 《马克思恩格斯全集》第1卷,人民出版社1956年版,第591页。

家，就得接受共产主义。这一点**一定会**得到证明"①；"德国人是一个从不计较实际利益的民族；在德国，当原则和利益发生冲突的时候，原则几乎总是压倒利益。对抽象原则的偏好，对现实和私利的轻视，使德国人在政治上毫无建树；正是这样一些品质使哲学共产主义在这个国家取得了胜利"②；"我们的基本原则给我们打下了一个比较广泛的基础，因为这些原则是我们从概括人类一切知识领域的哲学体系中引伸出来的。"③

其四，这也是非常重要的一点，"两次转变论者"引用的恩格斯《进展》一文中的说法，不论是否有利于"两次转变论"的论调，毕竟都只是恩格斯个人的理解，而且，这还只是1843年的青年恩格斯所作的个人理解。恩格斯的相关说明对于判断马克思的思想历程、思想轨迹（实际上，如上所述，1843年的恩格斯又怎能知道并评价1843年夏天至1845年2月的青年马克思的思想演进轨迹呢？），最多只能提供一个意义有限的"旁证"，不能提供"实质性"、"决定性"的"证据"。较之马克思自己的说法，恩格斯的说明对于判断马克思的思想轨迹，其意义要小得多。这也是"两次转变论者"必须意识到的。

"两次转变论者"或许会反驳道，"我们不是只依据恩格斯的相关说明来论证'两次转变论'。我们也注意到了马克思自己的说明。比如，我们的文章中就引用了马克思、恩格斯合著的《德意志意识形态》（以下简称《形态》）中的上述说明。"那么，在下文中，笔者就来与上述论者就此作一个直接的"对话"。

如上，两位论者在其文中引用了《形态》中的上述说法："许多曾以哲学为出发点的德国共产主义者，正是通过这样的转变过程走向了并且继续走向共产主义，而其他那些不能摆脱意识形态的羁绊的人，将终生宣传这种'真正的社会主义'。"④ 在"两次转变论者"看来，《形态》这句话中所说的"转变"，就是"两次转变论"所强调的青年马克思在其思想进

---

① 《马克思恩格斯全集》第1卷，人民出版社1956年版，第591页。
② 《马克思恩格斯全集》第1卷，人民出版社1956年版，第592页。
③ 《马克思恩格斯全集》第1卷，人民出版社1956年版，第592页。
④ 参看姚顺良、汤建龙：《"两次转变论"的文本依据及其方法论意义——兼答王东教授等》，载《学术月刊》2007年第4期。

程中所经历的"第二次转变":从费尔巴哈式的"人本学唯物主义"转向"历史唯物主义",从费尔巴哈人本学唯物主义为哲学基础的"哲学共产主义"或"真正的社会主义"转向"科学共产主义"、"科学社会主义"。① 笔者不得不指出,两位论者为"自圆其说"而作的叙述十分"周全",表面上确实看不出"破绽"。这种"周全"尤其表现在,他们把恩格斯的《大陆上的社会改革运动的进展》一文②的相关说法(当然是从表面上看有利于"两次转变论"、容易在读者中激起同感、产生"误导"的那些提法)与《形态》的上述说法人为地联系起来(仿佛这两个不同年代甚至不同作者的文献是一个"思想整体"),在这二者之间加入了有利于自身的主观诠释,成功地制造和渲染了两个文献之间的所谓"逻辑联系",从而对读者构成了一种强烈的"引导":马克思、恩格斯自己都承认,他们曾经历了一个信奉不科学的"真正的社会主义"的阶段,经历了一个与此相联系的"费尔巴哈式人本学唯物主义"阶段,然后才转向"马克思主义"、"唯物史观",成为"科学共产主义者"、"历史唯物主义者"的。

在笔者看来,不论两位论者的论证如何"精致"或"巧妙",只要认真考察马克思、恩格斯相关论述的具体语境,或对《形态》这句话本身进行认真辨认和推敲,"两次转变论者"的论证方式便会暴露出"破绽":

第一,《形态》在讲这句话时,说的明明是"许多曾以哲学为出发点的德国共产主义者"通过某个"转变过程走向了并且继续走向共产主义"。③ 该著作根本没有提到,这里说的"许多曾以哲学为出发点的德国共产主义

---

① 参看姚顺良、汤建龙:《"两次转变论"的文本依据及其方法论意义——兼答王东教授等》,载《学术月刊》2007年第4期。
② 非常滑稽的是,两位论者遗漏了恩格斯这篇文章的写作时间(1843年),并提出了"马克思是'德国共产主义者'的'首领'"的说法(参看姚顺良、汤建龙:《"两次转变论"的文本依据及其方法论意义——兼答王东教授等》,载《学术月刊》2007年第4期)。
③ 参看姚顺良、汤建龙:《"两次转变论"的文本依据及其方法论意义——兼答王东教授等》,载《学术月刊》2007年第4期;《马克思恩格斯全集》第3卷,人民出版社1960年版,第537页。中共中央马克思恩格斯列宁斯大林著作编译局编译的《马克思恩格斯文集》第1卷中收录的《德意志意识形态》第二卷"真正的社会主义"篇的相关表述是:"许多曾以哲学为出发点的德国共产主义者,正是经过这样的过渡而走向了并且继续走向共产主义,而其他那些不能摆脱意识形态羁绊的人则宣传这种'真正的社会主义',直到寿终正寝。"(《马克思恩格斯文集》第1卷,人民出版社2009年版,第590页。)

者"是否包括马克思自己。《形态》的作者也没有具体地讲明：这些"德国共产主义者"究竟包括哪些人。笔者非常不解，为什么"两次转变论者"就如此"急不可耐"地拿（"具体所指"尚不很明确）的这句话作为己方立场的所谓"证据"？

第二，《形态》这里确实使用了"这种转变"的提法，不过，《形态》只是告诉我们，这种转变是从"真正的社会主义"转向科学社会主义、科学共产主义。这种"转变"的提法与"两次转变论"关于马克思思想进程的具体提法还是有较大"差异"的。笔者不明白，"两次转变论者"究竟是基于什么样的高度自信，如此轻率地断定这句话就是足以证实"两次转变论"的一个"铁证"？另外，从《形态》这句话也得不出结论：马克思也曾经历了从"真正的社会主义"向"科学社会主义的转变"。如上所述，《形态》并没有说经历过这种转变的"德国共产主义者"是否包括马克思。总不能因为马克思是"德国人"，也信仰"共产主义"，就说他也在其中吧？这未免太"主观"、"武断"了吧？非常遗憾的是，两位论者一看到《形态》中的"转变"二字就按耐不住，以为找到了一劳永逸的"铁证"。这或许只能说明，两位论者是戴着"两次转变论"解读范式的"有色眼镜"，带着强烈的"先入之见"来看待中性的材料的，因此，只要看到马克思、恩格斯文献中某种模棱两可、似是而非的言论，就总是相信，这是对己方论调的某种"证实"。笔者不能不质疑道，两位学者是否太"主观"、太"武断"了？

第三，笔者有义务提醒读者，切莫简单照着"两次转变论者"的带有强烈引导性的描述，来理解或看待《形态》中"这样的转变过程"的提法，否则难免陷入某种"误解"或"谬误"。必须指出的是，"两次转变论者"首先叙述了自己关于青年马克思思想进程中的所谓"两次转变"的观点，然后将恩格斯的上述文章与《形态》的上述说法摆放在一起，在读者中刻意地制造了《形态》中说的"这样的转变"就是他们认定的青年马克思的"第二次转变"的错觉。①

---

① 参看姚顺良、汤建龙：《"两次转变论"的文本依据及其方法论意义——兼答王东教授等》，载《学术月刊》2007年第4期。

第四，从《形态》这句话的"上下文语境"及该著作所作的相关描述来看，"许多曾以哲学为出发点的德国共产主义者"并不包括马克思自己。为什么这么说呢？认真阅过《形态》的研究者都知道，《形态》是在批判性地分析了"真正的社会主义"这种错误的社会主义思潮的各种"缺憾"后才说"两次转变论者"引用的那句话的。《形态》的作者在该著作中谈到了"真正的社会主义"思潮的许多致命缺陷：这种社会主义思潮是建立在德国旧式哲学（黑格尔哲学、费尔巴哈哲学）的基础上的，是德国旧哲学与英国、法国某些共产主义思想的混合物；它既坚持共产主义的某些观念，又试图迁就流行观念，想把二者调和起来；它从唯心主义思维方式出发，无视和否定共产主义文献与现实的无产阶级运动之间的内在联系，错误地认为这些文献是从"纯粹的思想"中产生的（在《形态》看来，这些文献、著作是以人们"实际的需要为基础"的，"是以一定国家里的一定阶级的生活条件的总和为基础的"）；它自诩掌握了"社会主义和共产主义的真理"，以"科学"的身份自居，并表现出"民族中心主义"、"民族优越论"的倾向；它想用德国传统哲学（黑格尔、费尔巴哈哲学）来阐明社会主义和共产主义文献的思想，实际却陷入对后者的误解、误读中；"真正的社会主义思潮"的理论家们既把共产主义的思想体系及相关著作同现实的运动割裂开来，又非常随意地把前者与德国旧哲学联系起来，"任意捏造共产主义与德意志意识形态之间的联系"；他们把人们各生活领域的意识同这些生活领域割裂开来，并且用德国旧哲学的唯心主义思维方式来看待这个"意识"；他们把具体的人类个体之间的关系变成抽象的"人"的关系，他们关心的不是具体的、实在的人，而是抽象的"人"；他们不懂现实世界的"联系"，因此只能虚构出一些幻想出来的、实际并不存在的虚假的"联系"；这种社会主义思潮"丧失了一切革命热情"，它"不是宣扬革命热情，而是宣扬对人们的普遍的爱"；它不诉诸无产阶级及其革命行动，却寄望从德国社会各阶层中寻求普遍的支持，小资产阶级越来越成为它实际的阶级基础；这种思潮脱离现实的党派斗争、党派利益，带有鲜明的"文学运动"的色彩（用《形态》的话说，"真正的社会主义"是"最完备的社会文学运动")。① 很明显，如果对照马克思1843—1844年的著作，将会发现，这一时期的任何重要的马克思著作（比如《手稿》、《〈黑格尔法哲学批判〉导言》）都是明显不符上述特征的。从1843年的《黑格尔法哲学批判》起，马克思就基本确立了"物质存在决定意识"的唯物主义思维方式（这在《手稿》中表现得极为鲜明和突出），这与"真正的社会主义"思潮的唯心主义思维方式是根本对立的；《〈黑格尔法哲学批判〉导言》、《手稿》鲜明地诉诸无产阶级和社会革命，以彻底改造和消灭私有制社会为己任，这与"真正的社会主义"思潮诉诸抽象的"人类之爱"以解决社会冲突的思维方式完全对立、完全矛盾，前者自觉地以无产阶级为阶级基础，后者则以小资产阶级为阶级基础；《手稿》所理解的"人"，正是"具体、实在的人"，他既是有自然属性、有血有肉的生命有机体，也是处于社会关系中、从事感性的、现实的物质生产实践的人，这个"人"无疑是"现实"的人，而不是"抽象"的人。应当说，无论从哪个重要方面，都看不出1843—1844年的马克思论著与"真正的社会主义"有什么"实质性"的"一致"之处。既然青年马克思1843—1844年的相关论著与"真正的社会主义"在基本特征上有着"天壤之别"，又怎能断定《形态》所说的经历了"从'真正的社会主义'向科学社会主义"的转变的那些"德国共产主义者"包括马克思自己呢？试问，青年马克思哪个时期的论著带有"真正的社会主义"的这些"本质特征"呢？即便是马克思思想进程中的"黑格尔阶段"，恐怕也不完全符合这些"特征"吧？

四、"两次转变论"的"文本依据"之四

"两次转变论者"提出的"文本依据"之四："马克思从《手稿》中对劳动价值论的否定到《评李斯特》中转变为肯定立场的表白，也证实其

---

① 以上参看《马克思恩格斯全集》第3卷，人民出版社年1960版，第535—538页；《马克思恩格斯文集》第1卷，人民出版社2009年版，第588—591页。

思想存在'第二次转变'。"① 在两位论者看来，《手稿》对"劳动价值论"是持"否定"态度的，这种错误的态度在他后来的论著中才得到了"纠正"。那么，这个说法对不对呢？

必须指出的是，所谓"马克思早期著作否定劳动价值论"的说法，最初是经济学界某些学者提出②的未经证实的"一家之言"，后被我国哲学界不少不熟悉经济学原理、经济思想史的学者不假思索、不作辨析地搬用过来，俨然成了一个不可置疑、确凿无误的"真理"。笔者长期以来对这一论调的"可靠性"持高度怀疑的态度。笔者这里要反问不从事经济学原理研究、不熟悉经济思想史的"两次转变论者"：你是凭什么（即通过什么"文本学证据"）断定，青年马克思的《手稿》拒斥或否定"劳动价值论"的？"劳动价值论"的具体内容、具体所指，你弄清了吗？据了解，经济学界对"马克思早期著作与'劳动价值论'的关系"也存在着争论，并未形成定论③，你是怎么确定，这一流行的论调（即《手稿》否定"劳动价值论"的说法）就是"确凿可靠"的呢？

事实上，从《手稿》本身来看，我们根本无法从中找到足以"证实"上述论调的强有力的"文本学证据"。马克思从未在《手稿》中明确表态，他对"劳动价值论"的基本原理是怎么看，怎么评价（是"肯定"，还是"否定"）的。不错，他的《手稿》鲜明地批判了国民经济学家的"反人道"倾向，揭露了后者作为"资产阶级学者"，为资本主义生产方式的"合理性"辩护，对劳动阶级的苦难无动于衷的真面目、阶级局限性，还立足于历史辩证法揭露和纠正了后者"非历史地"看问题、将私有财产与异化劳动"永恒化"的形而上学倾向。不过，他对国民经济学家的"劳动价值论"的"科学性"并未予以明确的评论，至少未作明确的"否

---

① 姚顺良、汤建龙：《"两次转变论"的文本依据及其方法论意义——兼答王东教授等》，载《学术月刊》2007年第4期。
② 参看刘召峰：《拜物教批判理论与马克思的劳动价值论——从我国学者关于马克思对劳动价值论态度的转折的分歧说开去》，载《甘肃理论学刊》2011年第4期。
③ 刘召峰先生在其文中提到了我国经济学学者关于马克思早期著作与"劳动价值论"之关系的"争论"及刘永佶教授对上述流行见解的质疑（参看刘召峰：《拜物教批判理论与马克思的劳动价值论——从我国学者关于马克思对劳动价值论态度的转折的分歧说开去》，载《甘肃理论学刊》2011年第4期）。

定"。有学者认为马克思的《手稿》从工人阶级的立场出发，实际是赞同"劳动价值论"的①，笔者认为这是"有相当道理"的。

为了就"《手稿》与劳动价值论的关系"与"两次转变论者"进行有效的对话，笔者仔细阅读了南京大学两位论者的上述答辩性文章，查阅了他们为"青年马克思否定'劳动价值论'"的说法提供的所谓"证据"。我们来看看两位论者是"怎么说的"。两位论者在其文中指出："马克思在《手稿》中明确站在人本主义立场上，指责劳动价值论把'人不是作为人而是作为工人'来看待，把劳动（力）看作物，看作商品，认为李嘉图说'经济规律盲目地支配着世界'，是对人的忽视。"② 笔者对此的回应是：

南京大学论者所谓"《手稿》指责劳动价值论把'人不是作为人而是作为工人'来看待，把劳动（力）看作物，看作商品"的说法，完全不符合事实。笔者按照"两次转变论者"指示的出处，查阅了原文（当然，这些原文笔者事先就多次阅读过），现将《手稿》相关的原文，完整地加以引述：第一处原文是："现在让我们完全站在国民经济学家的立场上，并且仿效他把工人的理论要求和实践要求比较一下。国民经济学家对我们说，劳动的**全部产品**，本来属于工人，并且按照理论也是如此。但是，他同时又对我们说，实际上工人得到的是产品中最小的、没有就不行的部分，也就是说，只得到他不是作为人而是作为工人生存所必要的那一部分，只得到不是为繁衍人类而是为繁衍工人这个奴隶阶级所必要的那一部分。"③ 第二处原文是："国民经济学抽象地把劳动看作物；劳动是商品；价格高，意味着对商品的需求很大；价格低，就意味着对商品的供给很

---

① 刘永佶教授提出，"《1844年经济学哲学手稿》从工人阶级的立场出发，对劳动价值论是持肯定的态度"；"马克思在从事政治经济学研究之前，就已经明确了自己的无产阶级立场；站在无产阶级立场上，必然承认价值是劳动创造的，价值应全部归劳动者所有。"（转引自刘召峰：《拜物教批判理论与马克思的劳动价值论——从我国学者关于马克思对劳动价值论态度的转折的分歧说开去》，载《甘肃理论学刊》2011年第4期。）
② 姚顺良、汤建龙：《"两次转变论"的文本依据及其方法论意义——兼答王东教授等》，载《学术月刊》2007年第4期。
③ 马克思：《1844年经济学哲学手稿》，人民出版社2000年版，第12页。另外，请读者参看《马克思恩格斯文集》第1卷，人民出版社2009年版，第122页。

多;劳动作为商品,其价格必然日益降低;这种情况之所以必然发生,一部分是由于资本家和工人之间的竞争,一部分是由于工人之间的竞争。"①第三处原文则是:"**李嘉图**在他的书(地租)中说:各国只是生产的工场;人是消费和生产的机器;人的生命就是资本;经济规律盲目地支配着世界。在李嘉图看来,人是微不足道的,而产品则是一切。"②

　　读者一看便知:《手稿》这三处表述,所批判的都不是"劳动价值论"的具体原理,而是"国民经济学"或"国民经济学家"(李嘉图是其中的主要代表人物之一)的"反人道"倾向及"阶级局限性"。这一点是如此的鲜明,如此的"一目了然",笔者相信:任何认真阅过《手稿》的读者都不会明确表示反对。"《手稿》批判'劳动价值论'",这恐怕是两位论者自己提出的说法吧!试问,这里批判的哪里是(作为一种具体的经济学原理的)"劳动价值论"呢?确切地说,马克思这里批判的只是作为一个"经济学流派"、带有资产阶级意识形态色彩的"国民经济学"以其经济学家的某种"缺点"。确切地说,他这里只是批判后者"漠视劳动者尊严、权益,将人贬低为工具"的"反人道"色彩及其"为资产阶级辩护"的阶级立场。很明显,他对国民经济学及国民经济学家的批判,是在"具体"的意义上,从非常"独特"的视角,针对非常"具体"的问题着手的。他绝不是不加分析、"不分青红皂白"地对后者的所有理论进行一种抽象、笼统的"否定"。马克思这里根本就没有评论(作为一种具体的"经济学原理"的)"劳动价值论",他甚至都没有提到这一理论。

　　众所周知,"劳动价值论"是关于劳动与价值之间关系的经济学原理,按照经济思想史的常识,所谓的"劳动价值论"谈的是劳动形成和创造价值,什么样的劳动创造什么样的价值,价值量由什么来衡量和决定等一系列关联性的经济学问题,是针对这些问题的一部分或全部而形成的一种具

---

① 马克思:《1844年经济学哲学手稿》,人民出版社2000年版,第18页。另外,请读者参看《马克思恩格斯文集》第1卷,人民出版社2009年版,第127—128页。
② 马克思:《1844年经济学哲学手稿》,人民出版社2000年版,第32页。另外,请读者参看《马克思恩格斯文集》第1卷,人民出版社2009年版,第139页。

体的经济学原理；这里讲的"价值"不是"哲学"上的带有某种"道德"色彩的"价值"，而是一个非常具体、含义明确（指"凝结在商品中的无差别的一般人类劳动，即人类脑力和体力的耗费"①）的经济学概念。②"劳动价值论"不过是国民经济学家经济学原理体系中的一个非常具体的原理，它远不能囊括国民经济学原理的全部。总不能说，马克思只要从某个"视角"或某个"方面"批判或否定了国民经济学、国民经济学家的某种缺憾、不足（比如在"阶级立场"、价值观上的缺憾）时，就意味着他一劳永逸地否定了后者的全部经济学贡献，否定了后者提出的所有具体的经济学理论（比如"劳动价值论"）了吧?！难道"两次转变论者"是这样思考问题的吗？

具体地说，在《手稿》上述三处原文中，马克思批判的究竟是什么呢？他是从什么角度，针对什么"问题"，来批评国民经济学和国民经济学家的呢？下面笔者依据《手稿》的原文一一加以说明。

马克思在《手稿》第一处原文中批判的，其实是国民经济学家在"工人与劳动产品之关系"问题上的"自相矛盾"、"伪善性"及其作为资产阶级经济学家的"阶级局限性"：他一方面伪善地宣称全部劳动产品本来属于工人（按照理论也是如此），但同时又宣布，工人实际所得的只是产品中最小的、仅能满足工人最低限度生活需要的那一部分。③应当说，马克思这里所作的"批判"与（作为一个具体的"经济学原理"的）"劳动价值论"并无关系。他只是批判国民经济学家关于"工人与劳动产品之关系"的说法的"自相矛盾"，揭露后者的"伪善"、"虚伪"：国民经济学家貌似为工人说话，实际"自相矛盾"，对工人的悲惨境况、工人所处的不公平处境无动于衷或无能为力。马克思这里的主要动机、主要目的，不

---

① 《马克思主义基本原理概论》编写组编：《马克思主义基本原理概论》，高等教育出版社2015年版，第152页。
② 至于"劳动价值论"的"具体所指"，读者随便找一本经济思想史或经济学原理方面的著作（甚至教材），就能弄清。比如，初学者可查阅高等教育出版社出版的《马克思主义基本原理概论》（2015年修订版，第152—163页）一书中关于"劳动价值论"的描述。
③ 参看马克思：《1844年经济学哲学手稿》，人民出版社2000年版，第12页；《马克思恩格斯文集》第1卷，人民出版社2009年版，第122页。

是别的，正是借转述和讽刺国民经济学家"自相矛盾"的说法，揭露工人在资本主义社会中的悲惨境况："他不是作为人而是作为工人"而存在，他实际处于"奴隶"（尽管有人身自由）的地位。① 把工人的真实生存境况描述、揭示出来，这才是他的真实动机。批判国民经济学家的"反人道性"、"阶级局限性"及"自相矛盾"，显然是为这一目的服务的。

另外，笔者十分赞同刘永佶教授的观点，在整个《手稿》（这一处表述当然也是如此）中，马克思是完全认同"劳动创造价值"的劳动价值论基本观点的（国民经济学家斯密已经形成"劳动价值论"的这一观点②），他所要表达的不满，并非对"劳动创造价值"这一劳动价值论的基本论断的不满，而是对斯密、李嘉图等国民经济学家仅仅停留在这一正确的口号（"劳动创造价值"）上，未能在资本主义生产的实践中捍卫这一原则，未能站在工人立场上，基于经济领域的"公平正义原则"，从道义上维护或从行动上保障"价值的实际创造者"（即工人）的正当利益的不满，也就是说，是对国民经济学家的某种"阶级局限性"的不满。③ 进一步说，青年马克思感到失望的，并不是"劳动创造价值"这样的经济学原理，而是（作为这一理论的"提出者"的）国民经济学家对工人悲惨状况、对"经济正义"原则麻木不仁的态度。

《手稿》的第二处原文批判的则是：国民经济学按照资产阶级的价值观，把工人的"劳动"当作简单的、与无生命的物品无异的、完全同质的商品，从未意识到人对物所应有的"高贵性"、"优先性"。当马克思以批判的语调说，"国民经济学抽象地把劳动看作物"、把劳动"商品"化④ 时，他谴责的正是这一"不人道"的现象：人（特指劳动者）被降低到

---

① 参看马克思：《1844年经济学哲学手稿》，人民出版社2000年版，第12页；《马克思恩格斯文集》第1卷，人民出版社2009年版，第122页。
② 参看《马克思主义基本原理概论》编写组编：《马克思主义基本原理概论》，高等教育出版社2015年版，第160页。
③ 参看刘召峰：《拜物教批判理论与马克思的劳动价值论——从我国学者关于马克思对劳动价值论态度的转折的分歧说开去》，载《甘肃理论学刊》2011年第4期。这里笔者借鉴了刘永佶教授的学术观点，并作了补充。
④ 参看马克思：《1844年经济学哲学手稿》，人民出版社2000年版，第18页；《马克思恩格斯文集》第1卷，人民出版社2009年版，第127页。

第三章　与"两次转变论者"的进一步对话：两个焦点问题

"物"的地位，人的劳动被贬低为普通的"商品"，与无生命的物品处于"同等"地位。非常明显，他这里表达的不过是一种（关于"人与物孰者为重、何者为先"的价值观问题的）极其鲜明的"以人为本"的价值观。这里马克思根本没有谈（作为一种具体的经济学原理的）"劳动价值论"的"是非得失"，没有评价后者的"科学性"，他谈的完全不是这个"学理"层面的问题，而是一个不折不扣、完完全全的价值观问题。由此看来，"两次转变论者"想用这第二处表述来论证"《手稿》反对劳动价值论"的目的又落空了。

我们最后来看《手稿》的第三处表述。这一处表述究竟会不会有利于"两次转变论者"呢？非常遗憾，笔者同样宣布：答案是"否定性"的。其实，行文至此，笔者已有信心：耐心阅读本书的读者中，已有不少人认同笔者的观点：马克思在这三处表述中都不是在"学理"意义上反对"劳动价值论"，而是在表达一种完全不同于李嘉图等国民经济学家的无产阶级色彩的社会价值观。难道不是这样吗？！虽然"道理"已经讲清，笔者还是不打算省略这最后的工作，把这第三处表述好好辨析一番。笔者的结论已经表述了，这里只需作点论证。其实，《手稿》这里讲得非常清楚（为了读者阅读的"便利"，更为了读者快速领会并认同笔者的结论，笔者不避繁琐，再把《手稿》的这处表述引用一遍）："**李嘉图**在他的书（地租）中说：各国只是生产的工厂；人是消费和生产的机器；人的生命就是资本；经济规律盲目地支配着世界。在李嘉图看来，人是微不足道的，而产品则是一切。"① 非常明显的是，马克思在这里还是在批判（这种"批判"较之前两处表述，更加"鲜明"）国民经济学家的"阶级局限性"，批判后者（李嘉图正是如此）按照"财富至上"、"物先于人"的"物本主义"思维方式（显然，这与"人的生命、尊严、权益、幸福至上"的"人本主义价值观"是完全对立、格格不入的）来看待劳动者，将后者贬低为生产和消费的"机器"，完全漠视后者的尊严、权益、幸福及生存诉求。请问，这里哪有谈到什么"劳动价值论"呢？马克思表达的

---

① 马克思：《1844年经济学哲学手稿》，人民出版社2000年版，第32页；《马克思恩格斯文集》第1卷，人民出版社2009年版，第139页。

不也是一种无产阶级色彩的、"以劳动者为本"的价值观吗？这种价值观难道有什么"不妥"吗？！

最后，笔者还要评论一下"两次转变论者"所信奉的、在我国学界流行已久的一个学术教条（详见下述）。这种评论既是针对"两次转变论者"的论证方式和结论，也是针对学界长期流行的一种哲学史研究的思维方式（笔者之前也曾受这种思维方式的影响）的。这一教条就是两位论者信以为然的一种看法：在马克思的思想进程中，"经济学批判"与"哲学革命"（"两次转变论者"的具体表述是"哲学变革"①）是"内在统一"的。按照某些论者的理解，这二者是同步地（至少是大致同步地）、"一体式"地进行的。"两次转变论者"在其答辩文章中虽未明确宣布二者是"同步进行"的，只说二者"相互促进"、"内在统一"②，不过，笔者确信，他们也是这样"理解"的（即把二者理解为一个大致"同步"的过程）。在"两次转变论者"看来，青年马克思在经济学上的"不成熟"，对应的是哲学的"不成熟"，哲学"不成熟"，故而其经济学也是"不成熟"的，这二者互为因果、互为条件。不知笔者理解得是否"准确"？为节约篇幅，节省读者宝贵的时间，笔者不打算"绕弯子"，而是直接亮明态度：笔者当然不抽象地反对所谓"马克思的经济学批判与哲学革命'内在统一'"的提法，更不反对"二者相互促进"的说法，但是，笔者有义务提醒信奉上述"教条"的哲学史研究者们：不要机械地按照这种"教条"，将其上升为一种"僵化"的哲学史解读范式，来诠释青年马克思的思想进程。在笔者看来，这样可能造成不少实质性的"谬误"，不能全面、具体地还原马克思的真实思想历程。马克思的"经济学批判"与"哲学革命"当然是"相辅相成"、"相互促进"的（这一点笔者完全赞同两位论者的说法），但不一定是"同步"的，至少不一定是"完全同步"的③，

---

① 参看姚顺良、汤建龙：《"两次转变论"的文本依据及其方法论意义——兼答王东教授等》，载《学术月刊》2007年第4期。
② 参看姚顺良、汤建龙：《"两次转变论"的文本依据及其方法论意义——兼答王东教授等》，载《学术月刊》2007年第4期。
③ 应当说，"'经济学批判'与'哲学革命'完全同步"这种情况根本不存在于马克思的思想进程中。

青年马克思的思想进程是非常复杂的（笔者注意到，两位论者也是这么认为的，在其文中，他们也肯定了这一点①），完全可能存在这样一种情况：马克思的"经济学革命"与"哲学革命"并不同步（在笔者看来，实际情况正是如此），他的哲学较为"早熟"，而经济学研究尚处于"初步阶段"。不能仅凭《手稿》经济学研究的某些"局限"或"缺憾"，机械地推定，他的哲学也是"同等水平"，处于"同等程度"。"经济学研究"与"哲学研究"，在马克思的思想历程中，二者的"起点"是不同的（众所周知，马克思从事得更早的是"哲学研究"而不是"经济学研究"），二者不同步甚至不"基本同步"是非常"正常"的事。不能像"两次转变论者"那样，从马克思早期经济学研究的"不足"出发，去论证马克思哲学上的"缺憾"。虽然抽象地说，马克思早期哲学的"缺憾"也是存在的，但却不一定是两位学者所认定的那种根本性的"缺憾"。另外，研究者在考察和认定马克思早期经济学研究的缺憾时，也务必"实事求是"，谨慎评价，不可制造"冤案"，将"莫须有"的"缺憾"强加于马克思早期的《手稿》②，这是不公平、不合理的。这也是所有研究者必须重视的。

五、"两次转变论"的"文本依据"之五

限于篇幅，这将是笔者回应的最后一个"文本依据"。南京大学两位学者在其文中提出这样的说法："马克思对异化问题的不同态度也表明其思想转变过程中存在一个费尔巴哈式的人本主义阶段。"③ 为了便于"对话"和"批判"，笔者采取与上文相类似的方式，在展开"批判"前，先对两位学者的"论证"作完整的引用：

---

① 参看姚顺良、汤建龙：《"两次转变论"的文本依据及其方法论意义——兼答王东教授等》，载《学术月刊》2007年第4期。
② 笔者非常遗憾地发现，思想家们的早期著作的"价值"，往往被"低估"，有时甚至被"严重低估"。
③ 姚顺良、汤建龙：《"两次转变论"的文本依据及其方法论意义——兼答王东教授等》，载《学术月刊》2007年第4期。

两位论者对上述见解是如此论证的："自1843年底脱离唯心主义和革命民主主义以后，马克思在异化问题上经历了一个从政治异化理论到经济（财产）异化理论，再到劳动异化理论的发展过程。'劳动异化'理论是马克思这一阶段的典型成果，集中体现在《手稿》中。马克思此时正是基于这种人本主义的异化史观来展开对资本主义的批判和对自由自觉的人的复归的憧憬的。当然，我们讲《手稿》中也存在着另一条从实践出发的逻辑，这两条逻辑是相互消长的。马克思正是通过进一步的经济学研究才逐步摆脱人本主义的异化逻辑，而最终达及历史唯物主义的。《手稿》等文本在总体上是费尔巴哈式的，但是从《关于费尔巴哈的提纲》开始，马克思已经不再援引'异化理论'进行论证，到了《形态》中，他不仅很少使用'异化'一词，甚至在使用时还专门加上注解'用哲学家易懂的话来说'。当然，到马克思后期，在《1857—1858年经济学手稿》和《资本论》等著作中重新起用'异化'概念时，这已经是完全不同与（应为"于"，这是两位论者文中的一个错别字——引者注）《手稿》时期的作为中心范畴和基本理论的'异化'了。从这样一个由异化史观占主导地位到放弃异化史观的转变，我们也能发现，马克思思想转变的过程中存在一个以'异化'为中心范畴和基本范式的'费尔巴哈式的人本主义阶段'。"①

或许笔者与读者一样，对这样大段的引用非常"厌烦"。不过，为了更好地进行"对话"，笔者希望读者原谅笔者如此"繁琐"的对话方式（"批判"前先大段引用），笔者这么做是非常"必要"的。下面，笔者就对两位论者略显冗长的论证过程作些分析。笔者这里提出几点看法：

其一，异化劳动理论确实是马克思《手稿》的基本理论、主要理论之一，称其为青年马克思的"典型成果"（这是两位论者的提法）也不为过，不过，"异化"或"异化劳动"却不是青年马克思及其《手稿》最核心的历史哲学观点，用"异化史观"来概括青年马克思的历史观是不准确

---

① 姚顺良、汤建龙：《"两次转变论"的文本依据及其方法论意义——兼答王东教授等》，载《学术月刊》2007年第4期。

第三章 与"两次转变论者"的进一步对话：两个焦点问题

的。应当说，《手稿》最核心的历史哲学观点，是他初步形成的"唯物主义实践观"①，"异化"与"异化劳动"是被自觉地置于《手稿》"实践史观"的历史视野下来加以把握的，"异化"及"异化劳动"所对应的，不过是人类历史（确切地说，是人类实践史）漫长进程中的一个特定的阶段，即以私有制为基础的历史时代②。严格来说，"异化史观"是对《手稿》历史观的错误表述，"劳动史观"或"实践史观"，才是对《手稿》历史观的准确表述。理解这一点极为关键，极为重要。用"异化史观"来界定、诠释《手稿》的历史观，是对青年马克思历史观的极大误解，甚至是一种"不负责任"的说法。笔者这里要反问两位论者，如果说青年马克思的历史观只是所谓的"异化史观"，他只知有"异化"，在他的理解中，"异化"及其对应的"私有制时代"就是人类历史的全部，那么，马克思为什么要在《手稿》中追问并试图探索异化劳动的"历史起源"，这不是自相矛盾吗？！马克思把"异化"与"异化劳动"视为特定的"历史现象"（即在特定的历史时代才产生、出现的历史现象），这绝不是笔者的主观臆测。《手稿》的相关说明为笔者的上述论断提供了无可辩驳的"铁证"。我们来看看《手稿》是怎么说的：马克思在第一笔记本"异化劳动和私有财产"篇分析了"异化劳动"的"四规定"后不久便鲜明地提出："我们已经承认**劳动的异化、劳动的外化**这个事实，并对这一事实进行了分析。现在要问，人是怎样使自己的**劳动外化、异化**的？这种异化又是怎样由人的发展的本质引起的？我们把**私有财产的起源**问题**变为外化劳动**对人类发展进程的关系问题，就已经为解决这一任务得到了许多东西。"③ 很明显，青年马克思基于历史辩证法，拒绝承认异化劳动的"永恒性"，认为后者既非从来就有，亦非永恒存在；他与国民经济学家的"形而上学"倾向（将异化劳动、私有财产视为从来就有，也不会消亡的社会现象）不

---

① 王东教授在国内学界首先提出，"新唯物主义实践观"是《手稿》的"逻辑主线"。笔者赞同这一说法。
② 笔者这里借鉴了北京大学王东、刘军教授的看法。参看王东、刘军：《马克思哲学革命的源头活水和思想基因——〈1844年经济学哲学手稿〉新解读》，载《理论学刊》2003年第5期。
③ 《马克思恩格斯文集》第1卷，人民出版社2009年版，第168页。

同,他提出要"历史地"看待"异化劳动"与"私有财产",考察和探讨他们的"历史起源"及"未来命运"。笔者还要认真地提醒两位论者,《手稿》强调,人类的未来社会将是"异化的人"向"合乎人性的人"(指"社会化的人")复归(这种"复归"意味着"异化"的扬弃)①。两位论者是否认真地思索过:既然青年马克思讲的是"复归",那么,这个"复归"当然是向"原初状态"、"原始时代"的人的状态、人的存在方式②的复归,不可能是向仅仅作为"价值悬设"(这是南京大学张一兵教授等学者喜用的术语)而没有"实在性"、"现实性"的某种"道德"意义上的"理想化的人"复归。这一点也说明:单纯用"异化"的观点,用什么"异化史观"来概括、诠释《手稿》的历史观,是极不正确的。另外,笔者再次重申一个基本结论:"劳动史观"或"实践史观"(而不是所谓的"异化史观")才是对《手稿》历史观的正确表述。限于篇幅,这里只重申笔者在本书第一章就提到的一个"决定性"的"文本依据":马克思的《手稿》鲜明地用"劳动实践"的观点来驳斥宗教神创论的思维范式,提出"对社会主义的人来说,**整个所谓世界历史**不外是人通过人的劳动而诞生的过程"③的重要论断。④如前所述,这句话是马克思主义创始人对"劳动史观"的首次表述(尽管这还只是一种非常"初步"的表述)。

其二,两位论者对青年马克思"异化"概念、异化理论的"历史地位"的定性是很不恰当的。事实上,"异化"及"异化劳动"绝非青年马克思提出的"不成熟概念",异化理论、异化劳动理论绝非马克思早期的"不成熟理论",而是马克思思想历程中一以贯之的"基本概念"或"基

---

① 《手稿》的相关表述是:"**共产主义**是对**私有财产即人的自我异化的积极**的扬弃,因而是通过人并且为了人而对**人**的本质的真正**占有**;因此,它是人向自身、也就是向**社会的**即合乎人性的人的复归,这种复归是完全的复归,是自觉实现并在以往发展的全部财富的范围内实现的复归。"(《马克思恩格斯文集》第1卷,人民出版社2009年版,第185页。)
② 在青年马克思看来,在原始时代,人是一种"社会化"的存在物,人与人是和谐共存的,"人与人的敌对、异化"不是人类的原初状态,只是"私有制社会"的特征。
③ 《马克思恩格斯文集》第1卷,人民出版社2009年版,第196页。
④ 参看《马克思恩格斯文集》第1卷,人民出版社2009年版,第195—197页。

本理论"。① 关于这一点，请读者认真阅读本书第六章所作的详尽分析。笔者以整整一章的篇幅谈论、辨析了马克思"异化"概念、异化理论的"历史地位"。请读者尤其关注该章列举的若干"证据"，以及笔者所作的若干说明。为了便于"对话"，笔者这里针对"两次转变论者"的具体说法，再作些说明。笔者这里要郑重声明："异化"概念、异化理论与马克思的"历史唯物主义"之间不存在根本的冲突或矛盾，二者不是对立的，而是"兼容"的、"相辅相成"的。以《1857—1858年经济学手稿》②（这是一部公认的"马克思主义著作"）为例，异化理论与历史唯物主义原理"完美"、"和谐"地统一在一个"思想体系"（马克思主义性质的思想体系）、一部经典著作（即《1857—1858年经济学手稿》）中。这个事实是不可否认的。这个事实有力地证明：二者（指异化理论与历史唯物主义原理）之间并不存在根本的"对立"。二者所谓的"对立"或"冲突"，不过是一部分学者基于不准确的、主观化的理解而提出来的。一个再清楚不过的事实是，马克思1844年后继续使用甚至大量地使用"异化"概念，《德意志意识形态》及《1857—1858年经济学手稿》都使用了这一概念，众所周知，《1857—1858年经济学手稿》还大量运用了这一概念。在这些经典的马克思主义著作中，马克思并未放弃早期的"异化"概念，仍然用这一概念来分析私有制社会中特定的对抗性事实，这一概念继续发挥其为马克思的社会批判理论服务的正面功能。说马克思后来放弃了"异化"概念、异化理论，是非常荒谬的，明显违背马克思思想史的基本事实。至于某些学者提出的"马克思后来的异化概念不同于早期的异化概念，二者之间有根本差异"（"两次转变论者"显然也持这种论调，非常滑稽的是，这么"重大"的一个结论，两位论者竟不作任何解释或论证，一语带过）的论调，笔者要郑重地指出，这种说法是不负责任的，要么是相关论者为"自圆其说"而作的诡辩，系"强词夺理"，或是基于某

---

① 王东、林锋：《〈资本论〉异化观新探——与〈1844年手稿〉异化观的比较研究》，载《江海学刊》2007年第3期。王东教授先于笔者展开了对马克思异化理论历史地位的研究，形成了类似的看法。

② 众所周知，《1857—1858年经济学手稿》意味着马克思唯物史观的新阶段、新高度。

种不准确的文本解读而提出来的荒谬说辞。笔者在本书第六章第二、三、四节已耗费大量笔墨，通过充分的论证，澄清了下列事实：马克思前后期"异化"概念的内涵、性质并未发生变化；马克思前后期关于异化劳动"历史性"及"是否功过"的看法是一致的；马克思早期著作关于"异化"具体形式的描述或揭示，基本都可以从他1844年后的著作中找到类似的表述，二者关于"异化"同一具体形式的描述或揭示，就其"理论实质"而言是一致的。

第四节 如何正确看待马克思对其思想进程、早期著作的回忆或评价

在本章的最后，我们来认真探讨一下：研究者究竟应当如何看待马克思本人对其思想历程所作的"回忆"、对其早期著作所作的"评价"？这种"回忆"、"评价"对于我们澄清马克思思想的真实历程，解决学界疑难问题，究竟具有怎样的"学术意义"？很明显，这两个问题对任何关注马克思思想进程的研究者来说，都不是一个"无足轻重"、"无关宏旨"的次要问题，而是两个"实质性"的话题。上述问题带有"方法论"色彩，貌似只是一个抽象的"方法"问题，对研究者形成其（关于马克思思想进程的）具体结论没有直接的作用，但这两个问题是"实质性"的、"异常重要"的，是马克思思想史研究中的焦点话题。本章与南京大学学者"学术对话"的最后一个环节，就是针对上述两个重要话题所作的澄清。

一、南京大学学者关于"如何看待马克思本人对其早期思想历程的回忆"的具体论断

笔者这里同样首先列出"两次转变论者"的相关说法，然后再作"有针对性"的分析。南京大学两位论者在其答辩性文章《"两次转变论"的

文本依据及其方法论意义——兼答王东教授等》（载《学术月刊》2007年第4期）中提出：“对于具体的马克思、恩格斯早期哲学思想的发展问题，马克思、恩格斯在后来的文本中曾有一些回忆性的论述，而且列宁等在这些问题上也有过相关论述。如何正确对待这些论述是我们所必须面对的一个问题……我们对列宁在特定阶段上的有关论述不能绝对化，原则上只能作为参考（颇具讽刺意味的是，两位论者在其文中并未谈到，如何"参考"列宁的相关论断——引者注），而不能作为神圣不可侵犯的标准。马克思、恩格斯后来的回忆性论述，对于我们的研究具有更大的价值。但是也应看到，回忆总是对历史的一种重构，它可能产生误差。我们必须将它们与马克思、恩格斯在思想转变过程中的思想状态和理论观点等区别开来。我们的观点是：思想史的研究后来（人）的评价自然不可或缺，但主要应依据第一手的文本作为解读和立论的依据。我们认为，比后来的追述更值得重视的，是马克思和恩格斯在转变过程中、与其思想转变过程同步的自我评价和立场表白。这里我们就转变的关键之处举出几例，从中将发现，马克思、恩格斯实际上是承认自己早期思想发展经历了'两次转变'的"[1]。紧接着，两位论者列出了他们掌握的（在他们看来能"表明"或"证实"马克思早年经历过哲学思想"两次转变"）的几处"证据"。[2] 两位学者列出的最重要的三条"证据"，对应的就是本章第三节第三、四、五部分所介绍和分析的、出自两位学者上述答辩性文章的那三个"文本依据"，这里不重复引用。这三条"论据"，笔者在前文一一作了有"针对性"的回应和质疑。

二、对南京大学学者相关说法的质疑

如何看待南京大学论者的上述看法？对此，笔者有几点回应：

---

[1] 姚顺良、汤建龙：《"两次转变论"的文本依据及其方法论意义——兼答王东教授等》，载《学术月刊》2007年第4期。
[2] 参看姚顺良、汤建龙：《"两次转变论"的文本依据及其方法论意义——兼答王东教授等》，载《学术月刊》2007年第4期。

其一，南京大学两位论者认为，相对于列宁的相关论断，"马克思、恩格斯后来的回忆性论述，对于我们的研究具有更大的价值"①，这个说法笔者当然不会抽象、笼统地反对。不过，笔者要提醒两位学者：从表面上看，相对于列宁，马克思、恩格斯的确更加了解马克思早期的思想进程（毫无疑问，马克思又比恩格斯更了解这一思想历程），他们对这一思想进程作出"正确判断"，其"难度"要小于列宁，他们也确实"更有可能"作出这种正确的判断。不过，却不能由此简单地得出结论：列宁关于马克思思想进程的具体结论就一定是"错误的"或"不可信"的（这是我们必须意识到的）。事实上，作为一个严肃的马克思思想史研究者，列宁所作的研究及其结论还是值得我们借鉴或重视的。尤其是当列宁的结论与马克思、恩格斯的相关说明相吻合的时候，列宁的相关论断对研究者正确判断马克思早期著作"历史地位"的"价值"与"意义"就更值得我们重视了。实际上，王东教授和笔者合作的《马克思哲学存在一个"费尔巴哈阶段"吗？——"两次转变论"质疑》一文中引用的列宁《唯物主义和经验批判主义》中的那句话（"其实早在1843年，当马克思刚刚成为马克思，即刚刚成为科学社会主义的创始人，成为比以往一切形式的唯物主义无比丰富和彻底的现代唯物主义的创始人的时候，他就已经异常明确地指出了哲学上的根本路线"②）是对1843年的马克思非常精当的描述和评价（我们对这句话的"科学性"、"准确性"高度认同），只不过被"两次转变论者"刻意地否定和贬低了。不难理解，列宁的这句话对"两次转变论"的"科学性"构成了尖锐的否定和挑战，南京大学两位论者为维护其"学术立场"，必然要重点反对这句话，否定或淡化其"学术意义"。

其二，南京大学学者所谓"记忆可能产生偏差"的说法，或许有一定"道理"。不过，这种抽象的"可能性"对于我们探索和解决马克思思想史研究中的具体问题，特别是解决我们与"两次转变论者"争论的焦点问

---

① 姚顺良、汤建龙：《"两次转变论"的文本依据及其方法论意义——兼答王东教授等》，载《学术月刊》2007年第4期。
② 参看《列宁选集》第2卷，人民出版社1995年版，第228页，这里转引自王东、林锋：《马克思哲学存在一个"费尔巴哈阶段"吗？——"两次转变论"质疑》，载《学术月刊》2007年第4期。

题，并无多少实际的意义（甚至可能起"误导"作用，实际就是如此）。我们不能仅依据这种抽象的"可能性"便拒绝借鉴马克思、恩格斯的相关看法，尤其是不应拒绝借鉴（作为其思想历程"亲历者"）的马克思本人的说法或意见，否则将是极为"偏颇"和"不明智"的。况且，轻率地断言一位大思想家对自己思想的基本轨迹无法形成准确的回忆，无法正确认识和把握自己的思想进程，也是非常不严肃的。

其三，南京大学学者提出，必须将马克思、恩格斯的相关回忆与他们"在思想转变过程中的思想状态和理论观点等区别开来"[①]，"思想史的研究后来（人）的评价自然不可或缺，但主要应依据第一手的文本作为解读和立论的依据"[②]，笔者同样不抽象地拒斥这些说法，甚至一定程度上还持"肯定"的态度。笔者同样认为，应以马克思早期的相关论著作为判断和评价其青年时代思想倾向及思想演进历程的基本依据，不能以某种权威的说法（比如马克思后来的某种表态）为"首要依据"、"'第一位'的证据"。关于这一点，笔者早在本书的"导论"第二节第一部分就作了相关的说明，表明了态度。不过，笔者这里要提醒两位论者，马克思思想进程中各个阶段的"思想状态"、"理论观点"，以及他各个时期的著作，如果不是由他自己来解释、揭示而是由后来者（比如南京大学两位论者）基于某种主观的理解进行解读，那么，发生"失误"（即"解读失败"）的可能性将"大大提升"。两位论者提出，研究马克思的思想史，"应依据第一手的文本作为解读和立论的依据"而不能迷信马克思自己的说法，从"抽象"的意义上说，这是正确的。不过，非常遗憾的是，按照一般的规律，旁人、后人要想"比马克思更了解其早期著作"，对这些著作（在马克思自己的思想史中）的"具体地位"作出比马克思本人更精确、更深刻的"定性"，几乎是不可能的。

其四，对于南京大学论者所谓"比后来的追述更值得重视的，是马

[①] 姚顺良、汤建龙：《"两次转变论"的文本依据及其方法论意义——兼答王东教授等》，载《学术月刊》2007年第4期。
[②] 姚顺良、汤建龙：《"两次转变论"的文本依据及其方法论意义——兼答王东教授等》，载《学术月刊》2007年第4期。

克思和恩格斯在转变过程中、与其思想转变过程同步的自我评价和立场表白"①的说法,笔者是这样看问题的:的确,马克思19世纪40年代所作的某种说明,如果事关他对其早期著作、早期思想的认识或评价,那么,确实这种"说明"对后人把握马克思早期思想进程的"意义"颇为重大;抽象地讲,上述"说明"、"认识"或"评价",由于其时间更为接近马克思早期思想历程(从理论上看,马克思避免所谓的"记忆偏差"的可能性更大),它们对研究者澄清马克思思想史研究中的争议性问题的"意义",较之时间上在后的即马克思后来的回忆性说明的"意义",貌似更大些(请注意笔者的表述,笔者这里用的只是"貌似"的提法,笔者绝不认为,马克思后来的回忆对于解决学界"马克思思想史研究"中的疑难问题,其"意义"一定更小)。不过,我们可不能简单地得出结论,马克思后来的回忆就一定有误,他早期的相关说明就完全符合事实、完全"客观"、"理性",这种思维方式是过于"简单"、过于"武断"、过于"偏颇"的。要知道,按照一般的规律,一位思想家(譬如马克思)对自己人生历程的基本轨迹,对自己大致的思想进程,总是有充分的能力进行准确的"回忆"、"判断"和"定性"的(这种"能力"往往不因思想者年龄的增大而"消失")。这一点我们完全能够理解,完全不应怀疑。"时间上在后"的回忆,一般也是"准确"的,甚至是"非常准确"的。我们还应意识到,"时间上在后"的判断,是基于时间跨度更大、更丰富、更完整的思想历程而作出的判断。这种"判断"往往更为"准确"、更加"深刻",更具"全局性"、"整体性",更接近事情的"真相"。我们不妨认真地设想一下,假如青年马克思要判定自己当时的著作、思想在其思想史中的"地位",那么,他在"事后"而不是在"当时"作判断是"绝对必要"的。严格来说,他还无法在"当时"(即在早期)便对自己的思想、著作在其总的思想历程中的"地位"作出判断。他后来的"思想历程"对他而言还具有"不确定性",是他无法精确预知的。他越是在"后来"作判断,他的判断(指对马克思早期哲学、早期著作在其思想史中的"地

---

① 姚顺良、汤建龙:《"两次转变论"的文本依据及其方法论意义——兼答王东教授等》,载《学术月刊》2007年第4期。

第三章 与"两次转变论者"的进一步对话：两个焦点问题

位"的判断）就越准确、深刻，这种"判断"就越就有"可操作性"。试问，马克思依据"时间跨度"更长的马克思思想史（比如他依据19世纪40—70年代的思想发展史，而不是仅依据40年代的思想发展史）来判断（作为这一思想史一个特定"阶段"的）早期思想、早期著作（指1843—1844年的思想、著作）的价值与地位，他作出的定位、判断，难道不会更加"深刻"、"准确"吗？！

其五，笔者与南京大学两位论者的"意见相似性"不过是表面现象，根本不能掩盖我们在马克思思想进程问题上的根本分歧。与两位论者不同，我们重视并依据中晚年马克思对其早期思想进程、早期著作的相关说法，以此为重要依据，来质疑"两次转变论"的论调，而南京大学两位论者则力图淡化马克思这些"说法"的学术意义，不作出正面的回应，仅以"记忆可能产生偏差"这种抽象的说法及某些抽象的方法论原则①加以搪塞，敷衍了事。在笔者看来，这种消极的态度不利于"学术对话"；一种积极的对话姿态，似乎应当是直面质疑，正面交锋。在下文中，笔者打算继续对王东教授与笔者合作的《马克思哲学存在一个"费尔巴哈阶段"吗？——"两次转变论"质疑》一文第四部分列举的若干"证据"进行阐发，对"两次转变论"的论调作进一步的质疑。

王东教授与笔者合作的该文提到马克思1859年的《〈政治经济学批判〉序言》对其青年时代世界观转变和走向唯物史观的最初动因、思想进程的具体说法，还谈到，马克思后来在《资本论》第一卷第二版跋（马克思作于1873年）中对《黑格尔法哲学批判》（以下简称《批判》）、《手稿》等早期著作的历史功绩（指这些著作对马克思确立"唯物辩证法"的历史功绩）作了肯定，另外，文章还谈到马克思1858年致拉萨尔的信中关于其理论研究"黄金时代"的说法。② 这里，笔者在该文所作的初步

---

① 如前所述，南京大学两位论者提出，必须将马克思、恩格斯后来的回忆"与他们在思想转变过程中的思想状态和理论观点等区别开来"，"思想史的研究，主要应依据第一手的文本作为解读和立论的依据"（参看姚顺良、汤建龙：《"两次转变论"的文本依据及其方法论意义——兼答王东教授等》，载《学术月刊》2007年第4期）。
② 参看王东、林锋：《马克思哲学存在一个"费尔巴哈阶段"吗？——"两次转变论"质疑》，载《学术月刊》2007年第4期。

分析的基础上再略作说明，希望能说服两位论者。

首先，从马克思1859年的《〈政治经济学批判〉序言》中的相关说明可以看出，他对其早期著作的"价值"与"地位"是持"肯定"态度的。读者很容易发现，马克思在该"序言"中回忆自己的思想进程时，根本不是以什么"批判"的语调，而是以"肯定"的语调，提到了其1843年写成的某部早期著作（即《批判》）中初步表述的一个具有重要价值的思想观点："法的关系正像国家的形式一样，既不能从它们本身来理解，也不能从所谓人类精神的一般发展来理解，相反，它们根源于物质的生活关系，这种物质的生活关系的总和，黑格尔按照18世纪的英国人和法国人的先例，概括为'市民社会'"。[1] 值得我们注意的是，《〈政治经济学批判〉序言》在对马克思早期的思想历程进行回顾时，根本没有谈早期著作的什么"不成熟性"、"不科学性"（他甚至都没有谈及早期著作的"局限性"）或认为后者"受'费尔巴哈主义思维范式'主导，带有旧哲学色彩"。关于这两点，他只字未提。马克思谈的只是早期著作（即1843年所作的《批判》）的"正面价值"、"正面意义"。这与"两次转变论者"及其他相关论者大力渲染马克思早期著作的所谓"不成熟性"甚至"不科学性"，构成了鲜明的"对照"，形成了强烈的"反差"。这一点恐怕是值得两位论者重视的。

其次，如上所述，1873年1月，马克思在《资本论》第一卷第二版跋中对《批判》《手稿》等早期著作（对其确立唯物辩证法）的"历史功绩"作了肯定[2]，他指出："将近三十年以前，当黑格尔辩证法还很流行的时候，我就批判过黑格尔辩证法的神秘方面……在他那里，辩证法是倒立着的。必须把它倒过来，以便发现神秘外壳中的合理内核……我的辩证方法，从根本上说，不仅和黑格尔的辩证方法不同，而且和它截然相反。在黑格尔看来，思维过程，即甚至被他在观念这一名称下转化为独立主体

---

[1] 参看《马克思恩格斯选集》第2卷，人民出版社1995年版，第32页。这里转引自王东、林锋：《马克思哲学存在一个"费尔巴哈阶段"吗？——"两次转变论"质疑》，载《学术月刊》2007年第4期。
[2] 王东、林锋：《马克思哲学存在一个"费尔巴哈阶段"吗？——"两次转变论"质疑》，载《学术月刊》2007年第4期。

的思维过程，是现实事物的创造主，而现实事物只是思维过程的外部表现。我的看法则相反，观念的东西不外是移入人的头脑并在人的头脑中改造过的物质的东西而已。"① 这里提到的"将近三十年前"，指的就是1843年。马克思说的就是他在（1843年夏天写作的）《批判》一书中对黑格尔唯心辩证法所作的哲学批判。这种批判是以他初步确立的唯物主义本体论观点为依据和出发点的。我们知道，马克思在其思想进程中首次自觉地、真正地确立唯物主义思维方式，就是在1843年。在这一年写成的《批判》中，他首次批判了黑格尔唯心主义辩证法的神秘色彩，实现了对黑格尔唯心本体论的"颠倒"，初步形成了唯物主义辩证法。在稍后的《手稿》中，他又进一步批判了黑格尔辩证法及其整个哲学的唯心主义性质，进一步奠定了唯物辩证法的基石。众所周知，《手稿》第三笔记本的一个极为重要的部分（以"对黑格尔的辩证法和整个哲学的批判"为题②）就以此为主题、主旨。很明显，在中晚年马克思的心目中，《批判》《手稿》是与其基本哲学立场（指唯物辩证法的基本立场）相一致的、具有正面价值、能体现其哲学思维方式（即唯物主义思维方式）、对其"唯物辩证法"的形成有重要贡献的两部重要著作，而不是什么"非马克思主义"或"前马克思主义"性质的著作，或按照"两次转变论者"的意见，是什么"不成熟"、"不科学"的著作。

此外，马克思在1858年致拉萨尔的信中，更是提出一个值得所有研究者重视的说法，他宣布，1843至1858年是他的理论研究的"黄金时代"。③在我们看来，这一提法显然对"两次转变论"及所谓的"马克思早期著作不成熟论、不科学论"的直接否定。很明显，在1858年的中年马克思的心目中，1843—1858年是他学术的鼎盛时期，1843—1844年绝

---

① 参看马克思：《资本论》第1卷，人民出版社2004年版，第22页，转引自王东、林锋：《马克思哲学存在一个"费尔巴哈阶段"吗？——"两次转变论"质疑》，载《学术月刊》2007年第4期。
② 参看《马克思恩格斯文集》第1卷，人民出版社2009年版，第197页。
③ 参看王东、林锋：《马克思哲学存在一个"费尔巴哈阶段"吗？——"两次转变论"质疑》，载《学术月刊》2007年第4期；《马克思恩格斯全集》第29卷，人民出版社1972年版，第546页。王东教授先于笔者注意到马克思1858年提出的"十五年黄金时代"这一提法。

不是他的思想历程中的什么"不成熟阶段",恰恰相反,在他看来,这两年是他学术的"成熟期",是其"学术辉煌期"的第一阶段。他的这一定性与列宁经典著作《唯物主义和经验批判主义》中的经典说法——"其实早在1843年,当马克思刚刚成为马克思,即刚刚成为科学社会主义的创始人,成为比以往一切形式的唯物主义无比丰富和彻底的现代唯物主义的创始人的时候,他就已经异常明确地指出了哲学上的根本路线"①——是高度一致的。

笔者十分赞同王东教授的意见:"两次转变论者"对马克思早期著作的基本评价、对后者所作的批判、责难,是既与恩格斯、列宁的相关说明相矛盾、相冲突,也与马克思自己的科学评价相矛盾、相冲突的。事实上,"两次转变论者"根本无法从马克思前后期的相关言论中找到任何"有说服力"的"文本依据"以支持其学术结论(南京大学两位论者的提出的最重要的几条"文本证据",笔者在前文中均一一作了回应和质疑)。多年来流行于我国学界的"马克思早期哲学两次转变论"及"1843—1844年的青年马克思是'费尔巴哈主义者'"的提法,不过是一种欠缺"说服力"、似是而非的主观见解。这种观点虽然在我国学界颇有"市场",附和者甚多,但与"事实"不符。

---

① 参看《列宁选集》第2卷,人民出版社1995年版,第228页,转引自王东、林锋:《马克思哲学存在一个"费尔巴哈阶段"吗?——"两次转变论"质疑》,载《学术月刊》2007年第4期。

第四章 《手稿》是"费尔巴哈式著作"吗：与《提纲》的比较研究

第一节 对《关于费尔巴哈的提纲》十一条的解读

一、问题的提出

在"两次转变论者"看来，《1844年经济学哲学手稿》（以下简称《手稿》）是一部典型的"费尔巴哈式著作"，是马克思哲学历程中的"费尔巴哈阶段"的"第一代表作"（在他们看来，这是毫无疑问的），《手稿》与马克思后来写成的《关于费尔巴哈的提纲》[①]（以下简称《提纲》）是对立的，代表了两种截然不同的哲学思维范式：前者反映的是"费尔巴哈式"的旧哲学范式，后者体现的则是"马克思主义"的新哲学范式。[②]

[①] 在"两次转变论者"看来，写于1845年的《提纲》是"马克思主义哲学"形成的重要标志。
[②] 参看孙伯鍨《探索者道路的探索——青年马克思恩格斯哲学思想研究》（南京大学出版社2002年版）、张一兵《回到马克思——经济学语境中的哲学话语》（江苏人民出版社1999年版）中的有关论述。并请参看姚顺良、汤建龙：《"两次转变论"的文本依据及其方法论意义——兼答王东教授等》，载《学术月刊》2007年第4期。

值得一提的是，将写作时间颇为接近的《手稿》《提纲》对立起来，绝不是"两次转变论者"独有的做法。这在国内外学界中是一种颇为流行的马克思哲学解读范式，有类似倾向的国内外学者甚多，不胜枚举。"两次转变论者"不过是国内学者中将两部著作对立起来最"自觉"、言论最"激进"也最"极端"的论者。

对笔者而言，要驳倒上述错误论调，为《手稿》的"哲学地位"作出有效的辩护，必须立足于《手稿》与《提纲》的文本，通过对两部著作相关言论的深入辨析和细致比较，辅以必要的学理分析，真正澄清相关问题，深刻论证《手稿》与马克思主义经典著作（譬如《提纲》）在"思维方式"及"基本立场"上的"一致性"。本章就是以"《手稿》与《提纲》之关系"的辨析为基础，与"两次转变论者"进行的"学术对话"。与"两次转变论者"的对话，当然不是笔者的终极目的。这种"对话"不过是笔者达成更深远目的的途径、手段。笔者期待，借助本章所作的分析，能引导读者深入思考并重新认定《手稿》与《提纲》之间的关系，纠正以往的片面认识、偏颇见解，深刻理解马克思思想进程中的"一以贯之性"，反思、超越苏联学界提出的"两个马克思"（"青年马克思"与"成熟马克思"）对立的神话，确立马克思主义哲学史的新解读范式。

二、《提纲》十一条的逐条阐释

为达成驳倒"两次转变论"的学术目的，引导读者深刻认识《手稿》与马克思后期著作思想上的"连贯性"、"一致性"，笔者的相关论证从《提纲》具体内容（含十一处表述）的阐释开始。为有效"澄清问题"，也为了方便读者对照、比较《提纲》与《手稿》的具体论断，笔者打算不辞劳苦，首先将《提纲》十一条的具体内容（约一千余字）加以摘录，接着对这十一条内容的哲学要点及内在联系予以阐释与解读。细心的读者可将笔者的解读与《提纲》的原文相对照,看看笔者的阐释是否"得当",是否"偏离原意"。

《提纲》第一条:"从前的一切唯物主义(包括费尔巴哈的唯物主义)的主要缺点是:对对象、现实、感性,只是从**客体**的或者**直观**的形式去理解,而不是把它们当做**感性的人的活动**,当做**实践**去理解,不是从主体方面去理解。因此,和唯物主义相反,唯心主义却把**能动的**方面抽象地发展了,当然,唯心主义是不知道现实的、感性的活动本身的。费尔巴哈想要研究跟思想客体确实不同的感性客体,但是他没有把人的活动本身理解为**对象性的**活动。因此,他在《基督教的本质》中仅仅把理论的活动看做是真正人的活动,而对于实践则只是从它的卑污的犹太人的表现形式去理解和确定。因此,他不了解'革命的'、'实践批判的'活动的意义。"①

《提纲》第一条在整个《提纲》中居于极其"重要"的地位。它直言不讳地表达了马克思对传统哲学(特别是旧唯物主义,包括费尔巴哈的唯物主义在内)思维方式的态度和评价,便于读者迅速领会马克思创立的"新唯物主义"与传统哲学(包括"旧唯物主义"与"唯心主义")之间的根本差异。《提纲》第一条明确告诉我们,包括"费尔巴哈唯物主义"在内的旧唯物主义,其根本缺陷就是缺乏"实践"的观点,正是因为这一点,旧唯物主义者不能正确说明和揭示人类自身特有的"能动性"。在马克思看来,旧唯物主义者在看待"对象"、"现实"、"感性"时,不懂得人类的"实践活动"也是一种感性、现实的东西。他们所知道的"感性"或"现实",仅仅是通过感官直接观察和把握到的静态的事物。唯心主义者虽然抽象地发挥了人的"主观能动性"的观点,但却是以一种错误的、夸张的方式(即把精神因素凌驾于物质因素之上,把后者歪曲成精神的产物或体现)来渲染人类自身的所谓"能动性"的。唯心主义不懂得,人的

---

① 《马克思恩格斯文集》第1卷,人民出版社2009年版,第499页。

"能动性"正是体现在"实践"这种以"改造外部对象以实现人类自身需要"为特征的感性、现实的物质性活动上。马克思在《提纲》这一条中还指出，费尔巴哈所理解的"人的活动"，其外延或范围是非常狭窄的，仅限于"人的理论活动"，他没有把"实践"也视为"人的活动"的一种类型。对于"实践"，他的理解非常狭窄和片面，只将其视为与犹太人经商牟利的商业活动类似的那种活动。他根本不了解人类的革命实践活动本身所具有的巨大意义：按照人类自身的需要，变革或改造现实，实现人类的自由与解放。

《提纲》第二条："人的思维是否具有客观的真理性，这不是一个理论的问题，而是一个**实践的**问题。人应该在实践中证明自己思维的真理性，即自己思维的现实性和力量，自己思维的此岸性。关于思维——离开实践的思维——的现实性或非现实性的争论，是一个纯粹**经院哲学**的问题。"①

这一条谈的是"认识论"问题。马克思这里谈的主要是：实践对判定一种认识是否"真理"的决定性意义。他告诉读者，判断人的认识是否具有"真理性"（即是否具有"客观性"，是否符合认识对象的本来面目），必须依靠实践，通过实践，以实践为途径、中介。换言之，判断认识的真伪性，不能停留于"认识"自身。要自觉地跳出"认识"的范围，依靠"认识"以外的"实践"来鉴别认识的"真伪性"。他还指出，离开实践的思维是虚妄的，人们应当立足于实践来思维。讨论"脱离实践的思维是否具有现实性"的问题是毫无意义的。这个问题是一个带有"经院哲学色彩"的、毫无现实意义的抽象话题。

《提纲》第三条："关于环境和教育起改变作用的唯物主义学说忘记了：环境是由人来改变的，而教育者本人一定是受教育的。因此，

---

① 《马克思恩格斯文集》第1卷，人民出版社2009年版，第500页。

这种学说必然会把社会分成两部分,其中一部分凌驾于社会之上。环境的改变和人的活动或自我改变的一致,只能被看做是并合理地理解为革命的实践。"①

《提纲》的这一条是对一种特定的唯物主义学说(即渲染环境与教育的"决定"作用的某种旧唯物主义观点)进行"商榷"。在马克思看来,这种唯物主义观点夸大了环境和教育对人的作用,是片面的、以偏概全的,它"只知其一,不知其二"。他告诉读者,环境和教育都受"人"本身的制约,不是与"人"无关的某种高高在上的、僵硬的决定性因素,不能只看到它们对"人"的制约性,也要看到"人"对它们的制约性、反作用:其一,"环境是由人来改变的",它受到人类实践活动的直接改造和塑造,环境也是人的活动的产物;"教育"的确对"人"(指受教育者)的思想有重大影响进而影响人的行动,但"教育"毕竟是由教育者来承担的(也就是说,教育也是由"人"来承担的),作为"教育者"的"人"的状况直接影响教育本身的状况和特点。在这里,马克思明确强调的是人对环境和教育的"反作用",反对机械的"环境决定论"和"教育决定论"。他其实是借批判上述旧唯物主义观点来突出、强调人的"主体性"、"能动性",这与《提纲》第一条的思想是有某种"内在联系"的。在这条的最后,马克思强调"环境的改造和人的活动或自我改变的一致,只能被看做是并合理地理解为革命的实践",值得一提的是,这句话不是《提纲》第二条中一个"无关宏旨"、"可有可无"的次要论断,而是这一条的"核心论断",是他在批判了关于环境和教育问题的旧唯物主义观点之后必然要引申出来的一个"实质性论断",是《提纲》第二条前两句话在理论上的"归宿"(前两句是为马克思说这最后一句话作理论上的"铺垫"的)。马克思在这第三句话中,再次强调了他的"实践唯物主义观点"和"实践论思维方式":环境的改造和人的自我改变,都是人的革命实践活动的结果;在革命的实践活动中,人改造了环境,也同时改变了自

---

① 《马克思恩格斯文集》第1卷,人民出版社2009年版,第500页。

己。他这里谈的"环境",具体指的是"社会环境"。在他看来,人类通过"变革、摧毁不合理的社会现状"的革命实践活动,既改造了传统社会,亦改造了人自己。

《提纲》第四条:"费尔巴哈是从宗教上的自我异化,从世界被二重化为宗教世界和世俗世界这一事实出发的。他做的工作是把宗教世界归结于它的世俗基础。但是,世俗基础使自己从自身中分离出去,并在云霄中固定为一个独立王国,这只能用这个世俗基础的自我分裂和自我矛盾来说明。因此,对于这个世俗基础本身应当在自身中、从它的矛盾中去理解,并且在实践中使之发生革命。因此,例如,自从发现神圣家族的秘密在于世俗家庭之后,世俗家庭本身就应当在理论上和实践中被消灭。"①

《提纲》第四条是对费尔巴哈宗教观的分析和评价。马克思这里既谈到了费尔巴哈的理论贡献,亦谈到了其宗教观重大的缺憾。对于前者,虽然他没有明确地表示"赞赏",但其实他对此是持肯定态度的。②《提纲》第四条的基本思想是:费尔巴哈的宗教观是以"世界二重化"(即世界被人为地二重化为"宗教世界"与"世俗世界")"神与人相异化"的事实为出发点和依据的,他从事的"学术工作"就是把"宗教世界"的根源认定为世俗世界,宣布后者才是宗教世界的基础和源泉,但是,费尔巴哈的"学术工作"局限于此,更重要的工作他忽略了:除说明"宗教世界根源于世俗世界"这一点外,还应根据世俗世界的"自我分裂"和

---

① 《马克思恩格斯文集》第1卷,人民出版社2009年版,第500页。
② 这里附带说一下,就其"功能"而言,《提纲》第四条乃至整个《提纲》,都是以揭露和批判(包括费尔巴哈哲学在内的)旧唯物主义的根本缺憾为目标的,肯定后者的"哲学贡献"不是这篇文献的核心任务和学术重点。不过,我们不能仅仅因为《提纲》的这种学术重点(揭露旧唯物主义的"缺憾"),就简单、机械地否认马克思及其《提纲》对"旧唯物主义"历史贡献、合理内核的肯定性态度,将《提纲》误认为是一种与"旧唯物主义"毫无"共识"、对后者毫无"思想继承性"、带有"哲学虚无主义"色彩的新哲学的论纲。这种理解显然是过于"偏颇"也过于"表面化"的。

"自我矛盾",深刻说明,世俗世界为何会从自身中分离出一个貌似独立的"宗教世界";对于这个"世俗世界",既要深刻揭露和批判其内在的矛盾,更要在此基础上诉诸革命实践活动对世俗社会进行根本改造,创造新的世俗世界、世俗社会;这个"对世俗世界进行深刻批判与根本改造"的"实质性"的工作,费尔巴哈根本没有从事,这是他的根本局限性。

《提纲》第五条:"费尔巴哈不满意**抽象的思维**而喜欢**直观**;但是他把感性不是看做**实践的**、人的感性的活动。"①

《提纲》的这一条仍是对(作为"旧唯物主义"的)费尔巴哈哲学特点的描述和评价。马克思指出,"费尔巴哈不满意抽象的思维而喜欢直观;但是他把感性不是看做实践的、人的感性的活动",他这里描述的意思是,费尔巴哈反对黑格尔唯心主义哲学范式,拒斥抽象的脱离人的理念、思维,他的哲学的出发点是感官可把握的现实的、感性的事物,他的哲学直接诉诸感性、现实的东西,他喜欢借助于感官对事物进行直观,不过,他对"感性"或"现实"的理解是狭窄的、不全面的:他没有把感性、现实的"实践活动"也理解为一种"感性"或"现实",换言之,费尔巴哈只有"感性的事物"的概念,没有"感性的活动"的概念。这一条的核心观点与《提纲》第一条对(包括费尔巴哈哲学在内的)旧唯物主义思维方式的批判,就其"精神实质"而言是高度一致的。

《提纲》第六条:"费尔巴哈把宗教的本质归结于**人的**本质。但是,人的本质不是单个人所固有的抽象物,在其现实性上,它是一切社会关系的总和。费尔巴哈没有对这种现实的本质进行批判,因此他不得不:(1)撇开历史的进程,把宗教感情固定为独立的东西,并假

---

① 《马克思恩格斯文集》第1卷,人民出版社2009年版,第501页。

定有一种抽象的——**孤立的**——人的个体。(2) 因此，本质只能被理解为'类'，理解为一种内在的、无声的、把许多个人**自然地**联系起来的普遍性。"①

《提纲》第七条："因此，费尔巴哈没有看到，'宗教感情'本身是社会的产物，而他所分析的抽象的个人，是属于一定的社会形式的。"②

不难看出，《提纲》的第六条、第七条有紧密的思想联系，笔者这里把它们作为一个"思想整体"来加以诠释。第六条描述和批判的是费尔巴哈对"人的本质"的错误见解，第七条批判的则是费尔巴哈将"人"抽象化、孤立化，忽视人的"社会性"的错误。这两条谈的都是对"人"本身的理解，所涉及的是人学话题。马克思在《提纲》第六条中首先指出，"费尔巴哈把宗教的本质归结于人的本质"，值得一提的是，马克思对费尔巴哈的这一做法（"把宗教的本质归结于人的本质"）是肯定的、赞赏的。当然，《提纲》第六条的根本目的是揭露、批判费尔巴哈人学的"缺陷"，为了体现其批判的力度和"鲜明性"，他从语气上并没有直接流露出这种"赞赏"或"肯定"。马克思在《提纲》的这两条中表达的核心要点是："人的本质"是"社会关系的总和"；费尔巴哈没有对人与人的社会关系进行关注和批判，他撇开历史的进程，孤立、抽象地谈论和强调所谓"宗教感情"，其实这种所谓的"宗教感情"是社会、历史的产物③；费尔巴哈所理解的"人"是一种抽象的、孤立的、脱离"社会关系"的人，他只是把"人的本质"简单地理解为"类"，理解为个体与个体之间存在的一种"普遍性"（即共同特征），这种对"人"及其"本质"的抽象理解，对于深刻领会和把握"人"及其"本质"是远远不够的；费尔巴哈不懂得，他所分析的"抽象的个人"是处在现实的"社会关系"中、

---

① 《马克思恩格斯文集》第1卷，人民出版社2009年版，第501页。
② 《马克思恩格斯文集》第1卷，人民出版社2009年版，第501页。
③ 在马克思的《提纲》看来，所谓的"宗教感情"是人类社会发展到一定阶段的产物，它不是"超历史的"、先验的、孤立自存的东西。

"属于一定的社会形式"（马克思语）的。

《提纲》第八条："全部社会生活在本质上是**实践的**。凡是把理论引向神秘主义的神秘东西，都能在人的实践中以及对这种实践的理解中得到合理的解决。"①

《提纲》的这一条谈的是相互关联的两个要点：一是社会生活与实践的关系，按照马克思的理解，实践是人类的"社会生活"中最本质、最核心、最具"标志性"意义的要素，全部的社会生活都是以实践为基础的；任何（容易将理论引向"神秘主义"的）神秘的东西，其实都根源于实践，都能够在人类感性、现实的实践活动中以及对这种实践的理解中得到合理的、有效的"解释"（《提纲》第八条原文中用的是"解决"一词，但经过辨析和推敲可以发现，这里的"解决"就是"解释"的意思）。

《提纲》第九条："直观的唯物主义，即不是把感性理解为实践活动的唯物主义，至多也只能达到对单个人和市民社会的直观。"②

那么，《提纲》的这一条讲的是什么意思呢？这里笔者谈谈自己的理解。首先，马克思这里再次揭露了旧式唯物主义的上述重要缺陷：仅仅把"感性"理解为静态意义的外部事物，而不是把人类的实践活动同样理解为一种"感性"。其次，他作了一个重要判断：这种"不把感性理解为实践活动"的"直观的唯物主义"至多只能达到"对单个人和市民社会的直观"。他这里针对和批判的仍然是费尔巴哈式的旧唯物主义，他称之为"直观的唯物主义"。在马克思看来，费尔巴哈忽视人与人之间现实存在的社会关系、社会联系，对"人"作了抽象、孤立的理解，他所直观到的、

---

① 《马克思恩格斯文集》第1卷，人民出版社2009年版，第501页。
② 《马克思恩格斯文集》第1卷，人民出版社2009年版，第502页。

观察到的"人",只是一种"抽象"的、"孤立"的、脱离了现实的"社会关系"的个体,这种抽象、孤立的人类个体与处在"社会关系"中的"现实的人"是截然有别的。按照马克思的看法,费尔巴哈所直观到的,至多是像市民社会成员那样的"单子化"的、相互隔绝、相互敌对,貌似不发生"社会联系"的、孤立的、自私的、利己的个人。虽然这些"市民社会成员"也是处在现实的社会关系中的(比如,他们以物的因素为中介发生现实的社会关系),但是,他们之间分裂、敌对的人际关系给人以某种错觉,貌似他们之间是缺乏"社会联系"的。

《提纲》第十条:"旧唯物主义的立脚点是市民社会,新唯物主义的立脚点则是人类社会或社会的人类。"①

在笔者看来,《提纲》的这一条以高度精炼的语言,表达了非常丰富的思想内容。马克思这里表述的意思是,新旧唯物主义在"政治视野"、"政治理想"上存在根本差异:旧唯物主义哲学关注的不过是人们生活于其中的那个(以私有制为基础的、由各种利己主义者组成的)现实社会(他称之为"市民社会"),他们只是关注并试图解释这个世界的现状及成因,并未认真地设想过,如何改造和超越这个不合理的现实社会,创造更为合理、美好的未来社会;马克思所创立的"新唯物主义",其视野既不是局限于当下的现实社会,也不是局限于以往的社会历史,其志趣不是单纯地解释现实社会及其成因,这种新哲学的目光投向了人类的"未来"(一个超越现实社会的更合理、更美好的未来社会),作为新哲学的"新唯物主义"思考的核心话题是:人类如何创造和走向这个更美好、更合理的新社会?这个新社会不再以"私有制条件下人人自私自利,相互敌对"为特点(这正是"市民社会"的鲜明特点),而是以"人与人相互友爱、相互支持"为特点。不难看出,他这里谈的"市民社会"与"人类社会"是两个相互对立的概念,所指的是在"人际关系"特征上截然相反的两种

---

① 《马克思恩格斯文集》第1卷,人民出版社2009年版,第502页。

社会形态。必须指出，马克思这里使用"市民社会"与"人类社会"、"社会的人类"的概念，绝不是没有考虑的，而是"有特定所指"的。他这里表述的其实是，自己的新哲学"面向和展望未来社会"的政治视野及"超越人与人相敌对的传统市民社会，走向人类和谐共存的新社会"的政治理想。

《提纲》第十一条："哲学家们只是用不同的方式**解释**世界，问题在于**改变**世界。"①

《提纲》的这条名言讲的是：以往的哲学家（即传统意义上的哲学家）所从事的工作只是单纯地"解释世界"，说明世界"何以如此"、"为何如此"，其实更有"实质性"意义的，不是单纯地"解释世界"，而是依据对世界的正确解释，有效地"改造世界"（这是《提纲》对新哲学的"使命"所作的描述）。值得一提的是，马克思这里谈到的"哲学家"，并不是包括他在内的所有哲学家（作为"新哲学家"的马克思当然是以"改造世界"为己任的），而是他不欣赏并力图"超越"的"传统哲学家"、"旧哲学家"。

第二节 《手稿》与《提纲》的内在一致性：以二者的比较研究为依据

在本章第一节，笔者在深入领会马克思原意的基础上，逐条阐释了《提纲》的要点。在笔者看来，对《提纲》要点的正确领会，为（本节即将开展的）"《提纲》与《手稿》的比较研究"创造了必要的前提，奠定了基础。笔者期待，通过本节的分析，读者将会意识到：作为写作时间

---

① 《马克思恩格斯文集》第1卷，人民出版社2009年版，第502页。

"相近"①、哲学思想上存在紧密"联系"的两部著作,《手稿》与《提纲》在许多具体要点的理解上是"相似"的,甚至是极为"一致"的,将这两部著作"截然对立"起来的做法是"极不可取"、"极度偏颇"的。为了展现论证的"说服力",引导"两次转变论者"放弃其偏颇见解,笔者尽量采用"逐条对照"的形式,通过两部著作相关文字表述的细致比较,来说明笔者的学术见解。

一、《手稿》是否缺乏"实践"观点,不能说明和揭示人的"能动性"

《提纲》第一条表述的核心要点是,包括"费尔巴哈唯物主义"在

---

① 我们知道,马克思的这两个文本在时间上颇为"接近",《手稿》写于1844年4—8月,《提纲》则作于1845年春,二者的写作时间相距不到一年(这里依据的是中共中央马克思恩格斯列宁斯大林著作编译局编译的《马克思恩格斯文集》第1卷中显示的两个文本的写作时间,参看《马克思恩格斯文集》第1卷,人民出版社2009年版,第248、502页)。那么,为什么写作时间如此"相近"的两个文本被许多人认为彼此间存在着"原则性"的差异,代表或反映了两种截然不同的"哲学思维方式"(这似乎完全违背常理)呢?为什么《手稿》遭受责难,而《提纲》却被热捧,被高度评价呢?这种"天壤之别"为什么会形成,是怎么形成的呢?在笔者看来,原因或许是差异化、多样化的,但其中最重要、最关键的原因,一是《手稿》颇具"思辨性"、颇为"晦涩"的语言(这使得《手稿》的阅读者很难完全理解或深刻认识这部早期著作的思想,深入领会其"精髓",高度评价其"'哲学价值'、'历史地位'"自然也就无从谈起)制造了文本理解的困难,许多读者不习惯或不欣赏《手稿》的这种语言特点,较之《手稿》,《提纲》的语言表述则显得"通俗"、"明快"(其语言风格与马克思1844年后的所谓"成熟著作"相似,易受马克思主义者的青睐),其"马克思主义思维方式"、"马克思主义哲学立场"易被领会或察觉(众所周知,对于读者而言,读懂《提纲》比起读懂《手稿》,要容易得多),这种语言特点、语言风格的差异,往往被夸张为、被渲染为一种"立场"、"思维方式"上的差异;二是《手稿》较多地使用了旧哲学(譬如费尔巴哈哲学)的概念、术语,这容易制造一种错觉:似乎《手稿》仍在旧哲学及其思维方式的束缚下,没有形成"马克思主义哲学范式";三是"二手资料"、各种"文本解读范式"及学界权威观点(特别是载入国内马克思主义哲学史教科书的那些主流见解)对研究者及普通读者的深刻影响(这种影响往往发生在研究者或读者深入、透彻、全面地阅读、领会《手稿》前)。我们不妨设想一下,当一个初学者(譬如高校的硕士生、本科生,甚至博士生)初次面对《手稿》晦涩的语言、抽象的表述时,他可能束手无策,完全不得要领。在"一筹莫展"的情况下,为完成某种功利性的目标(譬如,按照教师的要求,写出关于《手稿》的某个读书报告或学术论文),他往往很难克制自己的冲动,求助起"二手资料"、哲学史教科书来。当这样的"初学者"后来成长为学界所谓的"知名学者"时,不论他是否以《手稿》为直接研究对象,当他论及马克思的这部早期作品时,他对《手稿》的认识或评价,未必会超出(曾在其早年作为"二手资料"深刻地影响了他的)那些"主流见解"、"权威观点",未必会摆脱后者的束缚、影响,客观、公允地评价《手稿》及其"哲学地位"。

内的旧唯物主义,其根本缺陷就是缺乏"实践"的观点,正是因为这一点,旧唯物主义者不能正确说明和揭示人类特有的"能动性";旧唯物主义者在看待对象、现实、感性时,不懂得人类的"实践活动"也是一种感性、现实的东西(《提纲》第五条再次提到了这一点);作为"旧唯物主义者"的费尔巴哈所理解的"人的活动",其外延或范围是非常狭窄的,仅限于"人的理论活动",他没有把"实践"也视为"人的活动"的一种类型,他不了解人类的革命实践活动本身所具有的巨大意义:按照人类自身的需要,变革或改造现实,实现人类的自由与解放。那么,《提纲》第一条的这些核心思想是否在《手稿》中早有体现呢?《手稿》是否如《提纲》所批判的费尔巴哈等"旧唯物主义者"那样,具有上述的"根本缺陷"呢?其实,只要认真辨析和甄别,"真相"就很清晰:绝不是的。

事实上,《手稿》对"实践"的重视和强调,就其"鲜明性"或"自觉性"而言,绝不在《提纲》之下。笔者这么说,绝不是什么"信口开河"、"主观臆断",而是有着确凿的文本学方面的"证据"的。一个不可否认的事实是,劳动、实践的观点,已经成为马克思《手稿》中第一位的、居于核心地位的观点。毫无疑问,《手稿》既用劳动、实践来说明"人的本质",说明人类对动物的"优越性"和"超越性",还用劳动、实践的观点来理解整部人类发展史,拒斥"人类来源"问题上的宗教神创论(如前所述)。《手稿》还从人类劳动史、实践史的整体视野和思想高度,来看待异化、异化劳动的历史性及其未来命运,"实践"的观点也是《手稿》异化观的首要的、基本的观点。① 此外,《手稿》从劳动、实践的观点出发,说明了资本主义起源、发展及其战胜封建领主制生产方式的历史必然性,以及资本主义消亡的历史必然性。② 笔者早在2006年发表的《〈1844年手稿〉的逻辑主线究竟是什么——兼评"两种逻辑论"》(载《东岳论丛》2006年第4期)一文中,就论证了一个重要的学术结论:贯

---

① 笔者这里受到王东、刘军先生学术观点的启发。参看王东、刘军:《马克思哲学革命的源头活水和思想基因——〈1844年经济学哲学手稿〉新解读》,载《理论学刊》2003年第5期。
② 参看林锋:《〈1844年手稿〉的逻辑主线究竟是什么?——兼评"两种逻辑论"》,载《东岳论丛》2006年第4期。

穿《手稿》整个思想体系的"逻辑主线",正是青年马克思初步形成的新唯物主义实践观①,"实践"的观点是《手稿》的存在观、自然观、历史观、人的本质观、资本主义观、共产主义观、认识论的核心观点②。

如果读者及"两次转变论者"不满笔者仅叙述个人见解而不列出相关的"文本证据",认为笔者的主观见解难以"令人信服",那么,一方面,笔者请他们仔细阅读笔者以往的相关论著中谈及的"文本学证据",另一方面,为了读者阅读的便利,笔者这里还是列出《手稿》若干富有"代表性"的文字表述,略作说明和提示,以澄清相关问题:

在《手稿》第一笔记本,马克思明确认为,"一个种的整体特性、种的类特性就在于生命活动的性质,而自由的有意识的活动(这里说的就是'劳动'——引者注)恰恰就是人的类特性……动物和自己的生命活动是直接同一的。动物不把自己同自己的生命活动区别开来。它就**是自己的生命活动**。人则使自己的生命活动本身变成自己意志的和自己意识的对象。他具有有意识的生命活动。这不是人与之直接融为一体的那种规定性。有意识的生命活动把人同动物的生命活动直接区别开来"③;"通过实践创造**对象世界**,**改造**无机界,人证明自己是有意识的类存在物"④。在这些表述中,马克思用"自由的、有意识的劳动实践活动"来描述人的"生命活动",揭示其特点,界定"人的本质",并说明人对动物的"优越性"和"超越性"。值得一提的是,在《手稿》中,马克思正是把"劳动"视为一种典型的"实践活动",一种"有目的、有意识地对外部自然对象进行改造以实现主体自身的某种物质生活需要"的对象性的、物质性的活动的。关于《手稿》已把"劳动"视为一种典型的"实践活动"这一点,我们可以从《手稿》中找到"决定性"的"证据"。如前所述,《手稿》第一笔记本在具体考察了"异化劳动"的两个规定("劳动产品、劳动活动与劳动者相异化")后随即表示:"我们从两个方面考察了实践的人的

---

① 这个观点由我的老师王东教授首先提出。笔者的这篇文章借鉴了王教授的学术思想。
② 参看林锋:《〈1844年手稿〉的逻辑主线究竟是什么?——兼评"两种逻辑论"》,载《东岳论丛》2006年第4期。
③ 《马克思恩格斯文集》第1卷,人民出版社2009年版,第162页。
④ 《马克思恩格斯文集》第1卷,人民出版社2009年版,第162页。

活动即劳动的异化行为。"① 这里,马克思明确把劳动描述为"实践的人的活动"。显然,"实践的人的活动"的提法,恰恰证明了下述事实:在《手稿》的理解中,"人的活动"不仅包括"理论的人的活动"(换言之,人的理论活动),也包括"实践的人的劳动"(即人的实践活动)。这种理解与《提纲》是"高度一致"的。

在《手稿》第三笔记本,马克思在批判"宗教神创论"时提出一个关键论断:"对社会主义的人来说,**整个所谓世界历史**不外是人通过人的劳动而诞生的过程。"② 如前所述,这句话是马克思对历史唯物主义的"劳动史观"所作的初次表述。在这里,《手稿》明确把"人类历史"理解为一部人类通过感性、现实的生产劳动自我诞生、自我延续的历史。这是他用"劳动"的观点来把握人类整部历史,对其作"整体理解"而下的重要判断。

在《手稿》第一笔记本中,马克思在分析了"异化劳动"四个规定后不久,鲜明地提出了"异化劳动"的历史起源问题:"我们已经承认**劳动的异化**、劳动的**外化**这个事实,并对这一事实进行了分析。现在要问,**人是怎样使自己的劳动外化**、异化的?这种异化又是怎样由人的发展的本质引起的?"③ 不难看出,《手稿》是从整个"人类劳动史"的视野和高度来看待"异化劳动"现象的④,"异化劳动"被马克思鲜明地视为一个"历史范畴"和"历史现象",视为人类漫长劳动史中的一个特定阶段(这个阶段并不是人类劳动最初的状态)。我们还应注意到,《手稿》的第一笔记本在具体地理解和把握私有制社会的"异化"现象时,是以"实践"为基本观点,从"实践"出发来看待"异化"现象的。马克思鲜明地提出,"在实践的、现实的世界中,自我异化只有通过对他人的实践的、现实的关系才能表现出来。异化借以实现的手段本身就是**实践的**。"⑤

---

① 《马克思恩格斯文集》第 1 卷,人民出版社 2009 年版,第 160 页。
② 《马克思恩格斯文集》第 1 卷,人民出版社 2009 年版,第 196 页。
③ 《马克思恩格斯文集》第 1 卷,人民出版社 2009 年版,第 168 页。
④ 参看王东、刘军:《马克思哲学革命的源头活水和思想基因——〈1844 年经济学哲学手稿〉新解读》,载《理论学刊》2003 年第 5 期。
⑤ 《马克思恩格斯文集》第 1 卷,人民出版社 2009 年版,第 165 页。

在《手稿》第二笔记本，马克思明确提到，"获得自由的、本身自为地构成的工业和获得自由的资本，是劳动的必然发展"①；"资本的文明的胜利恰恰在于，资本发现并促使人的劳动代替死的物而成为财富的源泉。"② 前一论断充分表明，《手稿》是用"劳动"、"实践"的观点，从人类劳动史的历史视野来理解资本主义起源、发展的历史必然性的。后一论断则表明，《手稿》用"劳动"的观点来解释资本主义生产方式何以战胜封建式生产方式（在马克思看来，这其中的奥秘就是"资本发现并促使人的劳动代替死的物而成为财富的源泉"）。

值得我们重视的是，在《手稿》中，马克思正是用感性、现实的劳动实践活动及其特点来说明人自身巨大的"能动性"（这种做法与《提纲》是一致的）及人对动物的巨大"优越性"的。请读者仔细看看《手稿》中马克思所作的这些表述：

> 通过实践创造对象世界，改造无机界，人证明自己是有意识的类存在物，就是说是这样一种存在物，它把类看作自己的本质，或者说把自身看作类存在物。诚然，动物也生产。动物为自己营造巢穴或住所，如蜜蜂、海狸、蚂蚁等。但是，动物只生产它自己或它的幼仔所直接需要的东西；动物的生产是片面的，而人的生产是全面的；动物只是在直接的肉体需要的支配下生产，而人甚至不受肉体需要的影响也进行生产，并且只有不受这种需要的影响才进行真正的生产；动物只生产自身，而人再生产整个自然界；动物的产品直接属于它的肉体，而人则自由地面对自己的产品。动物只是按照它所属的那个种的尺度和需要来构造，而人却懂得按照任何一个种的尺度来进行生产，并且懂得处处都把固有的尺度运用于对象；因此，人也按照美的规律来构造。因此，正是在改造对象世界的过程中，人才真正地证明自己是类存在物。这种生产是人的能动的类生活。通过这种生产，自然界才表现为他的作品和他的现实。因此，劳动的对象是人的类生活的对

---

① 《马克思恩格斯文集》第 1 卷，人民出版社 2009 年版，第 173 页。
② 《马克思恩格斯文集》第 1 卷，人民出版社 2009 年版，第 176 页。

象化：人不仅像在意识中那样在精神上使自己二重化，而且能动地、现实地使自己二重化，从而在他所创造的世界中直观自身。①

这一大段话非常"有力"地证实了笔者的结论。在《手稿》看来，人对动物的"优越性"、"超越性"就充分地体现在：人具有能动性、自主性、创造力，动物则不具有这些"特点"。那么，为什么人具有"能动性"、"自主性"、"创造力"，或者说，何以见得，人有这些"优点"呢？在马克思看来，这其中的"奥秘"就在于：人是以"生产"、"劳动"、"实践"为自己的存在方式、自己的"生命活动"的。作为"人类生命活动"的劳动、实践本身就具有"能动性"、"自主性"、"创造力"这些优点。在《手稿》上述论断中，马克思提到，"动物的生产是片面的，而人的生产（即劳动——引者注）是全面的"，"动物只是在直接的肉体需要的支配下生产，而人甚至不受肉体需要的影响也进行生产，并且只有不受这种需要的影响才进行真正的生产；动物只生产自身，而人再生产整个自然界；动物的产品直接属于它的肉体，而人则自由地面对自己的产品。动物只是按照它所属的那个种的尺度和需要来构造，而人却懂得按照任何一个种的尺度来进行生产，并且懂得处处都把固有的尺度运用于对象；因此，人也按照美的规律来构造"，他的这些表述谈的就是人的劳动、实践特有的优点：全面性、自主性、对自然界的改造范围广、影响大（马克思的原话是"人再生产整个自然界"）、处处反映或体现人的内在尺度（需要、意志、价值观、审美观念等）。他断言"正是在改造对象世界的过程中，人才真正地证明自己是类存在物。这种生产是人的能动的类生活。通过这种生产，自然界才表现为他的作品和他的现实。因此，劳动的对象是人的类生活的对象化：人不仅像在意识中那样在精神上使自己二重化，而且能动地、现实地使自己二重化，从而在他所创造的世界中直观自身"，他这里讲的意思是：生产、劳动作为人的生命活动，具有"能动性"（用他的话说，"这种生产是人的能动的类生活"），正是因为这种能动的生

---

① 《马克思恩格斯文集》第 1 卷，人民出版社 2009 年版，第 162—163 页。

产、劳动、实践，自然界打上了人的活动的烙印，成了人的"作品"，形成了"人化的自然界"①；作为人的实践活动之产物的"人化自然界"，是人类意志的体现，反映了人类无与伦比的创造力和主体性。

此外，《手稿》是否像《提纲》所批判的唯物主义者费尔巴哈那样，根本不了解人类的"革命实践活动"本身所具有的巨大意义（按照人类自身的需要，变革或改造现实，实现人类的自由与解放）呢？当然不是的。其一，马克思的《手稿》已将"实践"理解为一种"有目的、有意识地按照人自身的需要，改造、变革客观对象的对象性活动"，这种对实践内涵的理解与《提纲》是高度一致的。其二，《手稿》谈论的"实践"，既有变革自然对象的"物质生产实践"，亦有变革私有制社会客观现实的"革命实践"，该著作正是诉诸后一种实践活动来实现人类的"自由"与"解放"的。众所周知，在《手稿》中，马克思把"共产主义"理解为一种变革现实的革命实践活动，这种革命实践活动的"目的"就是改变劳动者被束缚、被奴役的社会地位，实现其自由、解放。《手稿》指出，"社会从私有财产等等解放出来、从奴役制解放出来，是通过**工人解放**这种**政治**形式来表现的"②；"对异化的扬弃只有通过付诸实行的共产主义才能完成。要扬弃私有财产的**思想**，有**思想上的**共产主义就完全够了。而要扬弃现实的私有财产，则必须有**现实的**共产主义行动。"③

二、《手稿》是否以"实践"为其认识论的核心观点

读者已经注意到，"实践"的观点是《提纲》认识论的核心观点，这突出地反映在《提纲》的第二条上。如前所述，《提纲》第二条提出这样

---

① 在《手稿》看来，"人化自然"的形成最突出地证明了人自身的"能动性"，而这种"人化的自然"是人类实践活动的产物、结果。
② 《马克思恩格斯文集》第 1 卷，人民出版社 2009 年版，第 167 页。
③ 《马克思恩格斯文集》第 1 卷，人民出版社 2009 年版，第 231—232 页。

的论点:"人的思维是否具有客观的真理性,这不是一个理论的问题,而是一个**实践的**问题。人应该在实践中证明自己思维的真理性,即自己思维的现实性和力量,自己思维的此岸性。关于思维——离开实践的思维——的现实性或非现实性的争论,是一个纯粹**经院哲学的**问题。"① 在他看来,判断认识是否具有"真理性",不应停留在认识的范围内,要超出认识活动,到人类实践活动中去寻找"答案",通过实践,以实践为路径,来检验认识的"真伪性";应当立足于实践来思维,离开实践的思维是虚妄的、无现实性的。显然,这是一种以"实践"为基础的真理观、认识论。那么,《手稿》的真理观、认识论是怎样的呢?是否与《提纲》认识论的思维方式相一致?

考察《手稿》的相关论述,足以发现,答案是"肯定性"的:《手稿》的认识论同样是以"实践"为核心观点,以"实践"为基础的。就其"鲜明性"而言,毫不亚于《提纲》。马克思的这部早期著作鲜明地指出,"从**拜物教**就可看出,理论之谜的解答在何种程度上是实践的任务并以实践为中介,真正的实践在何种程度上是现实的和实证的理论的条件。"② 他还认为,"主观主义和客观主义,唯灵主义和唯物主义,活动和受动,只是在社会状态中才失去它们彼此间的对立,从而失去它们作为这样的对立面的存在;我们看到,**理论的**对立本身的解决,**只有**通过**实践**方式,只有借助于人的实践力量,才是可能的;因此,这种对立的解决绝对不只是认识的任务,而是**现实**生活的任务,而**哲学**未能解决这个任务,正是因为哲学把这仅仅看做理论的任务。"③ 前一论断讲的是,解决认识上的某种问题(比如揭开某种"理论之谜"),探寻其中的"答案",应当通过实践,依靠实践,以实践为中介和途径。这显然是一种以实践为核心观点,重视实践,强调"实践对人们形成'正确认识'"而言具有'重大意义'的认识论思想,与《提纲》的上述论断并无任何"对立"或冲突之处。后一论断谈的则是,不同理论(主观主义和客观主义,唯物主义和唯

---

① 《马克思恩格斯文集》第1卷,人民出版社2009年版,第500页。
② 《马克思恩格斯文集》第1卷,人民出版社2009年版,第231页。
③ 《马克思恩格斯文集》第1卷,人民出版社2009年版,第192页。

灵主义）之间的"对立"的解决依赖于实践，唯有"实践"才能真正消除这种"对立"。这里谈的还是实践对理论本身的某种制约作用，即对"消除理论的对立"而言的决定作用。

三、《手稿》与《提纲》第三条的关系是怎样的

《提纲》第三条说的是："关于环境和教育起改变作用的唯物主义学说忘记了：环境是由人来改变的，而教育者本人一定是受教育的。因此，这种学说必然会把社会分成两部分，其中一部分凌驾于社会之上。环境的改变和人的活动或自我改变的一致，只能被看做是并合理地理解为**革命的实践**。"① 如前所述，《提纲》这一条的要点是：环境和教育都受"人"本身的制约，不能只看到它们对"人"的制约性，也要看到"人"对它们的制约性和反作用："环境是由人来改变的"，它受到人类实践活动的直接改造和塑造，环境也是人的活动的产物，教育也是由人来承担的；环境的改变和人的自我改变，都是人的实践活动的结果；在实践活动中，人改造了环境，也同时改变了自己。

客观地讲，这一条所讲的思想要点，在《手稿》中并不都有着直接的体现或反映。不过，这不意味着《手稿》的立场或观点是与此相矛盾的。笔者这里讲的"意思"无非是，《提纲》第三条的内容与《手稿》的内容并不具有完全的对应性，两部著作谈的"话题"有所不同，这是很正常的。"教育与人的关系"这个话题是《提纲》专门针对某种特定的唯物主义观点来谈的，《手稿》并未直接地谈这个问题。我们当然不能从著作内容的"差异"上去论证什么"二者'精神实质'的对立性"。这一点读者容易理解，不需赘述。不过，必须指出，《提纲》第三条最核心的要点与《手稿》是有明显的思想联系的。在这一方面，《提纲》对《手稿》思想

---

① 《马克思恩格斯文集》第1卷，人民出版社2009年版，第500页。

的"继承性"体现得非常明显。笔者试着来作一些阐释。

其一,《提纲》第三条强调"环境和教育都受人本身的制约,不能只看到它们对人的制约性,也要看到人对它们的制约性和反作用"。如前所述,马克思这里是借批判旧唯物主义观点来突出、强调人的"主体性"、"能动性",这与《手稿》强调"实践"观点,重视人的能动性、主体性的思维方式是一致的,是这一思维方式的延续和体现。

其二,《提纲》认为"环境是由人来改变的",它受到人类实践活动的直接改造和塑造,是人的活动的产物,这与《手稿》的相关思想之间有着高度的一致性。众所周知,《手稿》强调人对动物的"优越性"、"超越性"及人自身高度的"能动性"、"创造性",强调物质自然界在人的物质生产实践的改造下发生的深刻变化,肯定"人化的自然界"是人类实践的直接产物。在《手稿》看来,不论是"自然环境"(即作为人生存条件的物质自然界),还是所谓的"社会环境",都受到人类实践活动的直接改造,都能被人的实践活动真正改变以实现人类自身的目的;不合理的社会环境(即以私有制为基础、人与人相互敌对的资本主义社会)应该也完全能够被无产阶级和革命者所改造,人类通过这种变革私有制社会现实的革命实践活动将创造一个理想的未来社会(社会主义社会)。这些重要思想在《提纲》中得到了直接的继承。值得我们重视的是,《提纲》第三条与《手稿》都高度重视和强调实践观点,以实践为核心观点,肯定环境是人类实践的产物,这完全是同一种思维方式。

其三,《提纲》第三条与《手稿》都认为,在革命的实践活动中,人既改造了环境(指社会环境),也同时改变了自己。具体地说,人类通过"变革、摧毁不合理的社会现状"的革命实践活动,既改造了传统的私有制社会,创建了(符合正义原则的)新社会,亦改造、改变了人自己。这一重要思想既反映和体现在《提纲》的第三条,也鲜明地反映和体现于《手稿》。应当说,在这一观点上,《手稿》构成《提纲》的理论来源,为后者提供了思想的基础。在《手稿》看来,人类通过改造私有制社会的革命实践,既改变了社会环境,建立了符合劳动者利益与人类本性的新社会(社会主义社会),又改造了人类的精神世界,根除了剥削观念与利己主义价值观,塑造了全新的精神面貌与集体主义价值观。值得一提的是,"人人为我,我为人人"这一社会主义的价值观,最早就是在《手稿》中以思辨的语言表述出来的。在《手稿》中,马克思尖锐地批判道,"私有制使我们变得如此愚蠢而片面,以致一个对象,只有当它为我们所拥有的时候,就是说,当它对我们来说作为资本而存在,或者它被我们直接占有,被我们吃、喝、穿、住等等的时候,简言之,在它被我们**使用**的时候,才是**我们的**……**一切**肉体的和精神的感觉都被这**一切**感觉的单纯异化即**拥有**的感觉所代替……对私有财产的扬弃,是人的一切感觉和特性的彻底**解放**……眼睛成为**人的**眼睛,正像眼睛的**对象**成为社会的、**人的**、由人并为了人创造出来的对象一样……需要和享受失去了自己的**利己主义**性质,而自然界失去了自己的纯粹的**有用性**,因为效用成了**人的**效用"①;"**已经生成的**社会创造着具有人的本质的这种全部丰富性的人,创造着**具有丰富的、全面而深刻的感觉**的人作为这个社会的恒久的现实"②;"我们已经看到,在被积极扬弃的私有财产的前提下,人如何生产人——他自己和别人;直接体现他的个性的对象如何是他自己为别人的存在,同时是这个别人的存在,而且也是这个别人为他的存在。"③

四、《提纲》第四条是否与《导言》《手稿》等早期著作构成"对立"

仔细对照《提纲》与马克思先前的著作,就会发现,答案是"否定性"的。如前所述,《提纲》第四条是对费尔巴哈宗教观的分析和评价,马克思这里既谈到了费尔巴哈的"理论贡献",亦重点谈了其宗教观的"缺憾"。《提纲》第四条的基本思想是:费尔巴哈的宗教观以"世界二重化"(即世界被二重化为"宗教世界"与"世俗世界")、"神与人相异

---

① 《马克思恩格斯文集》第1卷,人民出版社2009年版,第189—190页。
② 《马克思恩格斯文集》第1卷,人民出版社2009年版,第192页。
③ 《马克思恩格斯文集》第1卷,人民出版社2009年版,第187页。

化"的事实为出发点,他从事的学术工作就是把"宗教世界"的根源认定为世俗世界(在马克思看来,这是费尔巴哈宗教观的学术贡献),但是费尔巴哈止步于此,更重要的工作他忽略了,这更具"实质性"、更为"重要"的工作便是:根据世俗世界的自我分裂、自我矛盾,深刻说明世俗世界为何会从自身中分离出一个宗教世界;对于这个世俗世界,既要揭露和批判其内在的矛盾,更要在此基础上诉诸革命实践对世俗社会进行根本改造,创造新的世俗世界。明眼人容易看出,马克思这里既是评论费尔巴哈宗教观的"两面性"(学术贡献与学术缺憾,其中的"重点",当然是后者),亦是借此表达自己关于宗教问题及世俗世界的态度和立场。

那么,《手稿》等马克思早期的著作,是否在这一方面与《提纲》第四条的思想或思维方式构成所谓的"对立"或"冲突"呢?显然不是的。事实上,早在写作时间早于《手稿》的《〈黑格尔法哲学批判〉导言》(以下简称《导言》)中,马克思就针对"宗教"问题及"世俗世界的批判和改造"表达了相似的思想,形成了"高度一致"的思维方式。为说服读者,笔者大量引述马克思《导言》中的相关论述来说明这一点。

在《导言》中,马克思明确谈到:"一个人,如果曾在天国的幻想现实性中寻找超人,而找到的只是他自身的**反映**,他就再也不想在他正在寻找和应当寻找自己的真正现实性的地方,只去寻找他自身的**假象**,只去寻找非人了。反宗教的批判的根据是:**人创造了宗教**,而不是宗教创造人……**人**不是抽象的蛰居于世界之外的存在物。人就是**人的世界**,就是国家,社会。这个国家、这个社会产生了宗教,一种**颠倒的世界意识**,因为它们就是**颠倒的世界**……宗教是人的本质**在幻想中的实现**,因为**人的本质**不具有真正的现实性。因此,反宗教的斗争间接地就是反对以宗教为精神**抚慰的那个世界**的斗争"①;"**宗教里的苦难既是现实的苦难的表现**,又是对这种现实的苦难的**抗议**。宗教是被压迫生灵的叹息,是无情世界的情感"②;"废除作为人民的**虚幻**幸福的宗教,就是要求人民的**现实**幸福。要求抛弃关于人民处境的幻觉,就是**要求抛弃那需要幻觉的处境**。因此,对

---

① 《马克思恩格斯文集》第1卷,人民出版社2009年版,第3页。
② 《马克思恩格斯文集》第1卷,人民出版社2009年版,第4页。

宗教的批判就是**对苦难尘世**——宗教是它的**神圣光环**——**的批判的胚芽**。这种批判撕碎锁链上那些虚幻的花朵，不是要人依旧戴上没有幻想没有慰藉的锁链，而是要人扔掉它，采摘新鲜的花朵。对宗教的批判使人不抱幻想，使人能够作为不抱幻想而具有理智的人来思考，来行动，来建立自己的现实……**真理的彼岸世界**消逝以后，**历史的任务**就是确立**此岸世界的真理**。人的自我异化的**神圣形象**被揭穿以后，揭露具有**非神圣形象**的自我异化，就成了为历史服务的**哲学**的迫切**任务**。于是，对天国的批判变成对尘世的批判，**对宗教的批判**变成**对法的批判**，对神学的批判变成**对政治的批判**。"①

通过这些论述，我们完全能够确定：作于1843年的《导言》已形成了与《提纲》第四条高度一致的观点和思维方式。在这里，他明确地把宗教世界的根源归结为世俗世界，认为是"世俗世界产生了宗教世界"而不是相反，这一认识与费尔巴哈完全一致（这是他借鉴后者宗教观合理内核的结果）；另一方面，他不满足于费尔巴哈"仅仅揭示宗教的世俗基础而不深入批判和消灭世俗世界"的做法，进一步探究了"现实世界何以异化出一个貌似独立的宗教世界"的问题，并用世俗世界内部的分裂和矛盾来解释这一点（即世俗世界为何从自身分裂出一个宗教世界）：在这个世俗世界中，人类社会分裂为剥削阶级与被剥削阶级、"压迫者"与"被压迫者"；剥削阶级与被剥削阶级、压迫者与被压迫者处在尖锐的对立和冲突中，作为被压迫者的劳动群众遭受普遍的苦难，他们无力摆脱这一苦难，但又极度渴望摆脱痛苦，获得精神上的某种慰藉。这就是宗教产生的社会根源。在《导言》看来，宗教许诺了一种貌似"真实"实则"虚假"的幸福，为无力摆脱苦难、缺乏认识水平的劳动群众所向往，它作为人类解放的绊脚石，作为剥削阶级维护现实世界的反动思想工具，必须受到批判和拒斥；批判、拒斥宗教同时也是批判、拒斥宗教所维护的罪恶的现实世界。《导言》还坚决认为，不仅要揭露、批判（作为宗教的世俗基础的）现实世界的罪恶、黑暗，揭露其内部的矛盾和冲突，更要依据这种批判，

---

① 《马克思恩格斯文集》第1卷，人民出版社2009年版，第4页。

诉诸现实的革命实践活动，依靠无产阶级，摧毁资本主义现实世界，缔造合理、正义的新世界、新社会。马克思在《导言》中，明确地诉诸无产阶级的革命暴力来改造现实社会、缔造新社会，实现"人类解放，这是所有阅读《导言》的读者都不会否认的。众所周知，《导言》提出这样的战斗口号：批判的武器当然不能代替武器的批判，物质力量只能用物质力量来摧毁"①。

在上文中，笔者依据自己对《导言》的文本学阐释，说明了《导言》这一早期著作与《提纲》第四条的紧密联系。读者完全能够看出：《提纲》与马克思先前的著作不是"对立"的，而是"一脉相承"的。下面，笔者再结合（写作时间介于《导言》与《提纲》之间的）《手稿》，进一步谈谈：为何《提纲》第四条是继承了而不是反对马克思先前著作的相关思想。

在笔者看来，在《手稿》中，马克思也是按照《导言》的唯物主义宗教观的思维方式认识和看待"宗教"问题及世俗世界的"批判"和"改造"的。这一点与《导言》《提纲》并无根本的差异。

其一，在《手稿》中，马克思对"宗教"的分析虽然不多，但从这些有限的分析却能看出，他同样将宗教视为"植根于现实世界、世俗社会"的意识形态。在《手稿》的第一笔记本，马克思在揭露劳动产品与劳动者的"异化"现象时，将"劳动异化"与"宗教异化"作了类比。他谈到："宗教方面的情况也是如此。人奉献给上帝的越多，他留给自身的就越少。"② 这里谈的是"宗教与人的异化"，他借鉴费尔巴哈"宗教与人相异化"、"宗教根源于世俗世界，神的本质就是人的本质"的观点，谈了神与人的关系：神的属性实际来源于世俗的人类，是人赋予的，神是人的本质对象化、异化的产物。

其二，在《手稿》中，马克思同样从世俗世界的分裂和矛盾来理解"宗教何以产生、何以存在"。如前所述，在《手稿》第三笔记本，马克思提到，"靠别人恩典为生的人，把自己看成一个从属的存在物。但是，

---

① 《马克思恩格斯文集》第1卷，人民出版社2009年版，第11页。
② 《马克思恩格斯文集》第1卷，人民出版社2009年版，第157页。

如果我不仅靠别人维持我的生活,而且别人还**创造了**我的**生活**,别人还是我的生活的**泉源**,那么我就完全靠别人的恩典为生;如果我的生活不是我自己的创造,那么我的生活就必定在我自身之外有这样一个根源。因此,**创造**是一个很难从人民意识中排除的观念。自然界的和人的通过自身的存在,对人民意识来说是**不能理解的**,因为这种存在是同实际生活的一切**明显的事实**相矛盾的。"① 这里,马克思用人类现实的物质生活领域中大量存在的"一部分人对另一部分人的经济依附性"来阐释"宗教何以产生、存在"。同样在第三笔记本,马克思犀利地揭露了私有制条件下人与人基于私利互为"异己"、互相"利用"、"算计"的畸形人际关系,以及社会成员不断膨胀和精致化的病态的享乐欲望,进而说明宗教得以流行的根源。他指出:"每个人都指望使别人产生某种**新的**需要,以便迫使他作出新的牺牲,以便使他处于一种新的依赖地位并且诱使他追求一种新的**享受**,从而陷入一种新的经济破产。每个人都力图创造出一种支配他人的、**异己的**本质力量,以便从这里面获得他自己的利己需要的满足"②;"每一种产品都是人们想用来诱骗他人的本质、他人的货币的诱饵;每一个现实的或可能的需要都是诱使苍蝇飞近涂胶竿的弱点;对共同的人的本质的普遍利用,正像人的每一个缺陷一样,对人来说是同天国联结的一个纽带,是使僧侣能够接近人心的途径"③。《手稿》第三笔记本的这些表述,既体现了青年马克思"用世俗因素来揭示宗教根源"的宗教学一般范式(这一点与《导言》《提纲》高度一致),亦反映了他"从世俗世界的内部分裂、内部矛盾来揭示宗教产生的具体路径"的宗教学研究具体思路。在《手稿》看来,正是私有制条件下人与人之间的分裂、差异、对立,社会成员普遍的贪财欲、享受欲、畸形的精神世界,为宗教的流行创造了肥沃的土壤,使后者得以长期存在。

其三,《手稿》既注重对世俗的私有制社会的内部分裂、内在矛盾的揭露和批判,亦注重对现实的世俗世界的变革和改造。这一点与《导言》

---

① 《马克思恩格斯文集》第 1 卷,人民出版社 2009 年版,第 195 页。
② 《马克思恩格斯文集》第 1 卷,人民出版社 2009 年版,第 223 页。
③ 《马克思恩格斯文集》第 1 卷,人民出版社 2009 年版,第 224 页。

《手稿》完全一致。以"革命实践"的手段改造和变革私有制社会,是《手稿》中极为"鲜明"的思想。关于这一点,读者完全能够理解,这里不需赘论。我们知道,马克思在《手稿》中谈到的作为"私有财产的扬弃"① 的"共产主义",其首要含义,就是一种改造私有制社会的现实的革命实践活动。《手稿》鲜明地提出:"正像无神论作为神的扬弃就是理论的人道主义的生成,而共产主义作为私有财产的扬弃就是要求归还真正人的生命即人的财产,就是实践的人道主义的生成一样。"②《手稿》还明确提出,"社会从私有财产等等解放出来、从奴役制解放出来,是通过**工人解放**这种**政治**形式来表现的"③;"要扬弃私有财产的**思想**,有**思想上的**共产主义就完全够了。而要扬弃现实的私有财产,则必须有**现实的**共产主义运动。历史将会带来这种共产主义行动"④ 这些表述清楚地表明,《手稿》不仅重视对世俗的私有制社会的理论批判,更注重对后者的实践层面的"改造"及"变革"。

五、《手稿》是否同样重视人与人的"社会关系"

这同样是笔者要着重加以澄清的重要问题。我们已经知道,《提纲》高度重视人的社会关系,把它提高到"人的本质"的高度来加以强调。在《提纲》看来,现实的人绝不是脱离"社会关系"孤立自存的,而是始终处于各种社会关系中,受他人和社会关系的制约;应从人所处的各种社会关系的总和来认识人、把握"人的本质",而不是脱离"社会关系",孤立地、抽象地考察"人"及其"本质"。如前所述,《提纲》第六条鲜明地提出一个说法:"人的本质不是单个人所固有的抽象物,在其现实性上,

---

① 《马克思恩格斯文集》第 1 卷,人民出版社 2009 年版,第 216 页。
② 《马克思恩格斯文集》第 1 卷,人民出版社 2009 年版,第 216 页。
③ 《马克思恩格斯文集》第 1 卷,人民出版社 2009 年版,第 167 页。
④ 《马克思恩格斯文集》第 1 卷,人民出版社 2009 年版,第 231—232 页。

它是一切社会关系的总和。"①《提纲》的这一条及第七条、第九条,均批判费尔巴哈忽视人与人的"社会关系",将人"抽象化"、"孤立化"的错误。那么,《手稿》等马克思的早期著作是否在其人学的"思维方式"上与《提纲》不同,是否同样重视和强调人与人的社会关系?在笔者看来,只要仔细辨析《手稿》的具体内容,就不难得出"肯定"的结论。

事实上,马克思1844年写成的《手稿》同样重视人的"社会关系",同样将人理解为"社会关系"中的存在物。《手稿》对"人"的分析(譬如对"劳动者"的分析),并未脱离人所处的现实的"社会关系",就这一点而言,与《提纲》完全一致。《提纲》对人所处的"社会关系"的强调,对"人"及其"本质"的上述理解,其实源于《手稿》等早期著作,是对《手稿》等著作相关思想成果积极继承的结果。值得我们重视的是,在《手稿》中,马克思正是通过"社会关系"、实践活动等方面来把握人的存在方式(这成为《手稿》的一种鲜明的人学思维方式)。他深刻揭示了私有制条件下人类社会现实存在的各种社会关系:经济关系、阶级关系、政治关系等。在《手稿》学术视野中的资本家与工人、封建领主与农奴,都是处于现实的经济关系、阶级关系之中的特定阶级,二者在经济上是剥削与被剥削、奴役与被奴役的关系,在政治上是统治与被统治的关系。资本家与封建领主、土地所有者则代表了不同的剥削方式、经济统治方式,他们之间的关系是(争夺经济统治权或物质利益的)两类剥削阶级之间的对抗、竞争关系。作为"剥削阶级",他们都是社会的食利者、社会财富的掠夺者,都构成劳动阶级的"对立面"。《手稿》还分析了不同的土地所有者之间、大资本家与小资本家之间、工人与工人之间在经济上的"竞争"关系。这种关系是同一阶级内部的社会关系。如前所述,马克思还揭露了私有制条件下人与人基于私利"尔虞我诈"、"相互算计"、"相互利用"的畸形人际关系。他还展望,在替代资本主义的社会主义社会中,社会成员摆脱和超越了这种畸形的人际关系,建立了"人人为我,我为人人"的新型关系。新社会的劳动者之间,将是"和谐共存、利益一

---

① 《马克思恩格斯文集》第1卷,人民出版社2009年版,第501页。

致、相互需要、相互扶持"的崭新人际关系。为了增强"说服力",下面,笔者同样引述《手稿》的原文,来验证上述结论。值得一提的是,这方面的"文本学证据"很多,限于篇幅,笔者只介绍其中部分"文本证据",并略作阐释。这些"证据"对验证笔者结论的"意义"往往一目了然,读者一看即知。

在《手稿》的第一笔记本的"工资"篇,马克思指出:"**工资**决定于资本家和工人之间的敌对的斗争。胜利必定属于资本家……土地所有者和资本家可以把产业收益加进自己的收入,而工人除了劳动所得,既无地租也无资本利息。因此,工人之间的竞争是很激烈的……**对人的需求必然调节人的生产,正如其他任何商品生产的情况一样**。如果供给大大超过需求,那么一部分工人就要沦为乞丐或者饿死……工人成了商品,如果他能找到买主,那就是他的幸运了。工人的生活取决于需求,而需求取决于富人和资本家的兴致……在分工有很大发展的情况下,工人要把自己的劳动转用于其他方面是极为困难的……在工人对资本家处于从属关系的情况下,吃亏的首先是工人。"① 这里谈的是工人对资本家的一种经济上的被动关系:在资本主义私有制条件下,工人为了生存,除了出卖自身的劳动力、受资本家雇佣、进行"异化劳动"外,往往别无选择,因此他们彼此间不得不展开激烈的竞争(以获取资本家提供的有限的就业机会),劳动力的供给大大超过了资本家对劳动力的需求,在这种情况下,工人在资本家面前必定处于弱势地位,其工资额的确定,极大地受制于资本家(其工资额往往被资本家压低到最大限度)。在笔记本的同一部分,他还指出:"即使在对工人最有利的社会状态中,工人的结局也必然是劳动过度和早死,沦为机器,沦为资本的奴隶(资本的积累危害着工人),发生新的竞争以及一部分工人饿死或行乞。"② 这里谈到了资本家对工人经济上的奴役关系、前者对后者的摧残、资本的积累对工人的危害,以及工人之间的竞争关系。在第一笔记本的"地租"部分,马克思写道:"地租是通过**租地农场主和土地所有者之间的斗争**确定的。在国民经济学中,我们到处可以

---

① 《马克思恩格斯文集》第 1 卷,人民出版社 2009 年版,第 115—116 页。
② 《马克思恩格斯文集》第 1 卷,人民出版社 2009 年版,第 121 页。

看到,各种利益的敌对性的对立、斗争、战争,被承认是社会组织的基础。现在我们来看一看土地所有者和租地农场主之间的相互关系是怎样的。"① 马克思这里明确谈到了作为两类"剥削阶级"的"租地农场主"与"土地所有者"在"经济利益"上的敌对关系、他们在经济上的"斗争"关系。他还充分意识到,不同的物质利益之间的对立、斗争在私有制社会中极为普遍,甚至构成了"社会组织的基础"。在第一笔记本的"地租"篇,马克思还指出:"(1)按照国民经济学的原理,土地所有者与社会的繁荣有利害关系;他与人口、工业生产的增长,与社会需要的增长,一句话,与社会财富的增长有利害关系,正如我们上面所考察的,这种增长与贫困和奴役的增长是一致的。房租上涨和贫困增长之间的关系,就是土地所有者与社会有利害关系的一个例子,因为随着房租的上涨,地租,即房基地的租金也增长。(2)根据国民经济学家自己的看法,土地所有者的利益同租地农场主从而同社会的相当大一部分人的利益是敌对的。[XI](3)因为租地农场主支付的工资越少,土地所有者向租地农场主能够索取的地租就越高,因为土地所有者向租地农场主索取的地租越高,租地农场主就把工资压得越低,所以土地所有者的利益同雇农的利益是敌对的,正如工厂主的利益同他的工人的利益是敌对的一样。土地所有者的利益也要求把工资压到最低限度。"② 这里,马克思谈到作为"剥削者"的"土地所有者"对社会财富的剥夺、他们对劳动阶级(雇农、工人)的消极影响(尽管这些消极的影响是"间接"的)、他们与社会其他阶级之间在经济利益上的对立关系。在"地租"篇,马克思还指出:"如果说土地所有者的利益同社会的利益完全不一致,并且同租地农场主、雇农、工业工人和资本家的利益相敌对,那么,一个土地所有者的利益,由于竞争,也决不会同另一个土地所有者的利益一致。我们现在就来考察一下这种竞争。大地产和小地产之间的相互关系一般是与大资本和小资本之间的相互关系一样的。"③ 在这里,马克思提到了不同的土地所有者的"竞争"关系,以

---

① 《马克思恩格斯文集》第1卷,人民出版社2009年版,第144页。
② 《马克思恩格斯文集》第1卷,人民出版社2009年版,第147页。
③ 《马克思恩格斯文集》第1卷,人民出版社2009年版,第147—148页。

及他们由于"竞争"而在"经济利益"上形成的"对立",他还谈到大地产和小地产、大资本与小资本在经济上的竞争、对抗关系。在他看来,这些关系也是私有制社会现实存在的"社会关系",确切地说,是同一阶级内部的经济关系。至于工人与工人之间基于"谋生"而形成的经济上的竞争关系(这同样是工人所处的现实的社会关系之一),在《手稿》第一笔记本开篇之处的"工资"部分,马克思就作了明确的揭示。如前所述,他指出,"土地所有者和资本家可以把产业收益加进自己的收入,而工人除了劳动所得,既无地租也无资本利息。因此,工人之间的竞争是很激烈的……**对人的需求必然调节人的生产,正如其他任何商品生产的情况一样**。如果供给大大超过需求,那么一部分工人就要沦为乞丐或者饿死。"①此外,马克思在《手稿》第三笔记本的"私有财产和需要"篇,以犀利的语言,揭露、抨击了资本主义私有制条件下人与人基于极端的利己主义、功利主义而形成的畸形人际关系:"尔虞我诈"、"相互算计"、"相互利用"。在他看来,他的这些描述就是对这种畸形的人际关系的真实写照:"每个人都指望使别人产生某种**新的**需要,以便迫使他作出新的牺牲,以便使他处于一种新的依赖地位并且诱使他追求一种新的**享受**,从而陷入一种新的经济破产。每个人都力图创造出一种支配他人的、**异己的**本质力量,以便从这里面获得他自己的利己需要的满足……每一种新产品都是产生相互欺骗和相互掠夺的新的**潜在力量**"②;"每一种产品都是人们想用来诱骗他人的本质、他人的货币的诱饵;每一个现实的或可能的需要都是诱使苍蝇飞近涂胶竿的弱点;对共同的人的本质的普遍利用,正像人的每一个缺陷一样,对人来说是同天国联结的一个纽带,是使僧侣能够接近人心的途径——工业的宦官迎合他人的最下流的念头,充当他和他的需要之间的牵线人,激起他的病态的欲望,默默地盯着他的每一个弱点,然后要求对这种殷勤服务付酬金。"③那么,在超越资本主义的社会主义社会中,社会成员的"人际关系"是怎样的呢?《手稿》的回答是:人人为我,我为

---

① 《马克思恩格斯文集》第 1 卷,人民出版社 2009 年版,第 115 页。
② 《马克思恩格斯文集》第 1 卷,人民出版社 2009 年版,第 223—224 页。
③ 《马克思恩格斯文集》第 1 卷,人民出版社 2009 年版,第 224—225 页。

人人。马克思在《手稿》第三笔记本中,以略显晦涩、抽象的语言描述道:"我们已经看到,在被积极扬弃的私有财产的前提下,人如何生产人——他自己和别人;直接体现他的个性的对象如何是他自己为别人的存在,同时是这个别人的存在,而且也是这个别人为他的存在。"①

六、《提纲》第五、八、十、十一条与《手稿》的关系

分析自此,笔者已完成了《手稿》与《提纲》的"比较研究"中最基本也最重要的工作。笔者通过这些"比较研究"得出的结论是:从《手稿》到《提纲》,马克思的基本思想是"一以贯之"的,二者有着直接的、紧密的思想联系,绝不能人为地制造这两部著作之间的所谓"断裂"或"对立"。最后,笔者来考察一下《提纲》其他各条(第五、八、十、十一条)与《手稿》的关系。通过"辨析"和"比较",笔者同样确信:这四条都是与《手稿》的基本观点或思维方式"不矛盾"、"不冲突"的,其中有些内容还是与《手稿》的观点或思维方式"高度一致"的。下面,笔者根据《提纲》这四条的内容及要点,逐条加以分析。

《提纲》第五条是对费尔巴哈哲学特点的描述和批评。如前所述,马克思这里讲的意思是,费尔巴哈不满足于黑格尔唯心主义的思维方式,直接诉诸感性、现实的东西,借助感官对事物进行直观,不过,他对"感性"或"现实"的理解是狭窄、不全面的,他没有把感性、现实的"实践活动"也理解为一种"感性"或"现实"。应当说,《提纲》所批判的费尔巴哈哲学的这一"缺陷"在《手稿》中是根本不存在的。在《手稿》中,马克思同样把"劳动实践活动"看作一种"感性"、"现实"的东西,他还用感性、现实、能动的劳动实践活动来揭示人与动物的差别,说明前者对后者的"优越性"、"超越性",用这种活动解释人类的全部历史,拒

---

① 《马克思恩格斯文集》第1卷,人民出版社2009年版,第187页。

斥宗教神创论的思维方式（如前所述）。与费尔巴哈明显不同，《手稿》既有"感性、现实的外部对象、客观事物"的概念，亦有"感性、现实的实践活动"的概念。在马克思看来，这种活动（即生产、劳动、变革现实的实践），是人们完全能够通过感官把握到（或"直观"到）的、现实的、感性的东西，它们绝不是什么抽象、神秘的东西，这一点毋庸置疑。在《手稿》第一笔记本，马克思写道："正是在改造对象世界的过程中，人才真正地证明自己是**类存在物**。这种生产是人的能动的类生活。通过这种生产，自然界才表现为**他的**作品和他的现实……人不仅像在意识中那样在精神上使自己二重化，而且能动地、现实地使自己二重化，从而在他所创造的世界中直观自身。"① 马克思还在《手稿》第三笔记本中明确指出："**工业**的历史和**工业**的已经生成的**对象性的**存在，是一本**打开了的**关于人的本质力量的书，是感性地摆在我们面前的人的**心理学**……在**通常的、物质的工业**中（人们可以把这种工业理解为上述普遍运动的一部分，正像可以把这个运动本身理解为工业的一个**特殊**部分一样，因为全部人的活动迄今为止都是劳动，也就是工业，就是同自身相异化的活动），人的**对象化的本质力量**以**感性的**、**异己的**、**有用的对象**的形式，以异化的形式呈现在我们面前。如果**心理学**还没有打开这本书即历史的这个恰恰最容易感知的、最容易理解的部分，那么这种心理学就不能成为内容确实丰富的和**真正的科学**。"② 《手稿》的这些话清楚地表明，马克思正是把"劳动实践"视为一种"以改造自然界"为特点的感性、现实的物质性活动的。在他看来，正是感性、能动、现实的劳动实践活动使世界真正二重化，形成了"人化的自然界"，这种"人化自然界"作为人造的物质形态，作为人类"对象性活动"（指劳动实践）的产物，作为某种"对象性的存在"，与作为"对象性活动"的"实践活动"一样，都是"感性"、"现实"的。可以说，从《手稿》中完全找不到"文本学证据"，表明《提纲》第五条的上述要点是与《手稿》相"对立"的。

《提纲》第八条与《手稿》的思维方式也是不矛盾的。如前所述，

---

① 《马克思恩格斯文集》第1卷，人民出版社2009年版，第163页。
② 《马克思恩格斯文集》第1卷，人民出版社2009年版，第192—193页。

《提纲》的这一条谈的是相互关联的两个要点：其一，按照马克思的理解，实践是人类的"社会生活"中最本质、最核心的要素和内容，全部的社会生活都是以实践为基础，以实践为"本质内容"、"核心内容"的；任何（容易将理论引向"神秘主义"的）神秘的东西（譬如貌似超自然、超人类的"神"），其实都根源于实践，都能够在人类感性、现实的实践活动中以及对这种实践的理解中得到合理的、有效的解释。不难看出，这是一种以"实践"为核心观点，通过"实践"、借助"实践"来把握人类社会生活及认识问题的自觉的实践唯物主义思维方式。这种思维方式与《手稿》毫不矛盾，甚至是高度一致的。《手稿》同样以"实践"（在《手稿》中，"劳动"是实践的典型形式，马克思明确肯定了这一点）为核心观点、基本观点，人类社会的历史被《手稿》归结为一部人类通过劳动实践活动自我延续的历史，关于这一点，前文已有充分的论述。在《手稿》的理解中，人类的社会生活最核心、最本质的要素或内容，显然就是人类每日都在从事的改造对象世界的感性、现实的实践活动。关于"实践"与人类及其社会生活的联系，《手稿》中有明确的论述。如前所述，《手稿》认为，生产、劳动是人的"生命活动"，是人与动物最重要的差别，充分体现了人对动物的"超越性"、"优越性"。值得一提的是，在《手稿》中，劳动、实践被提高到"人的生命活动"、"人的本质"、"人的整体特性、类特性"、"人的类生活"的高度来加以强调，由此可见马克思对其的高度重视、对实践与"人类及其社会生活"间内在联系的高度肯定。马克思在《手稿》中描述道，"一个种的整体特性、种的类特性就在于生命活动的性质，而自由的有意识的活动恰恰就是人的类特性"①；"正是在改造对象世界的过程中，人才真正地证明自己是**类存在物**。这种生产是人的能动的类生活。通过这种生产，自然界才表现为**他**的作品和他的现实。"②值得我们注意的是，在这里，作为一种实践活动的"生产"被《手稿》明确地视为"人的能动的类生活"。至于"以实践为最终根源来解释一切神秘事物"这一点，也是符合《手稿》的思维方式的。以宗教神学为

---

① 《马克思恩格斯文集》第1卷，人民出版社2009年版，第162页。
② 《马克思恩格斯文集》第1卷，人民出版社2009年版，第163页。

例,《手稿》充分认识到,宗教根源于人类的世俗世界,而世俗世界归根结底是人的实践活动的产物,人们的社会关系亦是在实践的基础上形成和发展的,宗教与神最终还是能够借助于"实践",找到其最后的世俗根源的。

如前所述,《提纲》第十条("旧唯物主义的立脚点是市民社会,新唯物主义的立脚点则是人类社会或社会的人类"[①])表述的是马克思自己的新哲学"面向和展望未来理想社会"的政治视野和"超越人与人相互敌对的传统市民社会,走向人与人和谐共存的理想社会"的政治理想。试问,这难道不是《手稿》、《论犹太人问题》、《〈黑格尔法哲学批判〉导言》等马克思早期著作的共同特征、共同志趣吗?只要认真阅读这三部早期著作,"真相"就不言自明。《论犹太人问题》、《〈黑格尔法哲学批判〉导言》区别"政治解放"与"人类解放",其意旨就是指明人类社会的前进方向:超越人与人相互敌对的"市民社会"、资本主义私有制社会,缔造人与人和谐共存的理想社会。《手稿》的政治视野、政治理想同样如此。《手稿》严厉批判了资本主义社会的现状,揭示了私有制条件下劳动者的不幸及社会成员之间尔虞我诈、相互敌对的人际关系,引导人们反思和超越资本主义社会及市民社会,该著作号召劳动阶级通过积极的政治斗争、革命实践,改变不合理、不正义的社会现状,创造'人人为我、我为人人'的新社会。

至于《提纲》第十一条("哲学家们只是用不同的方式**解释**世界,问题在于**改变世界**"[②])与《手稿》的关系,其"答案"同样不言自明。如前所述,这条名言说的是:以往的哲学家所从事的工作只是单纯地解释世界,而更有"实质性"意义的,不是"解释世界",而是"改造世界"。试问,这一观点与《手稿》之间哪有什么"对立"或"矛盾"呢?《手稿》及其"哲学"不正是以"改造罪恶的现实世界(即摧毁不合理、不正义的资本主义社会),创造新社会("人人为我,我为人人"的社会主义社会)"为宗旨和志趣吗?《手稿》当然首先致力于对资本主义社会现

---

① 《马克思恩格斯文集》第 1 卷,人民出版社 2009 年版,第 502 页。
② 《马克思恩格斯文集》第 1 卷,人民出版社 2009 年版,第 502 页。

状的正确描述和批判,以此为改造传统社会的理论依据,但这种"解释世界"的工作,不正是为"改造旧世界、创造新世界"这一终极使命服务的吗?

第五章 青年马克思异化理论的重新解读

第一节 《1844年经济学哲学手稿》的异化劳动理论是一个严整的理论体系

关于《1844年经济学哲学手稿》（以下简称《手稿》）的异化劳动理论，以往国内研究者在阐释其思想时，往往将其重点仅放在异化劳动四个规定（劳动产品与劳动者相异化、劳动活动与劳动者相异化、人的类本质和人相异化、人和人相异化）上，对该理论的其余内容很少关注或论及。有的论者在叙述《手稿》异化劳动理论的基本思想时干脆对上述四规定外的其他内容只字未提。在不少研究者看来，异化劳动上述四规定便是《手稿》异化劳动理论的基本内容，其余内容即便存在，其理论价值或意义（较之这四个规定）也是十分有限或微不足道的。长期以来，将《手稿》异化劳动理论的阐释基本局限于上述四规定，成了我国学界的主流解读方式。

笔者以往在考察《手稿》异化劳动理论的基本思想时，亦曾只关注和分析异化劳动的上述四个规定。然而，笔者近几年来在重读《手稿》的过程中意识到，以往我国学界对《手稿》异化劳动理论的上述主流解读方式是不妥的，无法全面展现该理论丰富、深刻的思想内涵。实际上，《手稿》的异化劳动理论绝非只有四个基本规定或四个要点，而是一个较为严整的理论系统，包含了青年马克思对异化劳动的前提、原因、表现形式、后果、历史形态、是非功过、未来命运、消亡途径等许多重要问题的深刻思考和分析。上述四规定其实只是《手稿》异化劳动理论的部分内容，将该理论的基本思想仅概括为这四个规定是过于简单、有失全面的。对《手稿》异化劳动理论进行更加全面、深入的开掘和研究，有助于我们深刻、透彻地领会马克思早期异化劳动观的丰富思想内涵，消除简单化理解，准确评估其哲学价值，进而科学评价该理论及《手稿》在马克思主义思想史上的历史地位。在本节中，笔者依据马克思《手稿》的文本，对该著作的异化劳动理论作了重新解读，如有不妥之处，欢迎学界同志批评指正。

所谓"异"，就是"有差异"、"不同"。在《手稿》中，"异化"的基本含义就是"异己化"，表现为事物彼此相异，外在于对方而存在（即二者"相互分离、相互独立"），相互排斥，相互对立。根据马克思对"异化"的理解，说 B 与 A 相异化（A、B 可能是物，也可能是人或其他事物），其实也就是说：B 成了一种外在于 A，与 A 互为异己、互相分离、互相独立、相互排斥、相互对立的东西。"异化劳动"，即发生了"异化"的劳动，说得更透彻些便是，劳动活动及其产物（或与劳动直接相关的其他事物，譬如劳动条件）成了外在于劳动者，与他互为异己、相互分离、相互独立、相互排斥、相互对立的东西。

一、异化劳动的前提、原因

凡是熟悉《手稿》的读者都知道，马克思在该著作中尖锐地描述、揭露了工人异化劳动的具体表现形式（比如劳动产品与他的异化、劳动活动与他的异化，详见后述）。那么，工人的劳动为什么会发生"异化"？马克思究竟有没有对"异化劳动"的前提或原因进行思考或探讨呢？答案是肯定的。

在《手稿》中，马克思在描述、剖析了工人的异化劳动的表现形式与后果后，便提出了两个极具引导性、启发性的尖锐问题："如果劳动产品对我来说是异己的，是作为异己的力量面对着我，那么它到底属于谁呢？"①"如果我自己的活动不属于我，而是一种异己的活动、一种被迫的活动，那么它到底属于谁呢？"② 在他看来，答案便是："属于**另一个有别于我的存在物**。"③ 那么，"这个存在物是谁呢？"④ 马克思依次排除了神与自然界，最后得出结论："劳动和劳动产品所归属的那个**异己的**存在物，劳动为之服务和劳动产品供其享受的那个存在物，只能是**人自身**"⑤，说得更确切些，就是资本家。他一针见血地指出："如果劳动产品不是属于工人，而是作为一种异己的力量同工人相对立，那么这只能是由于产品属于**工人之外的他人**。如果工人的活动对他本身来说是一种痛苦，那么这种活动就必然给他人带来**享受**和生活乐趣。不是神也不是自然界，只有人自身才能成为统治人的异己力量。"⑥ 不难看出，马克思当时已充分地意识到：作为剥削者的资产阶级的存在及其对工人的统治、压迫，是工人的劳动发生"异化"的基本前提、基本原因；如果人类社会中并不存在剥削阶级及统治、压迫现象，那么工人的劳动便不至于变成"异化劳动"。

那么，能否说：《手稿》认为只有资产阶级对工人阶级的统治、压迫是异化劳动的前提、原因，人类历史上的其他剥削阶级对其他劳动阶级的统治、压迫就不是异化劳动的前提或原因？很显然，不能这么说。事实上，青年马克思当时除关注资本主义社会工人的异化劳动外，还注意到了人类异化劳动的早期形式（奴隶制异化劳动、封建制异化劳动），在《手稿》中他明确提到了异化劳动的其他历史形态（详见下文）。他确信：只要存在剥削阶级及其对被剥削阶级的统治、压迫，那么"异化劳动"的存在便是不可避免的，至于剥削阶级是否是资产阶级，并不妨碍"异化劳动"本身的存在。在他看来，既然前资本主义社会同样存在剥削阶级及统治、压迫现象，那么，前资本主义社会中必定也存在着异化劳动，奴隶主

---

① 《马克思恩格斯文集》第1卷，人民出版社2009年版，第164页。
② 《马克思恩格斯文集》第1卷，人民出版社2009年版，第164页。
③ 《马克思恩格斯文集》第1卷，人民出版社2009年版，第164页。
④ 《马克思恩格斯文集》第1卷，人民出版社2009年版，第164页。
⑤ 《马克思恩格斯文集》第1卷，人民出版社2009年版，第164—165页。
⑥ 《马克思恩格斯文集》第1卷，人民出版社2009年版，第165页。

阶级或封建领主阶级的存在及其对奴隶或农奴的统治、压迫，是前资本主义社会的异化劳动存在的前提和原因。

另外，马克思已意识到，在"异化劳动"发生前，人类社会内部已发生了人与人之间的异化，即剥削阶级与被剥削阶级之间的异化［很明显，这两大阶级间构成的正是互相外化（即外在于对方而存在）、互为异己、相互排斥、相互对立的异化关系］，而这种异化是异化劳动得以产生的前提和原因。① 在《手稿》看来，劳动的异化原先是人与人相异化的结果，它反过来又巩固、加强了人与人的异化（下文还将提到这一点）。

二、异化劳动的主要表现形式

（一）劳动产品与劳动者相异化

按照马克思的理解，"劳动的产品是固定在某个对象中的、物化的劳动，这就是劳动的**对象化**。"②《手稿》所揭露的"劳动产品与劳动者相异化"现象，说的是劳动产品对劳动者的异己性、敌对性关系，具体地说，劳动产品作为一种异己的、不依赖于劳动者的外在力量，同他相敌对。"工人在劳动中耗费的力量越多，他亲手创造出来反对自身的、异己的对象世界的力量就越强大，他自身、他的内部世界就越贫乏，归他所有的东西就越少。"③

（二）劳动活动与劳动者相异化

在他看来，劳动产品与工人的"异化"，正是以劳动活动与工人的

---

① 北京大学马克思主义学院王春明硕士先于笔者并引导笔者认识到："人与人的异化"不仅是异化劳动的后果，也是异化劳动的前提和原因，人类社会中阶级分化、阶级对立与阶级压迫的产生、剥削阶级与被剥削阶级之间的异化正是异化劳动得以产生的前提、原因。他的这一学术观点对笔者有很大启发，促使笔者对马克思异化劳动理论及《手稿》进行了重新考察和探索，并最终确信：马克思的《手稿》不仅将"人与人的异化"视为异化劳动的结果，也将其视为后者的前提和原因。笔者在此对王春明深表感谢和敬意。
② 《马克思恩格斯文集》第 1 卷，人民出版社 2009 年版，第 156—157 页。
③ 《马克思恩格斯文集》第 1 卷，人民出版社 2009 年版，第 157 页。

"异化"为基本前提之一的,如果连劳动活动本身都与工人相异化了,那么劳动产品的所有权与他无缘便不足为奇且势在必然了。所谓"工人的劳动活动与他相异化",讲的是工人的劳动活动成了一种异己的、与他构成敌对关系的活动。"他的劳动不是自愿的劳动,而是被迫的**强制劳动**。"① 受强制、受折磨、受摧残便是这种劳动的基本特点。马克思指出:"劳动的异己性完全表现在:只要肉体的强制或其他强制一停止,人们就会像逃避瘟疫那样逃避劳动。"②

(三) 劳动的物质条件与劳动者相异化③

"劳动的物质条件与劳动者相异化",主要指劳动的物质条件作为某种异己性的东西与劳动者构成敌对关系。从表面上看,劳动者利用某些物质条件(例如劳动工具、土地等)进行劳动,似乎后者是为他所支配并为他服务的。但实际上,在私有制社会中,劳动条件往往并不真正为劳动者的幸福与利益服务,而是为剥削阶级的发财欲望和经济利益服务。这些劳动条件往往不属于劳动者而属于剥削阶级。在这种情形下,它们和劳动者一样,都成了剥削阶级追求财富的工具,对于劳动者而言,他们借以进行劳动的这些物质条件成了异己的、(有时)甚至危害他们生存的东西。比如,马克思注意到,"因为工人被贬低为机器,所以机器就能作为竞争者与他相对抗"④,他在这里揭露的便是作为劳动工具的机器对工人生存状况的消极影响。⑤ 除了机器与工人的异化外,马克思还注意到了(作为劳动的重要条件之一的)土地与劳动者(指农奴)的异化。他在《手稿》中指出:"封建的土地占有已经包含土地作为某种异己力量对人们的统治。农奴是

---

① 《马克思恩格斯文集》第1卷,人民出版社2009年版,第159页。
② 《马克思恩格斯文集》第1卷,人民出版社2009年版,第159页。
③ 笔者曾赞同王东教授的一个看法,即对"劳动条件与劳动者相异化"现象的考察是马克思在《1857—1858年经济学手稿》中才实现的。笔者后来在重读《手稿》的过程中意识到,马克思对这一异化现象的揭露,其实始于《手稿》。澄清这一点,有助于我们重新认识《手稿》的哲学价值,更加"准确"地评估其历史地位。
④ 《马克思恩格斯文集》第1卷,人民出版社2009年版,第121页。
⑤ 马克思意识到,在资本主义社会中,机器的使用大大提高了劳动生产率,但往往造成工人就业机会的减少进而危及其生存。

土地的附属物。"①

(四) 生产目的与劳动者相异化②

在资本家的企业中,生产的首要目的绝不是增进(作为劳动者的)工人的福利、工人的幸福感,而是为资本家创造财富和利润。为实现上述目的,资本家往往通过延长劳动时间、扩大劳动强度的方式,以牺牲工人的身体和精神健康为代价,对后者进行野蛮剥削。在他们眼中,与上述目的相比,工人的健康、幸福是无足轻重、微不足道的。关于工人,他们更感兴趣的是,如何压低其工资、提高剥削程度以便更好地实现上述目的。在资本家看来,工人存在的"价值",仅在于他们是实现上述目的、创造财富的工具。上述生产目的对于工人而言,是完全异己的、敌对性的、奴役性的东西,它体现的仅是资本家的意志、利益并将工人及其劳动贬低为手段、工具。

三、异化劳动的后果

(一) 劳动者不成其为"人"

在《手稿》看来,劳动"使人真正成其为'人',根本超越了动物界"③,劳动的异化"意味着人的本质的异化,意味着人的尊严的丧失,

---

① 《马克思恩格斯文集》第1卷,人民出版社2009年版,第150页。
② 马克思在《手稿》中已注意到"生产目的与劳动者的异化",这可以从该著作的文本中找到充分的"证据"。例如,《手稿》摘录了舒尔茨《生产运动》中的下列论断:"最近25年来,也正是从棉纺织业采用节省劳动的机器以来,这个部门的英国工人的劳动时间已由于企业主追逐暴利[IX]而增加到每日12—16小时,而在到处还存在着富人无限制地剥削穷人这种公认权利的情况下,一国和一个工业部门的劳动时间的延长必然也或多或少地影响到其他地方"(《马克思恩格斯文集》第1卷,人民出版社2009年版,第125页)。另外,《手稿》以批判的语调指出,"劳动本身,不仅在目前的条件下,而且就其一般目的仅仅在于增加财富而言,在我看来是有害的、招致灾难的,这是从国民经济学家的阐发中得出的,尽管他并不知道这一点。"(《马克思恩格斯文集》第1卷,人民出版社2009年版,第123页)
③ 赵敦华、孙熙国主编:《中西哲学的当代研究与马克思主义哲学创新》,人民出版社2011年版,第298页。

意味着人不成其为人"①。异化劳动使"人原本通过劳动而获得的优越感、成就感和幸福感荡然无存,人无法通过劳动这一首要途径来充分确证自己的主体性、创造力和自由个性了,从而他也不再是本来意义上的'人'了"②。"劳动的异化直接导致劳动者人格尊严的彻底丧失,他不再成其为'人'而与动物无异,维持其肉体生存成了他几乎唯一的生活目的。"③"异化劳动丝毫体现不出人的生命活动优越于动物生命活动之处,反而将前者下降到后者的水平。"④

(二) 类与个人的异化、人与人的进一步异化

《手稿》认为:"异化劳动,由于(1)使自然界同人相异化,(2)使人本身,使他自己的活动机能,使他的生命活动同人相异化,因此,异化劳动也就使**类**同人相异化。"⑤ 根据该著作,"类与个人相异化",指二者互为异己、相互对立,具体体现在:作为一个生物物种,人类根本超越了动物,明显优越于后者,而劳动者个人却因为劳动的异化而不成其为"人",表现得与动物无异,维持其肉体生存成了他几乎唯一的生活目的(如上所述);劳动这种"类生活"使人根本超越了动物界(如上所述),却被劳动者个人降低为维持其肉体生存的手段;人类难以通过劳动者个人来确证自己的存在,后者丝毫表现不出人类相对于动物的"优越性"、"高贵性",他的个人境况与这种"优越性"或"高贵性"相矛盾。另外,异化劳动还导致了人与人的进一步异化。如前所述,劳动的异化原先是"人与人相异化"的结果,它反过来又巩固、加强了人与人的异化。通过异化劳动,劳动者与剥削者之间更加"异化"(互为异己、相互排斥、相互敌对)了,他们之间的阶级对立被加强、深化了。异化劳动还强化了劳

---

① 赵敦华、孙熙国主编:《中西哲学的当代研究与马克思主义哲学创新》,人民出版社2011年版,第299页。
② 赵敦华、孙熙国主编:《中西哲学的当代研究与马克思主义哲学创新》,人民出版社2011年版,第300页。
③ 赵敦华、孙熙国主编:《中西哲学的当代研究与马克思主义哲学创新》,人民出版社2011年版,第300页。
④ 赵敦华、孙熙国主编:《中西哲学的当代研究与马克思主义哲学创新》,人民出版社2011年版,第300页。
⑤ 《马克思恩格斯文集》第1卷,人民出版社2009年版,第161页。

动者之间的生存竞争，使他们因为这种竞争关系而更加疏远、异化。

四、异化劳动的历史形态

的确，《手稿》主要是以工人的异化劳动为例来剖析"异化劳动"的表现形式的，但这并不意味着该著作对"异化劳动"的关注和考察仅限于资本主义社会的工人劳动。在马克思看来，"异化劳动"这种奴役性劳动绝不仅仅存在于资本主义社会，而是存在于一切阶级社会中。如前所述，在《手稿》中，他明确提到了"异化劳动"的其他形态。

《手稿》在考察工人恶劣的劳动条件时揭露道："人类劳动的最粗陋的**方式（工具）**又重新出现了：例如，罗马奴隶的**踏车**又成了许多英国工人的生产方式和存在方式。"① 这里他明确提到了罗马奴隶及其劳动工具（踏车）。读者还应注意到，在该著作中，工人所承担的过度劳动被形容为"奴隶劳动"②，工人被认为"沦为资本的奴隶"③。不难看出，《手稿》是想借工人劳动与奴隶劳动、工人与奴隶的相似性来揭露工人的悲惨境况及其劳动的极端"异化"性质。在马克思眼中，奴隶劳动便是人类历史上最残酷的异化劳动。显然，对于这种劳动的极端异化性质、奴隶的悲惨状况，他是十分清楚的。否则，他就不会拿奴隶劳动作为"参照物"，来揭露、说明工人劳动的异化性质、悲惨状况了。另外，如前所述，他在《手稿》中指出："封建的土地占有已经包含土地作为某种异己力量对人们的统治。农奴是土地的附属物。"④ 很明显，他注意到了（作为劳动的重要条件之一的）土地与劳动者（指农奴）的异化，这种异化正是"异化劳动"的一种重要表现形式。马克思还注意到，"那些耕种他（指领主——引者注）的土地的人并不处于**短工**的地位，而是一部分像农奴一样本身就

---

① 《马克思恩格斯文集》第 1 卷，人民出版社 2009 年版，第 225 页。
② 《马克思恩格斯文集》第 1 卷，人民出版社 2009 年版，第 119 页。
③ 《马克思恩格斯文集》第 1 卷，人民出版社 2009 年版，第 121 页。
④ 《马克思恩格斯文集》第 1 卷，人民出版社 2009 年版，第 150 页。

是他的财产,另一部分则对他保持着尊敬、忠顺和纳贡的关系。"① 不难看出,马克思对作为"统治者"的封建领主与作为"劳动者"、作为他的"私有财产"的农奴之间的统治与被统治、奴役与被奴役的不平等关系是有充分认识的。在他看来,农奴的劳动是"异化劳动",这也是毫无疑问的。

简而言之,按照马克思的理解,工人的异化劳动仅仅是人类异化劳动的一种特定形态,而不是唯一形态,凡是以劳动者遭受奴役为根本特征的不自由的、被强制的劳动,都是"异化劳动"。根据他的考察,人类社会的"异化劳动"有三种历史形态:古代奴隶制劳动、封建农奴制劳动、资本主义雇佣制劳动。这三种异化劳动虽然"表现形式"各异,但都是以非劳动者(即剥削者)对劳动者的奴役、压迫为共同本质的。

五、异化劳动的是非功过

在《手稿》中,马克思对"异化劳动"对劳动者造成的不幸、这种劳动对劳动者的无情摧残进行了深刻的揭露。在他看来,这种劳动形式显然是应加以严厉谴责和批判的,其"不正义性"突出地表现在:它以摧残、压迫劳动者为手段,以劳动者丧失幸福为代价,来实现剥削阶级的经济利益。马克思对"异化劳动"的批判,任何认真读过《手稿》的读者都不难察觉,在此无须赘述。这里需要多加辨析的问题是:马克思除了对"异化劳动"的"不正义性"予以批判外,是否承认这种劳动的"历史功绩"?

通过对《手稿》文本内容的辨析、推敲,我们可以找到"答案",弄清问题的"真相"。事实上,在《手稿》中,马克思并未因"异化劳动"的"不正义性"而对其采取完全否定的态度。在该著作中,他写道,"**工业的历史和工业的已经生成的对象性的存在,是一本打开了的关于人的本**

---

① 《马克思恩格斯文集》第1卷,人民出版社2009年版,第151页。

质力量的书"①,"如果把工业看成人的**本质力量的公开的**展示,那么自然界的**人的**本质,或者人的**自然的**本质,也就可以理解了"②;"通过工业——尽管以**异化**的形式——形成的自然界,是真正的、**人本学的**自然界。"③ 从这三个重要论断可以看出,马克思对人类工业的历史及其成果很大程度上是持肯定态度的。在他看来,一个显而易见的事实是:工业创造了巨大的文明成果,充分展现了人类自身的能动性、主体性、创造力;而另一个同样"显而易见"的事实是:工业文明是"异化劳动"的产物,是后者造就的。对于工业对劳动者的压迫、工业与"异化劳动"的内在联系,马克思是十分清楚的。他在《手稿》中写道,"工业直到现在还处于掠夺战争的状态"④(这里批判的是工业对劳动者的无情摧残),他还认为"全部人的活动迄今为止都是劳动,也就是工业,就是同自身相异化的活动"⑤。试想,既然他(在很大程度上)肯定"异化劳动"所造就的巨大工业文明成果,又怎会对"异化劳动"本身持"完全否定"的形而上学态度呢?事实上,这种"形而上学态度"根本不是当时已有很高辩证法造诣和强烈历史感的马克思所欣赏的。在他看来,资本主义异化劳动虽然造成了对劳动者的压迫(这种压迫基于特定的历史条件是不可避免的),但它同样创造了巨大的生产力成果⑥,为人类未来赢得"解放"创造了必不可少的物质前提、物质基础,就此而言,异化劳动功不可没;按照他的逻辑,既然"异化劳动"导致人类物质文明的巨大进步,这种进步对于人类的解放又是不可缺少的,那么,就不能不承认"异化劳动"的历史功绩,虽然它是反人道、非人性的。他甚至还确信,在"异化劳动"、反人道现象尚未充分发展的情况下,人类的彻底解放是无法实现的。正是基于这种思维方式,他写道,自然科学"通过工业日益**在实践上进入**人的生活,改

---

① 《马克思恩格斯文集》第 1 卷,人民出版社 2009 年版,第 192 页。
② 《马克思恩格斯文集》第 1 卷,人民出版社 2009 年版,第 193 页。
③ 《马克思恩格斯文集》第 1 卷,人民出版社 2009 年版,第 193 页。
④ 《马克思恩格斯文集》第 1 卷,人民出版社 2009 年版,第 128 页。
⑤ 《马克思恩格斯文集》第 1 卷,人民出版社 2009 年版,第 193 页。
⑥ 参看林锋:《〈1844 年经济学—哲学手稿〉历史观出发点新探——"抽象人本学出发点"质疑》,载《社会科学研究》2007 年第 1 期。

造人的生活，并为人的解放作准备，尽管它不得不直接地使非人化充分发展"①。对"异化劳动"一分为二的科学态度，其实正是马克思根本超越一般的道德唯心主义者之处。

六、消灭异化劳动，进而实现劳动者和全人类的解放的条件

基于历史辩证法，马克思坚信，作为人类不平等之产物和极端表现的"异化劳动"绝不是从来就有的，也不可能永恒存在。他在《手稿》中既提出了"异化劳动"的起源问题，也揭示了"异化劳动"必然灭亡的未来命运及消灭"异化劳动"、实现人类解放的基本途径。在他那里，"消灭异化劳动"，实质上就是要消除劳动的"异化"性质，恢复人类劳动原初的自由特性，进而实现劳动者乃至全人类的解放。

那么，如何消除劳动的"异化"性质，进而实现劳动者和全人类的解放呢？按照《手稿》的实践唯物主义逻辑，要做到这一点，仅有消灭"异化劳动"的思想、动机是远远不够的，必须借助于现实的革命实践活动，更具体地说就是：无产阶级通过革命斗争，夺取政权，依靠政治手段废除剥削制度，将劳动的物质条件掌握在劳动者手中，进而消除劳动的"异化"性质，这便是消灭"异化劳动"，进而实现劳动者和全人类解放的基本途径。消灭"异化劳动"必须借助于政治革命，其道理十分简单："异化劳动"的存在是剥削阶级榨取物质财富的前提，作为统治者的剥削阶级必然要利用政治暴力手段来维持其存在，因此消灭"异化劳动"必然要以无产阶级革命这一政治运动为前提。

"异化劳动"的消亡意味着劳动者的解放。他不再是从前私有制条件下那个被剥削、被奴役的对象，而成了劳动条件与劳动成果的拥有者、支配者，他的劳动摆脱了"不自由"、"受强制"的特征，重新成了展示其

---

① 《马克思恩格斯文集》第1卷，人民出版社2009年版，第193页。

"能动性"、"创造力"的自由活动。随着剥削制度的废除、"异化劳动"的消亡、劳动者的解放及人人成为"劳动者","全人类的解放"亦得以实现。

第二节 青年马克思的异化理论体系

关于青年马克思的异化理论，以往我国学界的主流解读范式，是将《1844年经济学哲学手稿》（以下简称《手稿》）的异化劳动学说及其四个规定视为该理论的主要内容，甚至唯一内容。在学界的这一主流解读范式中，《手稿》成了理解马克思早期异化理论的唯一重要文本；异化劳动学说成了马克思早期异化理论的唯一重要内容，而异化劳动的上述四规定则成了马克思异化劳动学说的唯一重要内容（如前所述）。

笔者近些年来加强了对马克思早期著作的研究，形成了对青年马克思异化理论的新看法、新认识，突破了传统解读模式关于青年马克思异化理论的狭隘视野。笔者在进一步研究《黑格尔法哲学批判》（以下简称《批判》）《论犹太人问题》（以下简称《问题》）《〈黑格尔法哲学批判〉导言》（以下简称《导言》）《手稿》、《詹姆斯·穆勒〈政治经济学原理〉一书摘要》（以下简称《摘要》）等马克思早期著作的过程中，逐渐意识到，关于青年马克思异化理论内容的上述解读范式是不合理的，无法全面展现马克思早期异化理论的思想体系与丰富内容。实际上，马克思早期异化理论的思想内容绝不仅限于《手稿》的异化劳动学说，更不限于"异化劳动"的上述四规定。它也不仅仅是一种经济异化学说，而是一种广泛涉及经济、政治、社会关系、精神等领域的异化理论体系，经济异化理论是其中的一个主要分支，而非全部重要内容。除了经济异化理论外，政治异化理论、社会关系异化理论、精神异化理论也是马克思早期异化理论的基本内容。确切地说，"异化劳动学说"不过是马克思早期经济异化理论的主要内容之一，并非后者的唯一内容。除了"异化劳动"问题外，马克思早期著作还深刻探讨了其他重要的"经济异化"问题（货币与人的关系的异化、货币与私有财产的关系的异化等）。笔者甚至还发现，"劳动异化学说"也并非只有上述四个规定，而是一个内容丰富、较为严整的理论系统，包含了马克思对异化劳动的前提、原因、表现形式、后果、历史形态、功过、未来命运、消亡途径等许多重要问题的深刻思考与分析（这一点笔者已作了详细探讨，详见本章第一节）。研究和阐释马克思早期异化理论的思想体系，不能像传统解读方式那样局限于《手稿》，而是应在以该著作为主要参考文本的同时，兼顾《摘要》、《问题》、《导言》、《批判》等早期著作，后者也是马克思早期异化理论的重要文本。澄清上述事实，有助于全面、准确理解马克思的早期异化理论及其思想内容，消除长期以来学界的简单化、片面化理解，还原青年马克思思想的本来面目。

在本节中，笔者依据自己最新的研究成果，对青年马克思异化理论的思想体系进行全面阐释，逐一呈现构成这一体系基本内容的经济异化理论、政治异化理论、社会关系异化理论、精神异化理论的要点，欢迎学界指正。笔者对上述各异化理论所作的具体阐释，其文献基础，不限于《手稿》（不过，《手稿》仍是首要文本，是马克思异化理论的主要思想载体）。除《手稿》外，《批判》、《问题》、《导言》、《摘要》也是蕴涵或体现青年马克思异化观的重要文献。笔者就是从《手稿》及其他几部重要文献中概括、提炼出马克思异化理论体系各组成部分（经济异化理论、政治异化理论、社会关系异化理论、精神异化理论）的基本思想、基本内容的。

一、经济异化理论

如上所述，以往被学界主流解读范式误认为马克思早期异化理论唯一重要内容的"异化劳动学说"，其实只是马克思早期经济异化理论的主要内容之一。不可否认，"劳动异化学说"在马克思早期的经济异化理论甚至整个异化理论中处于"基础"和"核心"的地位。但同样不可忽视的是，马克思早期异化理论除了探讨"异化劳动"问题，还考察、揭示了

"货币与人的关系的异化"、"货币与私有财产的关系的异化"等重要的经济异化问题（详见下文），货币异化理论也是马克思早期经济异化理论中不可忽视的重要内容。将马克思早期经济异化理论（甚至整个早期异化理论）等同于"异化劳动学说"，是有失全面的。事实上，不仅马克思早期经济异化理论的思想内容有待于学界全面认识，他早期的"异化劳动学说"也同样如此，学界传统的"四规定说"并不能囊括这一学说的全部重要内容（如前所述）。

(一) 异化劳动学说

如前所述，青年马克思的"异化劳动学说"不仅包括对"异化劳动"的具体表现形式（劳动产品、劳动活动、劳动条件等与劳动者相异化）的描述或揭示，还包括对"异化劳动"的前提、原因、后果、历史形态、是非功过、未来命运、消亡途径等许多问题的思考和分析。传统的"四规定说"，只涉及"异化劳动"的"表现形式"与"后果"（具体来说，前两个规定说的是"异化劳动"的表现形式，后两个规定则涉及"异化劳动"的后果），不足以概括《手稿》异化劳动学说的全部重要内容，甚至它对"异化劳动"表现形式的说明也存在不全面、不完整的缺憾，遗漏了一些重要内容（劳动条件与劳动者的异化、生产目的与劳动者的异化等）。

笔者在本章第一节中详细阐释了《手稿》异化劳动理论的基本内容：异化劳动的前提、原因、表现形式、后果、历史形态、功过、未来命运、消亡途径。为避免过度重复，这里只简述要点：在马克思看来，剥削阶级的存在及其对劳动阶级的统治、压迫，是后者的劳动发生"异化"的基本前提、基本原因；"异化劳动"的主要表现形式有：劳动产品与劳动者相异化、劳动活动与劳动者相异化、劳动的物质条件与劳动者相异化、生产目的与劳动者相异化；"异化劳动"所导致的后果："人无法通过劳动这一首要途径来充分确证自己的主体性、创造力和自由个性了，从而他也不再是本来意义上的'人'了"[①]；异化劳动还导致类与个人的异化及人与

[①] 赵敦华、孙熙国主编：《中西哲学的当代研究与马克思主义哲学创新》，人民出版社2011年版，第300页。

人的进一步异化;古代奴隶制劳动、封建农奴制劳动、资本主义雇佣制劳动是"异化劳动"的三种历史形态;"异化劳动"以摧残、压迫劳动者为手段,以劳动者丧失幸福为代价,来实现剥削阶级的经济利益,具有高度的"非正义性",但不可否认的是,它创造了巨大的生产力成果①(即物质文明成果),为人类未来赢得解放创造了必不可少的物质前提、物质基础,就此而言,"异化劳动"功不可没;无产阶级通过革命斗争,夺取政权,依靠政治手段废除剥削制度,将劳动的物质条件掌握在劳动者手中,进而消除劳动的"异化"性质,是消灭"异化劳动",进而实现劳动者与全人类解放的基本途径(详见本章第一节)。

笔者在进一步研究的基础上认为,《手稿》的异化劳动理论覆盖了青年马克思"异化劳动学说"的绝大多数要点,但还不能穷尽后者的全部思想内容(其中的部分要点,表述于《手稿》以外的马克思其他早期著作)。要完整展示青年马克思"异化劳动学说"的思想内容,还应在本章第一节所列的青年马克思《手稿》异化劳动理论相关要点的基础上,作一定的补充(具体地说,是对异化劳动"表现形式"的补充)。马克思早期的"异化劳动学说"所揭示的"异化劳动"重要表现形式,还应括:

1. 分工与劳动者相异化

"分工与劳动者的异化",说的是二者的异己性、敌对性关系。具体地说,在私有制条件下,分工成了一种外在于劳动者、不以其意志为转移的、有严重弊病、束缚或危害劳动者、使其片面化、畸形化的异己性活动,与他构成对立关系。在早期的《手稿》与《摘要》中,马克思深刻揭示了分工与劳动者的异化关系,严厉谴责了分工对劳动者的危害和摧残。他指出,"分工使工人越来越片面化和越来越有依赖性"②,"同**人的活动**的产品的相互交换表现为**物物交换**,表现为**做买卖**一样,活动本身的相互补充和相互交换表现为**分工**,这种分工使人成为高度抽象的存在物,

---

① 林锋:《〈1844年经济学—哲学手稿〉历史观出发点新探——"抽象人本学出发点"质疑》,载《社会科学研究》2007年第1期。
② 《马克思恩格斯文集》第1卷,人民出版社2009年版,第121页。

成为旋床等等,直至变成精神上和肉体上畸形的人。"①

2. 社会需要与劳动者相异化

私有制社会的存在和运转,需要普通劳动者通过严重损害其身心健康的异化劳动,以牺牲自身幸福为代价,为社会创造(主要是为剥削阶级创造)源源不绝的物质财富。私有制社会的所谓文明和繁荣,正是建立在残酷剥削劳动者、无情榨取其血汗的基础上的。而劳动者作为被奴役者、被剥削者,从根本上缺乏牺牲自身幸福、为私有制社会贡献个人血汗的积极意志。在劳动者看来,社会的需要并不是让他感到轻松愉悦的因素,而是像异化劳动那样让他感到痛苦,是他厌恶、渴望摆脱却又无力抗拒的外在强制性、异己性因素。他仅仅因为个人谋生的需要而不得不屈于上述社会需要。私有制社会的需要与劳动者及其主观意志之间,构成了相互矛盾、相互冲突的异化关系。对于私有制社会而言,劳动者个人是微不足道的,他不过是满足社会需要、为社会创造财富的普通工具,而劳动者则将消极服从社会需要、从事异化劳动作为权宜之举,作为自己的生存手段。马克思在《摘要》中充分揭露了社会需要与劳动者的上述异化关系。他描述道:"工人的使命决定于社会需要,但是社会需要对他来说是异己的,是一种强制,他由于利己的需要、由于穷困而不得不服从这种强制,而且对他来说,社会需要的意义只在于它是满足他的直接需要的来源,正如同对社会来说,他的意义只在于他是社会需要的奴隶一样"②;"对工人来说,维持工人的个人生存表现为他的活动的**目的**,而他的现实的行动只具有手段的意义;他活着只是为了谋取**生活**资料。"③

(二) 货币异化学说

货币异化学说,在马克思的早期经济异化理论占有重要地位。该理论描述、揭露的主要是货币与人、货币与私有财产的关系所发生的变异

---

① 马克思:《詹姆斯·穆勒〈政治经济学原理〉一书摘要》,见中共中央马克思恩格斯列宁斯大林著作编译局编译:《1844 年经济学哲学手稿》,人民出版社 2000 年版,第 175 页。
② 马克思:《詹姆斯·穆勒〈政治经济学原理〉一书摘要》,见中共中央马克思恩格斯列宁斯大林著作编译局编译:《1844 年经济学哲学手稿》,人民出版社 2000 年版,第 175 页。
③ 马克思:《詹姆斯·穆勒〈政治经济学原理〉一书摘要》,见中共中央马克思恩格斯列宁斯大林著作编译局编译:《1844 年经济学哲学手稿》,人民出版社 2000 年版,第 175 页。

现象。

1. 货币与人的关系的异化

在青年马克思看来，货币作为人类的创造物，最初是充当人类经济活动（商品交换）的中介，为这种活动服务的。但是，随着商品经济的发展，货币颠覆了自己的服务者角色，成了凌驾于人之上，甚至主宰人类命运的强大异己力量。人类从货币的发明者、支配者，沦为了货币的奴隶。货币作为财富的象征和代表，成了人类无法掌控的万能的统治者、支配者。人们狂热地追求货币，盲目崇拜货币的力量，迷信"货币万能"，成了私有制社会的普遍现象。马克思在《问题》中写道："金钱是人的劳动和人的存在的同人相异化的本质；这种异己的本质统治了人，而人则向它顶礼膜拜。" ①

2. 货币与私有财产的关系的异化

货币与私有财产的关系经历了和货币与人的关系相似的演变过程。货币最初不过是私有财产的代表和度量器，它只有作为私有财产的代表、为私有财产及其交换服务才具有存在的"价值"。然而，随着私有财产的发展，货币颠覆了自己的服务者身份，摇身一变成了凌驾于私有财产之上、决定其命运的万能的统治者、主宰者。不是货币只有与私有财产相关联才有"价值"，而是私有财产只有与货币相关联、只有能转换为货币才具有"价值"，否则便一文不值。货币不仅成了人类的统治者，还同时成了私有财产所构成的财富世界的统治者。马克思在《摘要》中描述道："因为中介（指货币——引者注）是支配它借以把我间接表现出来的那个东西的**真正的权力**，所以，很清楚，这个**中介**就成为**真正的上帝**。对它的崇拜成为目的本身。同这个中介脱离的物，失去了自己的价值。因此，只有在这些**物代表**这个中介的情况下这些物才有价值，而最初**似乎**是，只有在这个**中介代表这些物**的情况下这个**中介**才有价值。最初关系的这种颠倒是不可避免的。"②

---

① 《马克思恩格斯文集》第1卷，人民出版社2009年版，第52页。
② 马克思：《詹姆斯·穆勒〈政治经济学原理〉一书摘要》，见中共中央马克思恩格斯列宁斯大林著作编译局编译：《1844年经济学哲学手稿》，人民出版社2000年版，第165页。

二、政治异化理论

（一）专制政治及其与人民的异化

对专制政治及其与人民的"异化"关系的揭露和批判，是《批判》《导言》等早期著作的政治哲学理论的基本内容。"专制政治"是剥削阶级从政治上奴役人民的基本形式，具有强烈的暴力色彩。在专制政治下，国家政权机构依靠强制手段维护贵族势力或剥削阶级的统治地位及其经济、政治、精神利益，对广大人民的反抗施行暴力镇压。在马克思看来，专制政治之所以是"专制的"，就在于它的"非人民性"、"反人民性"；"专制政治"绝不仅限于以往的封建专制政治，凡是通过暴力手段维护极少数人对广大人民的统治因而具有"反人民性"的人类政治形式，都是真正意义上的"专制政治"，现代资产阶级的政治统治同样是"专制政治"的表现形式。虽然相对于封建统治阶级，资产阶级的"专制性"表现得更加隐蔽，它甚至树立了"自由"、"平等"、"人权"等旗帜以标榜其超阶级性、全民性，但仍掩盖不了资本主义政治是极少数人（资产阶级）通过暴力手段统治、压迫绝大多数人（无产阶级为主体的劳动群众）的政治形式的根本事实。①

专制政治与人民的"异化"，说的就是专制政治及其所反映的剥削阶级意志、利益与人民的自由意志、政治主张、政治权益之间格格不入、相互排斥、相互矛盾的对立关系。不言而喻，专制政治是人民的天敌，它与人民的民主政治价值观、政治理想是根本对立的，它的存在本身就是对后者的否定，而人民则要求实现政治民主，废除剥削阶级的专制体制，实现真正意义上的人民当家做主。对于人民而言，专制政治是一种敌对性、压迫性的异己力量，是危害政治平等、政治正义的邪恶力量，只有推翻这种

---

① 林锋：《马克思〈问题〉与〈导言〉人类解放理论新探——兼评所谓"〈问题〉、〈导言〉不成熟论"》，载《东岳论丛》2011 年第 4 期。

异己的政治势力，才能求得自身的解放。

（二）政治国家与市民社会的异化、人的政治生活与市民生活的异化

"政治国家与市民社会、人的政治生活与市民生活的异化"是资本主义社会的基本特征和固有现象，深刻地反映了资本主义的历史局限性。前一种异化表现在：在资本主义社会中，政治国家作为以处理公共事务为中心、推崇公共理性、限制私人利益与个人任性的公共领域，与私人事务占主导、以私人利益为第一原则、成员各行其是的市民社会，是互为异己、相互矛盾的，二者构成了鲜明的对照。与政治国家、市民社会的二元共存相适应，资本主义社会成员兼有两种身份：政治国家的公民、市民社会的市民。作为政治国家的公民，人们积极参与政治共同体的活动，为应对和解决公共政治事务而共同行动、相互协作，表现出显著的"社会性"，而他们在作为"市民社会成员"时，即在日常的世俗物质生活中，却严重缺乏"社会性"，是"封闭于自身、封闭于自己的私人利益和自己的私人任意行为、脱离共同体的个体"①，私人利益甚至私人任性是影响个人行为的首要因素，人们普遍自私自利，相互排斥、相互对立，社会成了"一切人反对一切人"的战场。在马克思看来，资本主义社会成员的上述两种身份、两种生活虽然同时存在，但却是相互矛盾、相互异化的。每个社会成员都同时兼有这两种相互矛盾的身份，过着两种相互矛盾的生活。他们在作为"公民"时表现得像"社会存在物"，而在作为"市民"时却截然相反、判若两人，成了不仅脱离而且排斥社会共同体的"孤立的、相互敌对的单子"。他还认为，资本主义社会成员的市民身份、他的"私人性"、"利己性"、"非社会性"更具实质性意义，是首要的、根本的，他的公民身份、"社会性"、"协作性"是次要的、从属性的。人们之所以在政治生活中表现出"社会性"，积极参与政治共同体，绝非他的"主观意愿"使然，而是为了应对和解决人们的公共利益问题，避免人与人因相互斗争的"无节制"而同归于尽而不得不采取的权宜之举。资本主义社会成员的"社会性"、"协作性"是相对的、有条件的，"利己性"、"非社会性"却

---

① 《马克思恩格斯文集》第1卷，人民出版社2009年版，第42页。

是绝对的、无条件的，是他的真实倾向。

在马克思看来，资本主义社会不可能真正消除政治国家与市民社会、人的政治生活与市民生活的二元异化关系。只有建立新社会，才能真正实现政治领域与世俗生活领域的和谐统一，社会成员才能不仅在政治领域，而且在世俗物质生活中，都作为真正的"社会存在物"而存在，建立个体与个体、个体与社会共同体的和谐关系。在新社会，参与政治共同体、相互协作，不再是私人利益相互冲突的社会成员的权宜之举，而是利益根本一致的社会成员的自觉需要和自觉行动。"社会性"将取代"利己性"，成为社会成员的自然属性、自觉倾向，"以个人为中心、人与人相互敌对和排斥"的现象将彻底消失。

三、社会关系异化理论

（一）人与人的普遍异化

"人与人的普遍异化"，说的是私有制社会中人与人之间互为异己、相互对立的不和谐关系，主要有两种表现：其一，在私有制社会中，人们的私人利益相互冲突，人们普遍自私自利，以"追逐私利"作为个人行动的根本原则，不仅将他人视为"异己"，而且将其作为自己谋求私利的"工具"，整个社会彻底丧失了友爱精神与和谐氛围。其二，劳动者与剥削者根本对立，他们的阶级对抗成为人与人社会关系的重要内容。《手稿》对"人与人普遍异化"的这两种表现均有明确的描述或揭示。在《手稿》中，马克思尖锐地描述道，"每个人都指望使别人产生某种**新的**需要，以便迫使他作出新的牺牲，以便使他处于一种新的依赖地位并且诱使他追求一种新的**享受**，从而陷入一种新的经济破产。每个人都力图创造出一种支配他人的、**异己的**本质力量，以便从这里面获得他自己的利己需要的满足。因此，随着对象的数量的增长，奴役人的异己存在物王国也在扩展，而每一种新产品都是产生相互欺骗和相互掠夺的新的**潜在**

力量"①;"没有一个宦官不是厚颜无耻地向自己的君主献媚,并力图用卑鄙的手段来刺激君主的麻木不仁的享受能力,以骗取君主的恩宠;工业的宦官即生产者则更厚颜无耻地用更卑鄙的手段来骗取银币,从自己按照基督教教义说来本应去爱的邻人的口袋里诱取黄金鸟。"②此外,《手稿》还鲜明地揭露了剥削阶级与劳动阶级之间的根本对立:"土地所有者的利益同雇农的利益是敌对的,正如工厂主的利益同他的工人的利益是敌对的一样"③;"如果劳动产品不是属于工人,而是作为一种异己的力量同工人相对立,那么这只能是由于产品属于**工人之外的他人**。如果工人的活动对他本身来说是一种痛苦,那么这种活动就必然给他人带来**享受**和生活乐趣。不是神也不是自然界,只有人自身才能成为统治人的异己力量。"④

(二) 社会联系的异化

在青年马克思看来,就原始习性、原初状态而言,人是社会性、群体性的存在物,是和他人相互关联、紧密结合在一起、共同存在和发展的,不是脱离社会群体与他人的孤立自存的个体。在私有财产和货币尚未产生的人类早期社会中,人与人之间的社会联系紧密而直接,人们相互联结在一起,相互需要、相互依赖,结成紧密的共同体。随着私有财产和货币的产生,人与人的社会联系发生了"异化"。社会联系的"异化"意味着:这种社会联系以异于其原初状态、与其原始特性相矛盾的方式,扭曲地、曲折地表现出来。一方面,人与人的社会联系松弛了,人们之间不再紧密联结在一起,而是基于利己主义立场,相互疏远、相互排斥甚至相互敌对,个人成了以自我为中心、孤立自存、缺乏社会性的个体,人与人之间的社会联系貌似消失了。他在《摘要》中指出,在私有制社会中,把个人"同别人结合起来的**本质的联系**表现为非本质的联系,相反,他同别人的分离表现为他的真正的存在"⑤。另一方面,人与人的社会联系虽然松弛

---

① 《马克思恩格斯文集》第 1 卷,人民出版社 2009 年版,第 223—224 页。
② 《马克思恩格斯文集》第 1 卷,人民出版社 2009 年版,第 224 页。
③ 《马克思恩格斯文集》第 1 卷,人民出版社 2009 年版,第 147 页。
④ 《马克思恩格斯文集》第 1 卷,人民出版社 2009 年版,第 165 页。
⑤ 马克思:《詹姆斯·穆勒〈政治经济学原理〉一书摘要》,见中共中央马克思恩格斯列宁斯大林著作编译局编译:《1844 年经济学哲学手稿》,人民出版社 2000 年版,第 171 页。

了，它不再像原先那样直接而鲜明地呈现，但仍以一种间接的方式（即以物的因素为中介）曲折地得到体现。人与人的社会联系虽未完全消失，但被插进了物的因素，并被这种因素所主导和支配。人们之间通过物的因素（譬如私有财产）这个中介或桥梁发生社会联系。《摘要》写道，"使两个私有者发生相互关系的那种联系是**物的特殊的性质**，而这个物就是他们的私有财产的物质"①；"两个私有者的**社会联系**或**社会关系**表现为私有财产的**相互外化**，表现为双方的外化的关系或作为这两个私有者的关系的**外化**"②；"**交换**或**物物交换**是社会的、类的行为，社会联系，社会交往和人在**私有权**范围内的联合，因而是外部的、**外化的**、类的行为"③。在他看来，人与人的社会联系发生"异化"，其原因是私有财产和货币的产生和发展导致"人的自我异化"，使人不成其为"人"。他认为："只要人不承认自己是人，因而不按人的方式来组织世界，这种**社会联系**就以**异化**的形式出现。因为这种社会联系的**主体**，即人，是同自身相异化的存在物。"④

四、精神异化理论

（一）宗教及其与人的异化

在私有制社会中，宗教是统治者用以欺骗、愚弄人民，使其安于被奴役之现状而不思反抗的重要精神工具，宗教本质上是一种不科学的世界观，却能长期存在并从精神层面成功奴役、愚弄广大劳动群众，有其深刻

---

① 马克思：《詹姆斯·穆勒〈政治经济学原理〉一书摘要》，见中共中央马克思恩格斯列宁斯大林著作编译局编译：《1844年经济学哲学手稿》，人民出版社，2000年，第172页。
② 马克思：《詹姆斯·穆勒〈政治经济学原理〉一书摘要》，见中共中央马克思恩格斯列宁斯大林著作编译局编译：《1844年经济学哲学手稿》，人民出版社，2000年，第173页。
③ 马克思：《詹姆斯·穆勒〈政治经济学原理〉一书摘要》，见中共中央马克思恩格斯列宁斯大林著作编译局编译：《1844年经济学哲学手稿》，人民出版社，2000年，第173页。
④ 马克思：《詹姆斯·穆勒〈政治经济学原理〉一书摘要》，见中共中央马克思恩格斯列宁斯大林著作编译局编译：《1844年经济学哲学手稿》，人民出版社，2000年，第171页。

的社会根源（统治阶级的政治需要、扶持及劳动人民认识能力的低下）。①正是黑白颠倒的罪恶世界产生了"错误的、颠倒的世界观"即宗教，而宗教自身所具有的消减人民斗志、为黑暗世界提供辩护的反动作用又获得了统治阶级的青睐，成了后者愚弄人民、维持其统治的重要手段。② 在马克思看来，宗教对穷苦人民的最大欺骗性、愚弄性，就在于它为后者提供了一种虚幻的、无法实现的幸福，使人们容忍现世痛苦而寄望于未来天国中的幸福，从而彻底丧失了摧毁黑暗世界、追求现实幸福的斗志。③

"宗教与人的异化"，主要体现为宗教与人的健全理智、现实幸福之间的异化。首先，宗教作为一种歪曲事实的错误世界观，与人类健全理智、人类真理之间是互为异己、相互排斥、截然对立的。在马克思看来，只有抛弃宗教，个人才能作为"理智"的人而存在；反过来，"理智"的人应当拒斥宗教。他的《导言》充分肯定"对宗教的批判使人不抱幻想，使人能够作为不抱幻想而具有理智的人来思考，来行动，来建立自己的现实"④。另外，宗教作为黑暗的现实世界的维护者和辩护者，给人民（特别是作为被压迫者的劳动群众）许诺了一种无法实现的虚幻幸福，消减了人民追求现实幸福的意志和勇气，它貌似温情实为精神枷锁，作为人类解放事业的绊脚石，它与人的现实幸福之间是互为异己、相互矛盾、相互对立的。基于宗教的消极社会作用，马克思提出，"宗教是人民的**鸦片**"⑤。他还明确指出，"反宗教的斗争间接地就是反对以宗教为精神**抚慰**的**那个世界**的斗争"⑥；"对宗教的批判就是**对苦难尘世**——宗教是它的**神圣光环**——**的批判的胚芽**"⑦，"废除作为人民的**虚幻**幸福的宗教，就是要求人

---

① 林锋：《马克思〈问题〉与〈导言〉人类解放理论新探——兼评所谓"〈问题〉、〈导言〉不成熟论"》，载《东岳论丛》2011年第4期。
② 林锋：《马克思〈问题〉与〈导言〉人类解放理论新探——兼评所谓"〈问题〉、〈导言〉不成熟论"》，载《东岳论丛》2011年第4期。
③ 林锋：《马克思〈问题〉与〈导言〉人类解放理论新探——兼评所谓"〈问题〉、〈导言〉不成熟论"》，载《东岳论丛》2011年第4期。
④ 《马克思恩格斯文集》第1卷，人民出版社2009年版，第4页。
⑤ 《马克思恩格斯文集》第1卷，人民出版社2009年版，第4页。
⑥ 《马克思恩格斯文集》第1卷，人民出版社2009年版，第3页。
⑦ 《马克思恩格斯文集》第1卷，人民出版社2009年版，第4页。

民的**现实**幸福"①;"这种批判撕碎锁链上那些虚幻的花朵(这里指宗教许诺的虚幻的幸福——引者注),不是要人依旧戴上没有幻想没有慰藉的锁链,而是要人扔掉它,采摘新鲜的花朵(指追求人的现实的幸福——引者注)"②。

(二) 拜金主义与人的尊严、高雅志趣、人类道德的异化

拜金主义是私有制社会的显著现象,在资本主义社会发展到登峰造极的程度。"拜金主义"即对金钱、财富的狂热崇拜和追捧,是一种信奉"金钱至上论"、"金钱万能论"的狭隘的功利主义思维方式。它的产生和盛行,意味着人类价值观的自我异化(即自我变异、自我扭曲)。马克思在《问题》《手稿》等早期著作中,对拜金主义及其与人的尊严、高雅志趣、人类道德的异化关系已有深刻认识,并做了犀利的揭露。在他看来,拜金主义与人的尊严、高雅志趣、人类道德是格格不入、相互矛盾、互为异己、互相对立的。拜金主义者在其无限崇尚、狂热追捧的金钱面前,是毫无尊严而言的,为了获取金钱,他完全迷失了自我,沦为金钱的奴隶而无法自拔。他不仅将自己下降为金钱、财富的奴隶,而且将他人视为其获取金钱、财富的工具,人的尊严在他看来是无足轻重甚至毫无价值的东西。拜金主义还导致他的精神世界的高度贫乏化、高雅志趣的彻底丧失。作为典型的拜金主义者的犹太人便是如此。他们除了崇尚金钱外不知道还有其他有价值的东西,除了追逐财富外毫无追求,牟利经商成了其"惟一"事业,贬低或轻视理论、艺术等精神财富成了他们的重要特征。马克思在《问题》中写道:"抽象地存在于犹太人的宗教中的那种对于理论、艺术、历史的蔑视和对于作为自我目的的人的蔑视,是财迷的**现实的**、**自觉的**看法和品行"③;"犹太人的**想象中的**民族是商人的民族,一般地说,是财迷的民族"④。拜金主义还导致人类道德的严重滑坡,唯利是图、不择手段、相互争斗、道德败坏成了社会成员的普遍形象。

---

① 《马克思恩格斯文集》第1卷,人民出版社2009年版,第4页。
② 《马克思恩格斯文集》第1卷,人民出版社2009年版,第4页。
③ 《马克思恩格斯文集》第1卷,人民出版社2009年版,第52—53页。
④ 《马克思恩格斯文集》第1卷,人民出版社2009年版,第53页。

第六章 异化理论的定位："不成熟思想"，还是"一以贯之的思想"

异化观是马克思早期著作中最具争议、最受责难的理论之一。长期以来，苏联与我国学界的主流观点认为，异化观是马克思早期的不成熟思想甚至不科学观点，与马克思主义哲学科学世界观之间存在着原则性、根本性的区别，持有该思想是青年马克思在哲学上尚未"成熟"的表现和证明，表明其尚未摆脱旧哲学的束缚、尚未创立马克思主义哲学；当他真正创立了新哲学之后，就抛弃了异化观这一早期的不成熟思想、"异化"这一早期的不科学概念，用科学观点、科学范畴取而代之。①

在本章中，笔者依次比较了马克思前后期对"异化"概念的使用情况、前后期"异化"概念的基本内涵与基本性质、马克思前后期对异化现象之"历史性"及"是非功过"的基本看法、马克思前后期关于"异化"具体形式的描述或揭示，在上述"比较研究"的基础上，笔者充分论证了下述看法："异化"是马克思哲学的基本概念、重要概念，异化观是马克思哲学中"一以贯之"的基本思想，马克思"成熟著作"的异化观与其早期异化观之间不存在实质性、根本性的对立关系，前者对后者是继承创新关系。② 明确上述结论，有助于恢复马克思早期异化观在马克思主义哲

---

① 关于上述流行观点，读者可参看王东、林锋合作的论文《〈资本论〉异化观新探——与〈1844年手稿〉异化观的比较研究》（载《江海学刊》2007年第3期）中的相关介绍。
② 本章一定程度上借鉴了王东、林锋的论文《〈资本论〉异化观新探——与〈1844年手稿〉异化观的比较研究》（载《江海学刊》2007年第3期）的相关研究成果。王东教授对马克思早期异化观与其"成熟著作"异化观的关系的研究早于笔者，对笔者有重要启发，这里对其表示感谢和敬意。

学史上应有之历史地位，更加全面、透彻地领会马克思乃至马克思主义的哲学思想。

第一节　马克思1844年后是否放弃了"异化"概念

一、马克思前后期均重视并大量使用"异化"概念

毋庸置疑，"异化"是马克思早期著作的基本概念之一，在其早期著作（特别是《手稿》《詹姆斯·穆勒〈政治经济学原理〉一书摘要》）中是出现频率很高的哲学词汇。而我们知道，苏联与我国学界中所谓"异化观是马克思早期不成熟思想、不科学思想"的流行观点，正是以这样一种说法为基本依据之一的：马克思在其后来的"成熟著作"中很少使用，甚至抛弃了"异化"概念。事实果真是这样吗？其实读者只要仔细查阅马克思后来的著作，上述说法便不攻自破。实际上，在1844年以后的马克思"成熟著作"中，"异化"概念不但没有销声匿迹，反而继续得到了大量的使用；在使用这一概念的马克思"成熟著作"中，不乏一些"标志性"著作，比如著名的《德意志意识形态》、《资本论》第一卷、《1857—1858年经济学手稿》（即《资本论》第一手稿）等。可以十分肯定地说，马克思后来根本没有抛弃"异化"概念，"异化"仍是他考察哲学问题时运用的重要哲学概念之一；在有的重要著作（譬如《1857—1858年经济学手稿》）中"异化"概念与异化理论甚至占有相当重要的哲学地位，在分析某些重要领域（比如私有制社会的生产劳动、经济生活，甚至精神生活）时发挥了难以替代的理论作用。简言之，通过对马克思前后期关于"异化"概念的使用情况的比较，可以得出一个基本结论：马克思前后期都十

分重视并大量使用"异化"概念,这一概念都是他考察哲学问题时所使用的重要概念之一。

二、1844年后马克思对"异化"概念使用频率下降的原因

当然,笔者不否认,在1844年后,虽然马克思继续使用"异化"概念,但其"使用频率"确有下降。对此,笔者持如下看法:"异化"概念使用频率的下降,既不能说明马克思对这一概念的"抛弃"(这是显而易见的),亦不能说明"异化"概念、异化理论在马克思哲学中"重要性"的消失。我们应当确立这样一种基本看法:只要马克思还在继续使用这一概念,还再用"异化"概念、异化理论来分析哲学问题,哪怕他对这一概念的使用频率再低、使用次数再少,都不能说明他抛弃这一概念了。继续使用这一概念来分析哲学问题,本身就是对所谓"马克思抛弃异化概念"之说法的彻底否定。如果他在后来的著作中不但继承还发展了早期的异化理论(事实上,《资本论》及其手稿的异化观就是对早期异化观的继承和发展,参看下文),那么,上述"抛弃论"的荒谬性就更加显而易见了。我们还应意识到,虽然马克思对"异化"概念的使用频率下降了,但"异化"概念、异化理论仍不失为他后来经常甚至大量使用的概念与理论(如上所述),这一事实本身就说明:这一概念、这一理论在其哲学中仍是"重要"的(或许不是"最重要的")概念和理论,仍有其不可忽视的重要地位。应当说,马克思是不会在自己的主要著作(譬如《1857—1858年经济学手稿》)中莫名其妙地大量使用一个可有可无的"次要概念"的。这是不符合正常逻辑的。事实上,他这么做绝非偶然,正是因为异化概念、异化理论在说明某些哲学问题时独特、难以替代的重要作用。举例来说,"异化"是表述私有制条件下劳动者与其劳动产品、劳动活动、劳动条件之关系的绝佳范畴,很难找到另一个同样形象、贴切而又内涵丰富的哲学术语来替代之。这一事实告诉我们:马克思既无必要也不应放弃

"异化"概念。笔者还认为,"异化"概念使用频率的下降,其真实原因并不在于这一概念在马克思哲学中"重要性"的丧失(所谓"异化"概念"重要性的丧失",不过是某些研究者被表面现象所迷惑而得出的不准确结论),而是另有原因。

其一,出于马克思主义学说大众化、通俗化的考虑。我们知道,"异化"是一个具有高度抽象性的哲学范畴,用他的话说,异化是"反思的规定"①,为学院派、书斋式学者所喜用,是"哲学家易懂的话"②,但对于欠缺理论素养、哲学抽象能力的普通劳动群众而言,却不易理解和把握。对于有志于从事无产阶级革命与人类解放事业的马克思来说,适度减少此类抽象哲学术语的使用,是有助于革命群众对其学说的理解、领会,进而有助于其学说在普通群众中的传播和普及的。正是基于这种对马克思主义学说大众化、通俗化的考虑,马克思在后来的正式出版物(比如《资本论》第一卷)中,除了十分必要的情况外,尽量减少对"异化"概念的使用。这里需要澄清的是,马克思只是出于实践需要适度减少对"异化"概念的使用,而不是抛弃这一概念。我们还应意识到,在许多情况下,马克思不直接使用"异化"概念,但往往以更加通俗的词汇或表达方式实际表达了这一概念的内涵:人或事物之间互为异己、相互排斥和对立。可以说,即便他不使用这一概念,也未放弃这一概念的实际内涵。简明地说,异化就是"异己化",而"异己"这个概念在马克思后来的"成熟著作"中使用频率甚高,它大致就是"异化"的同义语,由于其通俗化程度高于"异化"概念,因而得到了更多的使用。

其二,由于1844年后马克思著作理论分析重点的变化。我们知道,从1844年后,尤其是50年代中期以后,马克思著作的理论分析重点发生了显著变化,即从哲学分析为重点,转向以经济学分析为重点。只要读者翻开马克思50年代以来的大部头著作(《资本论》及其手稿),便一目了

---

① 中国人民大学编:《马克思恩格斯论人性、人道主义和异化》,人民出版社1984年版,第210页。
② 中国人民大学编:《马克思恩格斯论人性、人道主义和异化》,人民出版社1984年版,第205页。

然：在这些著作中，经济学分析占据了绝大部分内容篇幅，直接的哲学叙述只占很小的篇幅，马克思往往是在必要的时候才在经济学分析中插入哲学分析的。上述事实很容易说明：为何（作为哲学词汇的）"异化"概念的使用频率明显下降了。其实我们应当说，不仅"异化"概念，马克思哲学中其他不少重要概念的使用频率也明显下降了。其实相对于马克思的其他哲学范畴、哲学理论，"异化"概念、异化理论在马克思1844年后著作中的出现频率还是较高的。"异化"概念、异化理论仍不失为马克思《资本论》手稿（特别是第一手稿）的主要哲学概念、主要哲学理论之一。

第二节 1844年后马克思"异化"概念的内涵、性质是否发生了变化

一、马克思前后期"异化"概念的内涵、性质并未发生变化

如前所述，在以《手稿》异化观为代表的马克思早期异化观中，"异化"的基本含义就是"异己化"（具体表现为人或事物彼此相异，外在于对方而存在，相互排斥，相互对立）。根据马克思对"异化"的理解，说B与A相异化，其实也就是说：B成了一种外在于A，与A互为异己、互相分离、相互独立、相互排斥、相互对立的东西。以"劳动产品与工人相异化"为例，马克思在揭露这种异化形式时，恰如其分地描述道，"工人对**自己的劳动的产品**的关系就是对一个**异己的**对象的关系"[①]；"工人在他的产品中的**外化**，不仅意味着他的劳动成为对象，成为**外部的**存在，而且意味着他的劳动作为一种与他相异的东西不依赖于他而**在他之外**存在，并

[①] 《马克思恩格斯文集》第1卷，人民出版社2009年版，第157页。

成为同他对立的独立力量;意味着他给予对象的生命是作为敌对的和相异的东西同他相对立。"① 就基本性质而言,"异化"是一个描述事物之间关系的概念,所揭示和说明的是(关于事物之间关系的)某些客观事实或状况(这些事实或状况便是:某事物外在于另一事物而存在,与后者互为异己、互相分离、相互独立、相互排斥、相互对立),"描述性"便是这一概念的基本性质。通过对马克思1844年后著作的仔细考察,足以确定,在他后来的著作中,"异化"概念的基本内涵、基本性质并未发生变化,与早期著作是高度一致的。

二、"马克思前后期'异化'概念内涵、性质一致"的依据

以下笔者列举马克思1844年后主要著作的两处典型表述,来说明上述结论。

马克思在与恩格斯合著的《德意志意识形态》(以下简称《形态》)中指出:"受分工制约的不同个人的共同活动产生了一种社会力量,即成倍增长的生产力。因为共同活动本身不是自愿地而是自然形成的,所以这种社会力量在这些个人看来就不是他们自身的联合力量,而是某种异己的、在他们之外的强制力量。关于这种力量的起源和发展趋势,他们一点也不了解;因而他们不再能驾驭这种力量,相反,这种力量现在却经历着一系列独特的、不仅不依赖于人们的意志和行为反而支配着人们的意志和行为的发展阶段。这种'**异化**'(用哲学家易懂的话来说)当然只有在具备了两个**实际**前提之后才会消灭。"② 上述引文描述了一种具体的"异化"现象,即"生产力与劳动者的异化"。不难看出,在这段引文中,"异化"的基本含义仍是"异己化",具体仍表现为人或事物互相外化(即"外在于对方而存在")、互为异己、互相分离、相互独立、相互排斥、相互对

---

① 《马克思恩格斯文集》第1卷,人民出版社2009年版,第157页。
② 《马克思恩格斯文集》第1卷,人民出版社2009年版,第537—538页。

立。具体来说，(作为"异化"双方之一的) 生产力是在 (作为"异化"关系另一方的) 劳动者"之外"、"不依赖于人们的意志和行为"而存在的，这意味着，它与劳动者彼此之间构成了一种"外在化"的关系，二者相互分离、相互独立；生产力"在这些个人看来不是他们自身的联合力量，而是某种异己的、在他们之外的强制力量。关于这种力量的起源和发展趋势，他们一点也不了解；因而他们不再能驾驭这种力量"，这表明它与劳动者之间是"互为异己、相互排斥、相互对立的"。同样不难看出，上述引文中的"异化"仍是描述人或事物之间关系的哲学概念，"描述性"仍是其基本性质。

马克思后来在《1857—1858年经济学手稿》中描述道："在劳动生产力发展的过程中，劳动的物的条件即物化劳动，同活劳动相比必然增长，——这其实是一个同义反复的命题，因为，劳动生产力的增长无非是使用较少的直接劳动创造较多的产品，从而社会财富越来越表现为劳动本身创造的劳动条件，——这一事实，从资本的观点看来，不是社会活动的一个要素（物化劳动）成为另一个要素（主体的、活的劳动）的越来越庞大的躯体，而是（这对雇佣劳动是重要的）劳动的客观条件对活劳动具有越来越巨大的独立性（这种独立性就通过这些客观条件的规模而表现出来），而社会财富的越来越巨大的部分作为异己的和统治的权力同劳动相对立。关键不在于**物化**，而在于**异化**，外化，外在化，在于巨大的物的权力不归工人所有，而归人格化的生产条件即资本所有，这种物的权力把社会劳动本身当作自身的一个要素而置于同自己相对立的地位。"① 在上述引文中，马克思描述、分析了"劳动条件、社会财富与活劳动的异化"。在这里，"异化"同样应理解为"异己化"，其具体含义仍是"彼此外化、相互分离、相互独立、互为异己、相互排斥、相互对立"。上述引文提到，"不是社会活动的一个要素（物化劳动）成为另一个要素（主体的、活的劳动）的越来越庞大的躯体，而是（这对雇佣劳动是重要的）劳动的客观条件对活劳动具有越来越巨大的独立性（这种独立性就通过这些客观条件

---

① 中国人民大学编：《马克思恩格斯论人性、人道主义和异化》，人民出版社1984年版，第407页。

的规模而表现出来)"，这里谈到了"劳动条件与活劳动相异化"的一个具体表现：劳动条件外在于劳动者而存在，不归后者所有或支配，与后者相互分离、相互独立。另外，在马克思看来，劳动条件是社会财富的具体内容与表现形式，那么，劳动条件与活劳动彼此外化、相互分离、相互独立，也同时意味着社会财富与活劳动相互外化、相互分离、相互独立。"社会财富的越来越巨大的部分作为异己的和统治的权力同劳动相对立"，说的则是社会财富与活劳动的"异化"的其他表现形式：二者互为异己、相互排斥、相互对立。这些表现形式同样适用于劳动条件与活劳动的异化。至于"上述引文中的'异化'仍是描述人或事物之间关系的哲学概念"这一简单事实，无须笔者赘言，笔者也容易看出来。

此外，我们还可以从马克思1844年后的著作对"异化"的诠释中，找到关于其前后期"异化"概念基本内涵、基本性质之"一致性"的重要证据。如前所述，马克思在与恩格斯合著的《形态》中，曾对"异化"范畴进行了直接的诠释。在他看来，"异化"这个范畴"可以被理解为对立、差别、非同一等等"①。在这里，他明确谈到了"异化"概念的主要内涵："对立"、"差别"、"非同一"。《形态》对"异化"的这一诠释，与马克思早期《手稿》对"异化"的理解（异化即"异己化"，表现为人或事物彼此外化、互相分离、相互独立、互为异己、相互排斥、相互对立）是基本一致的。"对立、差别、非同一"不过是以更加简练、抽象的语言表达了马克思早期"异化"概念的主要内涵："互为异己、互相分离、相互独立、相互排斥、相互对立"。"对立"显然是不同事物之间的对立，它是以对立双方彼此相异、互为异己为基本前提的，本身就是对事物之间的差异、异己关系的高度肯定。不难理解，如果事物之间没有"差异"，不是"互为异己"的关系，它们之间就不可能发生"对立"。"对立"还直接意味着对立双方的"相互排斥"，没有"排斥"同样构不成"对立"。也就是说，"差异"、"异己"、"排斥"这些意蕴不是外在于"对立"这一概念、与后者无关，而是被内在地包容在后者的思想内容中

---

① 中国人民大学编：《马克思恩格斯论人性、人道主义和异化》，人民出版社1984年版，第210页。

的，是后者的应有之义。"差别、非同一"则意味着（事物）"彼此相异、互为异己"。"对立、差别、非同一"也意味着，构成"异化"关系的双方是相互分离、相互独立的，二者间构成了一种"外在化"的关系。另外，马克思将"异化"界定为"对立、差别、非同一等等"，显然也是完全肯定了："异化"是一个描述事物之间"关系"的哲学范畴、哲学概念。显然，"对立"、"差别"、"非同一"都是对事物之间关系的某种描述和揭示，单个事物是根本谈不上什么"对立"、"差别"、"非同一"的。

第三节　马克思前后期关于异化劳动"历史性"、"是非功过"的看法

异化劳动理论是马克思前后期异化观的主要内容。通过马克思前后期著作的辨析、比较，可以发现，其前后期异化观对异化劳动之"历史性"、"是非功过"的基本看法同样是高度一致的：它们都将"异化劳动"视为仅仅在特定历史阶段存在的"历史现象"，都既承认其在特定历史阶段（私有制社会）存在的"必然性"，亦揭示其必然灭亡的"历史命运"；都对"异化劳动"本身持"一分为二"的辩证态度，既揭露其"非正义性"，亦肯定其"历史功绩"。

一、马克思前后期关于异化劳动"历史性"的基本看法的一致性

在早期的《手稿》中，马克思就是鲜明地将"异化劳动"作为一个仅仅存在于人类社会特定发展阶段的"历史现象"来理解的。在该著作中，他不满足于资产阶级经济学家非历史地考察资本主义生产方式，拒绝考虑私有财产、异化劳动起源问题的形而上学做法，鲜明地提出了异化劳

动的历史起源问题。他写道:"我们已经承认**劳动的异化**、劳动的**外化**这个事实,并对这一事实进行了分析。现在要问,人是怎样使自己的**劳动外化、异化的**?这种异化又是怎样由人的发展的本质引起的?我们把**私有财产的起源**问题**变为外化劳动**对人类发展进程的关系问题,就已经为解决这一任务得到了许多东西。"① 在他看来,"异化劳动"绝不是从来就有的,而是人类社会发展到特定阶段的产物;在存在私有制与剥削阶级的历史条件下,"异化劳动"的产生和存在具有必然性。马克思还肯定,资本主义模式的异化劳动与生产方式的产生、发展及其替代封建式异化劳动、生产方式,是合乎历史客观规律的必然性现象。按照他的理解,"获得自由的、本身自为地构成的**工业**和**获得自由的资本**,是劳动的必然**发展**"②;"由**现实的**发展进程(这里插一句)产生的结果,是**资本家**必然战胜**土地所有者**,也就是说,发达的私有财产必然战胜不发达的、不完全的私有财产"③;"资本的文明的胜利恰恰在于,资本发现并促使人的劳动代替死的物而成为财富的源泉"④。另一方面,马克思断然否定异化劳动的所谓"永恒性",宣告了其必然灭亡的历史结局。在他看来,"异化劳动"与资本主义生产方式本身一样,都是一种"过渡性"的历史现象,既非从来就有,也非永恒存在,它们都有其产生、发展与灭亡的历史过程;无产阶级在寻求本阶级及全人类解放的过程中,必然诉诸革命实践,彻底消灭这种奴役性的劳动形式,用自由联合劳动取而代之。

马克思在后来的《1857—1858 年经济学手稿》中,同样将"异化劳动"视为一个历史现象,既肯定其存在的必然性,也揭示其灭亡的必然性。关于这一点,可以从该著作中找到充分的"证据"。在该著作中,马克思分析了劳动的客观条件、社会财富与活劳动的异化,并指出:"从资本和雇佣劳动的角度来看,活动的这种物的躯体的创造是在同直接的劳动能力的对立中实现的,这个物化过程实际上从工人方面来说表

---

① 《马克思恩格斯文集》第 1 卷,人民出版社 2009 年版,第 168 页。
② 《马克思恩格斯文集》第 1 卷,人民出版社 2009 年版,第 173 页。
③ 《马克思恩格斯文集》第 1 卷,人民出版社 2009 年版,第 176 页。
④ 《马克思恩格斯文集》第 1 卷,人民出版社 2009 年版,第 176 页。

现为劳动的异化过程,从资本方面来说,则表现为对他人劳动的占有,——就这一点来说,这种错乱和颠倒是**真实的、而不单是想象的**,不单是存在于工人和资本家的观念中的。但是很明显,这种颠倒的过程不过是**历史的**必然性,不过是从一定的历史出发点或基础出发的生产力发展的必然性,但决不是生产的某种**绝对**必然性,倒是一种暂时的必然性,而这一过程的结果和目的(内在的)是扬弃这个基础本身以及过程的这种形式。资产阶级经济学家受一定的社会历史发展阶段的观念的严重束缚,在他们看来,劳动的社会权力**物化**的必然性是跟这些权力同活劳动相**异化**的必然性分不开的。但是随着作为单纯单个劳动或者单纯内部的或单纯外部的一般劳动的活劳动的**直接**性质被扬弃,随着个人的活动被确立为直接的一般活动或**社会**活动,生产的物的要素也就摆脱这种异化形式。"① 读者不难分辨出,上文中说到的"这种颠倒的过程不过是历史的必然性,不过是从一定的历史出发点或基础出发的生产力发展的必然性",是对"异化劳动"在特定历史阶段存在的"客观必然性"的充分肯定,在他看来,"异化劳动"是在特定的历史背景、历史条件下产生和存在的,是与生产力发展的特定阶段和水平相联系的;而上文中所说的这种颠倒的过程"决不是生产的某种绝对必然性,倒是一种暂时的必然性,而这一过程的结果和目的(内在的)是扬弃这个基础本身以及过程的这种形式"、"随着作为单纯单个劳动或者单纯内部的或单纯外部的一般劳动的活劳动的直接性质被扬弃,随着个人的活动被确立为直接的一般活动或社会活动,生产的物的要素也就摆脱这种异化形式"则是对异化劳动"永恒性"的彻底否定,预言了它走向灭亡的历史命运,按照他的理解,生产力的发展既创造了"异化劳动"产生、存在的必然性,也创造了它灭亡的必然性,具体地说,生产力发展的相对不足使"异化劳动"的存在具有必然性,生产力的进一步发展则使"异化劳动"彻底丧失其存在的必然性,被新的劳动形式所取代。

---

① 中国人民大学编:《马克思恩格斯论人性、人道主义和异化》,人民出版社 1984 年版,第 407—408 页。

二、马克思前后期关于异化劳动"是非功过"的基本看法的一致性

我们还可以发现,马克思前后期著作对"异化劳动"的评价都是"一分为二的"。我们知道,他的前后期著作都严厉谴责了异化劳动对劳动者的摧毁、奴役,揭露了其"非正义性"。关于这一点,任何认真阅过马克思前后期著作(尤其是早期的《手稿》、后来的《资本论》及其手稿)的读者都不难察觉,在此无须赘述,这里需要深入辨析的实质性问题是:是否他前后期的著作都承认异化劳动的"历史功绩"?答案是肯定的。

首先,通过对《手稿》内容的仔细辨析,我们发现,该著作实际上是承认异化劳动的"历史功绩"的。对此,本书第五章第一节已有详细论证,这里不再重述,请读者参看前文。

在后来的《资本论》第一册中,马克思再次充分肯定了"异化劳动"的"历史功绩"。他指出,在资本主义生产方式中,"资本家只是作为**人格化的**资本,作为表现为人的资本执行职能,正象工人只是作为人格化的**劳动**执行职能一样,这种劳动对于工人是一种痛苦,是一种消耗,而对于资本家则是创造财富和增大财富的实体,劳动本身事实上就是以这种实体的形式表现为在生产过程中被并入资本的要素,表现为资本的活的可变因素。因此资本家对工人的统治,就是物对人的统治,死劳动对活劳动的统治,产品对生产者的统治,因为变成统治工人的手段(但只是作为**资本本身统治的手段**)的商品,实际上只是生产过程的结果,是生产过程的产物。这是物质生产中,现实社会生活过程(因为它就是生产过程)中与意识形态领域内表现于**宗教**中的那种关系完全同样的关系,即把主体颠倒为客体以及反过来的情形。**从历史上看**,这种颠倒是靠牺牲多数来强制地创造财富本身,即创造无限的社会劳动生产力的必经之点,只有这种无限的社会劳动生产力才能构成自由人类社会的物质基础。这种对立的形式是必须经过的,正象人起初必须以宗教的形式把自己的精神力量作为一种独立

的力量来与自己相对立完全一样。这是人本身的劳动的**异化过程**。"① 在上述表述中，他将异化劳动视为"创造无限的社会劳动生产力的必经之点"，并确信："只有这种无限的社会劳动生产力才能构成自由人类社会的物质基础"。很显然，在他看来，"异化劳动"极大地促进私有制社会的生产力的发展，为未来理想社会的创建奠定了决定性的物质基础、物质前提，这是它不可抹杀、不可否定的重大历史功绩、历史作用。

此外，马克思在其《1857—1858年经济学手稿》中也明确谈到了异化劳动的"历史功绩"："在资本对雇佣劳动的关系中，劳动即生产活动对它本身的条件和对它本身的产品的关系所表现出来的**极端的异化形式**，是一个必然的过渡点，因此，它已经**自在地**、但还只是以歪曲的头脚倒置的形式，包含着一切**狭隘的生产前提**的解体，而且它还创造和建立无条件的生产前提，从而为个人生产力的全面的、普遍的发展创造和建立充分的物质条件。"② 在这里，他亦充分肯定"异化劳动"的"历史功绩"，明确认为异化劳动"为个人生产力的全面的、普遍的发展创造和建立充分的物质条件"。

第四节　马克思前后期关于"异化"具体形式的描述或揭示之比较

我们还可以通过对马克思前后期关于"异化"表现形式的描述或揭示的比较，找到关于异化观在马克思哲学中"一以贯之性"的更直接、更充分的"证据"。通过上述比较，可以发现：马克思早期著作关于"异化"具体形式的描述或揭示，基本上都可以从他1844年后的著作中找到类似的表述，二者关于"异化"同一具体形式的描述或揭示，就其"理论实

---

① 中国人民大学编：《马克思恩格斯论人性、人道主义和异化》，人民出版社1984年版，第420页。
② 中国人民大学编：《马克思恩格斯论人性、人道主义和异化》，人民出版社1984年版，第394页。

质"而言是一致的：后者要么是对前者思想的直接继承（这种情况占主导地位），要么是对其做了深化或补充。为了"令人信服"地说明马克思的所谓"成熟著作"对早期著作异化观的理论继承关系，笔者在论证时大量引用马克思的原话来作为直接证据，最大限度地减少笔者的个人诠释。读者从马克思前后期著作的相似表述中，很容易明白：是否马克思后来的著作继承了早期异化观的基本思想。

一、劳动产品、社会财富与劳动者的异化

"劳动产品、社会财富与劳动者相异化"的主要含义是：在私有制条件下，劳动产品、社会财富与劳动者相互分离、相互独立、互为异己、互相排斥、互相对立。关于这种异化形式，《手稿》的典型表述是："工人对**自己的劳动的产品**的关系就是对一个**异己**的对象的关系"①；"工人在劳动中耗费的力量越多，他亲手创造出来反对自身的、异己的对象世界的力量就越强大，他自身、他的内部世界就越贫乏，归他所有的东西就越少"②；"工人生产的财富越多，他的生产的影响和规模越大，他就越贫穷。工人创造的商品越多，他就越变成廉价的商品。物的世界的**增值**同人的世界的**贬值**成正比。"③ 马克思在后来的著作中则描述道，"变成统治工人的手段（但只是作为**资本**本身统治的手段）的商品，实际上只是生产过程的结果，是生产过程的产物。这是物质生产中，现实社会生活过程（因为它就是生产过程）中与意识形态领域内表现于**宗教**中的那种关系完全同样的关系，即把主体颠倒为客体以及反过来的情形"④；"劳动的产品，对象化劳动，由于活劳动本身的赋予而具有自己的灵魂，并且使自己成为与

---

① 《马克思恩格斯文集》第 1 卷，人民出版社 2009 年版，第 157 页。
② 《马克思恩格斯文集》第 1 卷，人民出版社 2009 年版，第 157 页。
③ 《马克思恩格斯文集》第 1 卷，人民出版社 2009 年版，第 156 页。
④ 中国人民大学编：《马克思恩格斯论人性、人道主义和异化》，人民出版社 1984 年版，第 420 页。

活劳动相对立的**他人的权力**"①；"社会劳动生产力随着资本主义生产方式的发展而发展，与工人相对立的已经积累起来的财富也作为**统治**工人的**财富**，作为**资本**，以同样的程度增长起来，与工人相对立的财富世界也作为与工人相异化的并统治着工人的世界以同样的程度扩大起来。与此相反，工人本身的贫穷、困苦和依附性也按同样的比例发展起来。工人的**贫乏化**和这种**丰饶**是互相适应的，齐头并进的。"② 在这些表述中，马克思以类似的表述，再次揭露了劳动产品、社会财富与劳动者互为异己、互相分离、相互独立、相互排斥、相互对立的异化关系。

二、劳动活动与劳动者的异化

"劳动活动与劳动者相异化"，说的主要是，劳动者的劳动活动成了一种外在于他、不属于他并摧残他的身心健康的异己性活动。关于这种异化形式，《手稿》的典型表述读者很熟悉："对工人来说，劳动的外在性表现在：这种劳动不是他自己的，而是别人的；劳动不属于他；他在劳动中也不属于他自己，而是属于别人"③；"劳动对工人来说是**外在的东西**，也就是说，不属于他的本质；因此，他在自己的劳动中不是肯定自己，而是否定自己，不是感到幸福，而是感到不幸，不是自由地发挥自己的体力和智力，而是使自己的肉体受折磨、精神遭摧残"④；"他的劳动不是自愿的劳动，而是被迫的**强制劳动**"⑤。马克思后来的著作则指出，在资本主义条件下，"工人象进入生产过程时那样走出生产过程：他是财富的人身源泉，被剥夺了他自己的实现［劳动］的手段。他的劳动还在过程开始以前就已

---

① 《马克思恩格斯全集》第30卷，人民出版社1995年版，第445页。
② 中国人民大学编：《马克思恩格斯论人性、人道主义和异化》，人民出版社1984年版，第436页。
③ 《马克思恩格斯文集》第1卷，人民出版社2009年版，第160页。
④ 《马克思恩格斯文集》第1卷，人民出版社2009年版，第159页。
⑤ 《马克思恩格斯文集》第1卷，人民出版社2009年版，第159页。

经异化,成为资本家的财产,并入了资本"①。这里谈到了工人劳动异化的一种重要表现形式:这种劳动成了"资本家的财产",也就是说,成了不属于工人、外在于工人而被资本家占有的财产。他还揭露了异化劳动本身对劳动者的摧残:"资本家只是作为**人格化的**资本,作为表现为人的资本执行职能,正象工人只是作为人格化的**劳动**执行职能一样,这种劳动对于工人是一种痛苦,是一种消耗,而对于资本家则是创造财富和增大财富的实体"②;"斯密在下面这点上是对的:在奴隶劳动、徭役劳动、雇佣劳动这样一些劳动的历史形式下,劳动始终是令人厌恶的事情,始终是**外在的强制劳动**,而与此相反,不劳动却是'自由和幸福'"③。

三、劳动条件与劳动者的异化

如前所述,在早期《手稿》中,马克思已初步认识到私有制社会中劳动的物质条件与劳动者的异化关系。他在《手稿》中写道:"分工不仅导致人的竞争,而且导致机器的竞争。因为工人被贬低为机器,所以机器就能作为竞争者与他相对抗"④,他在这里揭露的便是(作为劳动工具的)机器与工人的异化关系、机器对工人就业及生存状况的消极影响。如前所述,他当时已意识到,在资本主义社会中,机器的使用虽然大大提高了劳动生产率,但往往造成工人就业机会的减少进而危及他们的生存。他还注意到(作为劳动的重要条件之一的)土地与劳动者(指农奴)的异化,指出"封建的土地占有已经包含土地作为某种异己力量对人们的统治。农奴是土地的附属物"⑤。在后来的著作中,马克思在上述初步思想的基础

---

① 中国人民大学编:《马克思恩格斯论人性、人道主义和异化》,人民出版社1984年版,第405页。
② 中国人民大学编:《马克思恩格斯论人性、人道主义和异化》,人民出版社1984年版,第420页。
③ 中国人民大学编:《马克思恩格斯论人性、人道主义和异化》,人民出版社1984年版,第332页。
④ 《马克思恩格斯文集》第1卷,人民出版社2009年版,第121页。
⑤ 《马克思恩格斯文集》第1卷,人民出版社2009年版,第150页。

第六章 异化理论的定位:"不成熟思想",还是"一以贯之的思想"

上,更直接、更具体地描述、揭露了私有制社会中劳动条件与劳动者的异化关系。他指出,"没有劳动的物质条件,工人当然不可能进行生产。[Ⅶ—41]在资本中劳动的这些条件是和工人相分离的,是作为一种独立的东西与工人相对立的"①;"工人所以不是出卖商品,而是不得不把自己本身的劳动能力作为商品出卖,恰恰是因为一切生产资料,劳动的一切物的条件,以及一切生活资料,货币,生产资料和生活资料,都站在另一方面作为他人的财产同工人相对立,就是说,恰恰是因为所有**物质财富**都作为**商品所有者**的财产同工人**相对立**"②。马克思还以客观事实为依据,更加具体地描述了(作为劳动工具的)机器对工人就业及生存状况造成的严重危害,与早期《手稿》形成了呼应,他在《资本论》第一卷中指出:"在机器逐渐地占据某一生产领域的地方,它给同它竞争的工人阶层造成慢性的贫困。在过渡迅速完成的地方,机器的影响则是广泛的和急性的。世界历史上再没有比英国手工织布工人缓慢的毁灭过程更为可怕的景象了,这个过程拖延了几十年之久,直到1838年才结束。在这些织布工人中,许多人饿死了,许多人长期地每天靠两便士维持一家人的生活。"③

四、资本与劳动的异化

在1844年的《手稿》中,马克思就已初步揭示了资本与劳动的异化关系:二者互为异己、相互排斥、相互对立。按照他的理解,"**私有财产的关系是劳动、资本以及二者的关系**"④,"这个关系中的这些成分必定经历的运动"⑤中包括这样一种运动:"**二者**(指劳动和资本——引者注)

---

① 中国人民大学编:《马克思恩格斯论人性、人道主义和异化》,人民出版社1984年版,第406页。
② 中国人民大学编:《马克思恩格斯论人性、人道主义和异化》,人民出版社1984年版,第421—422页。
③ 中国人民大学编:《马克思恩格斯论人性、人道主义和异化》,人民出版社1984年版,第457页。
④ 《马克思恩格斯文集》第1卷,人民出版社2009年版,第177页。
⑤ 《马克思恩格斯文集》第1卷,人民出版社2009年版,第177页。

的对立。它们互相排斥；工人知道资本家是自己的非存在，反过来也是这样；每一方都力图剥夺另一方的存在。"① 在《手稿》的别处，他还写道，"私有财产的关系潜在地包含着作为**劳动**的私有财产的关系和作为**资本**的私有财产的关系，以及这两种表现的相互**关系**……劳动和资本的这种对立一达到极端，就必然是整个关系的顶点、最高阶段和灭亡。"② 在 1844 年后的著作中，马克思再次描述了资本与劳动的异化关系。他在《1857—1858 年经济学手稿》中谈道，"我们先分析在资本和劳动的关系中包含的各种简单规定，以便找出这些规定的内在联系，以及这些规定的进一步发展同先前的规定之间的内在联系"③；"第一个前提是：一方是资本，另一方是劳动，两者作为独立的形态互相对立；因而两者也是作为异己的东西互相对立。与资本对立的劳动是**他人的**劳动，与劳动对立的资本是**他人的**资本。"④另外，他后来的著作还进一步深化了对资本与劳动异化关系的认识。在《资本论》及其手稿看来，在资本主义条件下，一切能为资本服务、能被其利用的因素［既包括物的因素（比如劳动资料），也包括精神智力因素，譬如科学］都被纳入"资本"的范围，成为资本的要素，与工人劳动发生异化关系。这些因素是作为资本阵营中的一员、作为资本的代表而与劳动发生异化关系的；这些因素（劳动产品、劳动条件、科学等）与劳动的对立，实质上就是资本与劳动的对立，是后者的具体表现。他指出，"［在资本主义生产的条件下］，凡是实现劳动所需要的一切物的要素，都表现为同工人相异化的、处于资本方面的东西：劳动资料是如此，生活资料也是如此"⑤；"**在机器上**实现了的科学，作为**资本**同工人相对立"⑥；"以

---

① 《马克思恩格斯文集》第 1 卷，人民出版社 2009 年版，第 177 页。
② 《马克思恩格斯文集》第 1 卷，人民出版社 2009 年版，第 172 页。
③ 《马克思恩格斯全集》第 30 卷，人民出版社 1995 年版，第 223 页。
④ 中国社会科学院哲学所历史唯物主义研究室、中国历史唯物主义研究会编：《马克思恩格斯列宁斯大林论人性、异化、人道主义》，清华大学出版社 1983 年版，第 253 页；《马克思恩格斯全集》第 30 卷，人民出版社 1995 年版，第 223 页。
⑤ 中国人民大学编：《马克思恩格斯论人性、人道主义和异化》，人民出版社 1984 年版，第 414 页。
⑥ 中国人民大学编：《马克思恩格斯论人性、人道主义和异化》，人民出版社 1984 年版，第 460 页。

社会劳动为基础的所有这些对科学、自然力和大量劳动产品的应用本身，只表现为剥削劳动的手段，表现为占有剩余劳动的手段，因而，表现为属于资本而同劳动对立的力量。资本使用这一切手段，当然只是为了剥削劳动，但是为了剥削劳动，资本必然要在生产过程中使用这些手段。所以，劳动的社会生产力的发展和这个发展的条件就表现为资本的行为，这种行为不仅是不管单个工人的意志如何而完成的，而且是直接反对单个工人的。"①

五、分工与劳动者的异化

"分工与劳动者的异化"，说的是二者的异己性、敌对性关系。更具体地说，在私有制条件下，分工成了一种外在于劳动者、不以其意志为转移的、有严重弊病、束缚或危害劳动者、使其片面化、畸形化的异己性活动，与他构成对立关系。在早期的《手稿》和《詹姆斯·穆勒〈政治经济学原理〉一书摘要》中，马克思就揭示了分工与劳动者的异化关系："分工使工人越来越片面化和越来越有依赖性"②，"同人的活动的产品的相互交换表现为物物交换，表现为做买卖一样，活动本身的相互补充和相互交换表现为分工，这种分工使人成为高度抽象的存在物，成为旋床等等，直至变成精神上和肉体上畸形的人。"③ 在后来的《德意志意识形态》与《资本论》手稿中，马克思再次揭示了上述异化现象，批判了分工的弊病及其对劳动者的危害。《形态》写道："就个人自身来考察个人，个人就是受分工支配的，分工使他变成片面的人，使他畸形发展，使他受到限制。"④ "只要人

---

① 中国人民大学编：《马克思恩格斯论人性、人道主义和异化》，人民出版社1984年版，第460—461页。
② 《马克思恩格斯文集》第1卷，人民出版社2009年版，第121页。
③ 马克思：《詹姆斯·穆勒〈政治经济学原理〉一书摘要》，见中共中央马克思恩格斯列宁斯大林著作编译局译：《1844年经济学哲学手稿》，人民出版社2000年版，第175页。
④ 中国人民大学编：《马克思恩格斯论人性、人道主义和异化》，人民出版社1984年版，第221页。

们还处在自然形成的社会中,就是说,只要特殊利益和共同利益之间还有分裂,也就是说,只要分工还不是出于自愿,而是自然形成的,那么人本身的活动对人来说就成为一种异己的、与他对立的力量,这种力量压迫着人,而不是人驾驭着这种力量。原来,当分工一出现之后,任何人都有自己一定的特殊的活动范围,这个范围是强加于他的,他不能超出这个范围:他是一个猎人、渔夫或牧人,或者是一个批判的批判者,只要他不想失去生活资料,他就始终应该是这样的人。"①《资本论》第一卷则写道:"工场手工业分工不仅只是为资本家而不是为工人发展社会劳动生产力,而且靠使各个工人畸形化来发展社会劳动生产力。"②

六、生产目的与劳动者的异化

如前所述,马克思在早期《手稿》中已注意到"生产目的与劳动者的异化",这可以从该著作的文本中找到根据。例如,《手稿》摘录了舒尔茨《生产运动》中的下列论断:"最近25年来,也正是从棉纺织业采用节省劳动的机器以来,这个部门的英国工人的劳动时间已由于企业主追逐暴利[Ⅸ]而增加到每日12—16小时,而在到处还存在着富人无限制地剥削穷人这种公认权利的情况下,一国和一个工业部门的劳动时间的延长必然也或多或少地影响到其他地方。"③《手稿》在考察"资本对劳动的统治和资本家的动机"时,还摘录了斯密著作的论断,即"资本占有者决定把资本投入农业还是投入工业,投入批发商业的某一部门还是投入零售商业的某一部门,其唯一动机是对他自己的利润的考虑",以及萨伊著作的论断"对资本家来说,资本的最有利的使用,就是在同样可靠的条件下给他带来最大利润的使用"④。另外,《手稿》还指出:"劳动本身,不仅在目

---

① 《马克思恩格斯文集》第1卷,人民出版社2009年版,第537页。
② 中国人民大学编:《马克思恩格斯论人性、人道主义和异化》,人民出版社1984年版,第476页。
③ 《马克思恩格斯文集》第1卷,人民出版社2009年版,第125页。
④ 《马克思恩格斯文集》第1卷,人民出版社2009年版,第133页。

前的条件下，而且就其一般目的仅仅在于增加财富而言，在我看来是有害的、招致灾难的，这是从国民经济学家的阐发中得出的，尽管他并不知道这一点。"① 显然，在《手稿》中，马克思已经意识到：在资本家的企业中，生产的首要目的绝不是增进作为劳动者的工人的福利、工人的幸福感，而是为资本家创造财富和利润；上述生产目的对于工人而言，是完全异己的、敌对性的、奴役性的东西，它体现的仅仅是资本家的意志并将工人及其劳动贬低为手段、工具。在后来的《资本论》及其手稿中，马克思再次揭露了资本主义的生产目的及其与劳动者的异化。马克思的《资本论》第一册便明确认为"资本的自行增殖——剩余价值的创造——是资本家的决定性的、占统治地位的和包罗一切的目的"②。《资本论》第三卷写道，"利润率是资本主义生产的推动力；那种而且只有那种生产出来能够提供利润的东西才会被生产出来。"③《1857—1858年经济学手稿》则指出："在现代世界，生产表现为人的目的，而财富则表现为生产的目的。"④ 在《资本论》及其手稿看来，上述生产目的毫无疑问是与工人相异化的、奴役、压迫工人、与后者根本对立的东西，工人则沦为了资本家追求这一目的的工具、手段。

七、货币与私有财产的关系的异化

"货币与私有财产的关系的异化"，说的是这种关系的变异形式与其原初形式的异己化、对立化关系。如前所述，在原初状态下，货币是为私有财产及其交换服务的，是这种交换的中介和手段，它只有作为私有财产的

---

① 《马克思恩格斯文集》第1卷，人民出版社2009年版，第123页。
② 中国人民大学编：《马克思恩格斯论人性、人道主义和异化》，人民出版社1984年版，第421页。
③ 中国人民大学编：《马克思恩格斯论人性、人道主义和异化》，人民出版社1984年版，第480页。
④ 中国人民大学编：《马克思恩格斯论人性、人道主义和异化》，人民出版社1984年版，第344页。

代表、为私有财产及其交换服务才具有其存在的"价值";然而,随着私有财产的发展,货币根本颠覆了自己的服务者身份,摇身一变成了凌驾于私有财产之上、决定其命运的万能的统治者、主宰者,不是货币只有与私有财产相关联才有价值,而是私有财产只有与货币相关联、只有能转换为货币才具有价值,否则便一文不值。马克思在早期的《詹姆斯·穆勒〈政治经济学原理〉一书摘要》中就揭示了这种异化形式。他写道,"因为中介(指货币——引者注)是支配它借以把我间接表现出来的那个东西的**真正的权力**,所以,很清楚,这个**中介**就成为**真正的上帝**。对它的崇拜成为目的本身。同这个中介脱离的物,失去了自己的价值。因此,只有在这些**物代表**这个中介的情况下这些物才有价值,而最初**似乎**是,只有在这个**中介代表**这些**物**的情况下这个**中介**才有价值。最初关系的这种颠倒是不可避免的。"① 马克思后来在《1857—1858年经济学手稿》中以相似的表述再度揭示了上述异化现象:"**货币**是一般财富的**个体**,它本身是从流通中产生的"②;"货币本来是一切价值的代表;在实践中情况却颠倒过来,一切实在的产品和劳动竟成为货币的代表"③;"货币从它表现为单纯流通手段这样一种奴仆身份,一跃而成为商品世界中的统治者和上帝。"④

八、社会联系的异化

如前所述,人与人的社会联系的"异化"意味着:这种社会联系以异于其原初状态、与其自然本性相矛盾的方式,扭曲地、曲折地表现出来,主要表现在两个方面。一方面,人与人的社会联系松弛了,人们之间不再

---

① 马克思:《詹姆斯·穆勒〈政治经济学原理〉一书摘要》,见中共中央马克思恩格斯列宁斯大林著作编译局编译:《1844年经济学哲学手稿》,人民出版社2000年版,第165页。
② 中国人民大学编:《马克思恩格斯论人性、人道主义和异化》,人民出版社1984年版,第462页。
③ 中国人民大学编:《马克思恩格斯论人性、人道主义和异化》,人民出版社1984年版,第461页。
④ 中国人民大学编:《马克思恩格斯论人性、人道主义和异化》,人民出版社1984年版,第462页。

第六章 异化理论的定位:"不成熟思想",还是"一以贯之的思想"

紧密联结在一起,而是基于利己主义立场,相互疏远、相互排斥甚至相互敌对,个人成了以自我为中心、孤立自存、缺乏社会性的个体,人与人之间的社会联系貌似消失了。另一方面,人与人的社会联系虽然松弛了,但仍以一种间接的方式(即以物的因素为中介)曲折地得到体现。人们之间通过物的因素(譬如私有财产)这个中介或桥梁发生社会联系。对于上述异化形式,早期的《詹姆斯·穆勒〈政治经济学原理〉一书摘要》基于私有制社会的经济事实作了初步表述,他指出,在私有制社会中,把个人"同别人结合起来的**本质的联系**表现为非本质的联系,相反,他同别人的分离表现为他的真正的存在"①;"使两个私有者发生相互关系的那种联系是**物的特殊的性质**,而这个物就是他们的私有财产的物质"②;"两个私有者的**社会联系**或**社会**关系表现为私有财产的**相互外化**,表现为双方的外化的关系或作为这两个私有者的关系的**外化**"③;"**交换**或**物物交换**是社会的、类的行为,社会联系,社会交往和人在**私有权**范围内的联合,因而是外部的、**外化的**、类的行为"④。马克思后来的《资本论》及其手稿进一步描述了私有制社会中"人与人社会联系"的自我异化现象:个人的孤立化、人与人的社会联系的物化。《1857—1858 年经济学手稿》描述道:"人的孤立化,只是历史过程的结果。最初人表现为**种属群**、**部落体**、**群居动物**——虽然决不是政治意义上的政治动物。交换本身就是造成这种孤立化的一种主要手段。它使群的存在成为不必要,并使之解体"⑤;"活动和产品的普遍交换已成为每一单个人的生存条件,这种普遍交换,他们的互相联系,表现为对他们本身来说是异己的、无关的东西,表现为一

---

① 马克思:《詹姆斯·穆勒〈政治经济学原理〉一书摘要》,见中共中央马克思恩格斯列宁斯大林著作编译局编译:《1844 年经济学哲学手稿》,人民出版社 2000 年版,第 171 页。
② 马克思:《詹姆斯·穆勒〈政治经济学原理〉一书摘要》,见中共中央马克思恩格斯列宁斯大林著作编译局编译:《1844 年经济学哲学手稿》,人民出版社 2000 年版,第 172 页。
③ 马克思:《詹姆斯·穆勒〈政治经济学原理〉一书摘要》,见中共中央马克思恩格斯列宁斯大林著作编译局编译:《1844 年经济学哲学手稿》,人民出版社 2000 年版,第 173 页。
④ 马克思:《詹姆斯·穆勒〈政治经济学原理〉一书摘要》,见中共中央马克思恩格斯列宁斯大林著作编译局编译:《1844 年经济学哲学手稿》,人民出版社 2000 年版,第 173 页。
⑤ 中国人民大学编:《马克思恩格斯论人性、人道主义和异化》,人民出版社 1984 年版,第 345 页。

种物。在交换价值上，人的社会关系转化为物的社会关系；人的能力转化为物的能力。"①

九、人与人的异化

如前所述，在《手稿》中，"人与人相异化"，说的是私有制社会中人与人之间互为异己、相互对立的不和谐关系，主要有两种表现：其一，在私有制社会中，人们的私人利益相互冲突，人们普遍自私自利，以追逐私利作为个人行动的根本原则，不仅将他人视为异己，而且将其作为自己谋求私利的工具，整个社会彻底丧失了友爱精神与和谐氛围。其二，劳动者与剥削者根本对立，他们的阶级对抗成为人与人社会关系的重要内容。《手稿》描述道，"每个人都指望使别人产生某种**新的**需要，以便迫使他作出新的牺牲，以便使他处于一种新的依赖地位并且诱使他追求一种新的**享受**，从而陷入一种新的经济破产。每个人都力图创造出一种支配他人的、**异己的**本质力量，以便从这里面获得他自己的利己需要的满足。因此，随着对象的数量的增长，奴役人的异己存在物王国也在扩展，而每一种新产品都是产生相互欺骗和相互掠夺的新的**潜在力量**"②；"没有一个宦官不是厚颜无耻地向自己的君主献媚，并力图用卑鄙的手段来刺激君主的麻木不仁的享受能力，以骗取君主的恩宠；工业的宦官即生产者则更厚颜无耻地用更卑鄙的手段来骗取银币，从自己按照基督教教义说来本应去爱的邻人的口袋里诱取黄金鸟"③。此外，《手稿》还鲜明地揭露了剥削阶级与劳动阶级之间的根本对立："土地所有者的利益同雇农的利益是敌对的，正如工厂主的利益同他的工人的利益是敌对的一样"④；"如果劳动产品不是属于工人，而是作为一种异己的力量同工人相对立，那么这只能是由于

---

① 中国社会科学院哲学所历史唯物主义研究室、中国历史唯物主义研究会编：《马克思恩格斯列宁斯大林论人性、异化、人道主义》，清华大学出版社1983年版，第260页。
② 《马克思恩格斯文集》第1卷，人民出版社2009年版，第223—224页。
③ 《马克思恩格斯文集》第1卷，人民出版社2009年版，第224页。
④ 《马克思恩格斯文集》第1卷，人民出版社2009年版，第147页。

第六章 异化理论的定位:"不成熟思想",还是"一以贯之的思想"

产品属于**工人之外的他人**。如果工人的活动对他本身来说是一种痛苦,那么这种活动就必然给他人带来**享受**和生活乐趣。不是神也不是自然界,只有人自身才能成为统治人的异己力量"①。在后来的《资本论》及其手稿中,马克思再次尖锐揭露了"人与人相异化"的上述表现形式。他描述道:"在每次证券投机中,每个人都知道暴风雨总有一天会到来,但是每个人都希望暴风雨在自己发了大财并把钱藏好以后,落到邻人的头上。我死后哪怕洪水滔天!这就是每个资本家和每个资本家国家的口号"②;"揭示什么是自由竞争,这是对于中产阶级先知们赞美自由竞争或对于社会主义者们诅咒自由竞争所作的唯一合理的回答。如果说,在自由竞争的范围内,个人通过单纯追求他们的私人利益而实现公共的利益,或更确切些说,实现**普遍的**利益,那么,这只是意味着,在资本主义生产的条件下他们相互压榨,因而他们的相互冲突本身也只不过是这种相互作用所依据的条件的再创造。"③另一方面,他立足于剩余价值的发现和对资本主义剥削秘密的揭露,进一步说明了工人和资本家之间阶级斗争的不可调和性:工人的活劳动及其创造的物质财富,之所以不属于他自己,而是表现为"他人的财产",根源就在于存在一个垄断生产资料、劳动条件,不从事生产却支配生产的资本家阶级;资本主义生产过程就是工人为维持肉体生存而服从于资本家发财致富欲望的被动劳动过程;资本家无偿占有工人的剩余劳动、剩余价值;资本家的致富、享乐以工人的片面化、畸形化为前提;工人只有通过社会革命,彻底推翻资产阶级统治,才能争得自身解放。④

---

① 《马克思恩格斯文集》第 1 卷,人民出版社 2009 年版,第 165 页。
② 中国人民大学编:《马克思恩格斯论人性、人道主义和异化》,人民出版社 1984 年版,第 388 页。
③ 中国人民大学编:《马克思恩格斯论人性、人道主义和异化》,人民出版社 1984 年版,第 348—349 页。
④ 王东、林锋:《〈资本论〉异化观新探——与〈1844 年手稿〉异化观的比较研究》,载《江海学刊》2007 年第 3 期。

第七章　重新认识马克思早期人学思想的哲学地位

这里所说的"马克思早期人学思想"，特指马克思1843—1844年著作（以《1844年经济学哲学手稿》为代表，包括《黑格尔法哲学批判》、《论犹太人问题》、《〈黑格尔法哲学批判〉导言》、《1844年经济学哲学手稿》、《詹姆斯·穆勒〈政治经济学原理〉一书摘要》等著作）的人学思想。长期以来，这些早期著作的人学思想受到学界主流观点的责难，被视为一种"不成熟"甚至"不科学"的思想，被认为与马克思主义人学理论之间存在"重大差异"。这种流行观点长期占据苏联与我国学界的主导地位，是学界认识、评价马克思早期人学思想的首要范式，至今仍对我国研究者产生重大影响，得到大量学者（其中不乏权威学者、知名学者）的认同或附和。

这种关于马克思早期人学思想的认识、评价是否准确、公允？对这一流行观点进行评论前，有必要先对相关的方法论问题进行一番探讨。笔者认为，对马克思上述早期著作进行细致、透彻的文本考察，并将这些著作与他后来的"马克思主义成熟著作"进行认真的比较研究，是准确评估上述观点的可信度、科学界定其早期人学思想"历史地位"的基础性工作，对研究者作出正确判断有决定性意义。"文本考察"与"比较研究"，应当成为我们科学评价马克思早期人学思想及其"历史地位"，有效评估上述流行说法是非得失的基本方法、基本路径。在笔者看来，"文本考察"与"比较研究"的有机结合，能够确保我们结论的"可靠性"及"说服力"。此外，笔者还认为，在从事上述"文本考察"、"比较研究"工作，

第七章　重新认识马克思早期人学思想的哲学地位

进而对马克思早期人学思想的"历史地位"作出具体评价时，应当主要关注并依据马克思早期人学的"核心思想"或"主要观点"（而不是其中处于"次要"、"从属"地位的思想、观点）。具体地说，如果马克思早期人学的"核心思想"或"主要观点"与他后来的"马克思主义成熟著作"相关表述或相关思想并无真正对立，后者对前者是继承、深化、发展关系，那么，研究者绝对不宜将马克思早期人学思想定位为所谓"'非马克思主义'或'前马克思主义'的人学思想"（即便其早期人学思想中有一些处于次要、从属地位的思想或观点是"不成熟的"或"非马克思主义"的），而应将其纳入"马克思主义思想"的范畴中来。当然，如果马克思早期著作人学思想的"核心思想"或"主要观点"与他后来著作的相关思想、观点构成根本的"冲突"或"对立"，那么对于马克思早期人学思想，就可采取"基本否定"的评价方式。①

在本章中，笔者首先依据《1844年经济学哲学手稿》等马克思早期著作的文本，概括了马克思早期人学的核心思想，列举了与之相关的典型表述，并将其与他后来的"马克思主义成熟著作"的相关表述或相关思想进行了比较。笔者发现，马克思早期人学与其后来著作的人学思想之间并无实质性、根本性的对立②，后者对同一问题的理解，要么是与早期人学理论基本一致，要么是在继承其思想的基础上作了深化和补充。在本章第二节第二部分，笔者在马克思早期著作研究的基础上，结合马克思主义思想史，对马克思早期人学的"重大哲学贡献"作了具体的描述。针对学界的主流论调，笔者鲜明地提出，长期以来饱受学界主流观点的质疑和责

---

① 笔者在《如何科学界定马克思早期六部著作的历史地位——一条循序渐进的方法论思路》一文中指出，研究者在对马克思早期六部著作（指《黑格尔法哲学批判》《论犹太人问题》《〈黑格尔法哲学批判〉导言》《1844年经济学哲学手稿》《詹姆斯·穆勒〈政治经济学原理〉一书摘要》《神圣家族》）的历史地位作出整体评价时，应主要根据这些著作的核心思想、主要观点而不是其中处于次要、从属地位的思想、观点（参看林锋：《如何科学界定马克思早期六部著作的历史地位——一条循序渐进的方法论思路》，载《中共中央党校学报》2010年第6期）。在笔者看来，这一方法论原则不仅适用于对马克思上述六部早期著作"历史地位"的评价，也适用于对马克思早期人学思想"历史地位"的评价。
② 二者间所谓的"对立"、"冲突"，系建立在某些研究者的误解、误读之上，是不可靠、不可信的。

难、被贬低为"不成熟思想"的马克思早期人学思想，实际上是马克思对马克思主义人学的"第一次思想奠基"，是"马克思主义人学"的真正诞生地和起点，在马克思主义人学史上有"四大开创性贡献"：其一，在马克思主义人学史上，首次深刻揭示人的"自然性"，提出关于"两种自然"的思想；其二，首次充分说明人的"社会性"，提出"人在社会联系中存在"的思想；其三，首次系统分析人的"存在方式"，并以此为基础，首次科学说明"人的本质"；其四，首次从哲学高度考察和探索人的历史发展轨迹。笔者衷心希望，通过本章的学术努力，推动学界重新认识马克思早期人学思想的哲学价值、哲学贡献，恢复其在马克思主义人学史上应有之历史地位。

第一节 《1844年经济学哲学手稿》为代表的马克思早期著作的人学思想

如上所述，以《1844年经济学哲学手稿》（以下简称《手稿》）人学观为代表的马克思早期人学理论，长期以来受到学界主流观点的批判和责难，被排除在"马克思主义人学"的范畴外。在学界主流见解看来，《手稿》等马克思早期著作尚未真正达到对"人"的"科学理解"，他当时所理解的"人"还带有很大的"抽象性"和"思辨性"，与马克思主义人学理论有重大差异。为了与这种流行见解进行有效的"对话"，恢复马克思早期人学思想应有之历史地位，笔者按照前述思路，首先对马克思早期著作展开了文本学研究，并在此基础上概括了其人学理论的核心要点，重点关注了与之相关的代表性表述，接着将这些表述与他后来的"成熟著作"、"科学著作"的相关表述或思想进行了仔细比较，以此作为笔者立论的基础。

经认真辨认，笔者注意到，在《手稿》等马克思早期著作的人学理论中处于"核心地位"、构成其"主要内容"的是三个要点：人是有生命的自然存在物，人是自然界的一部分，人靠自然界生活；劳动使人根本超越动物，是人与动物的首要区别；人是社会性的存在物，社会性是人的本质属性，人在"社会联系"中存在。以下笔者分别对这三个核心观点进行阐释。

一、人是"有生命的自然存在物"、"人是自然界的一部分"、"人靠自然界生活"

马克思的《手稿》充分肯定，人是"有生命的自然存在物"[①]。这一论断的基本含义是，人是一种生命有机体，有其生物机体和肉体组织，他只有维持这种机体和组织的生存，才能延续自己的生命，进而才能从事其他活动；要维持自身的生物机体、肉体组织的生存，就必须进行吃喝等基本的生命活动，这就需要消耗物质生活资料。在他看来，进行吃喝等基本生命活动，消耗物质生活资料，这是由人的生物机体、肉体组织的自然特性、自然规律决定的，体现了一种不以人的意志为转移的客观必然性。《手稿》还明确认为，"人是自然界的一部分"[②]。根据马克思的理解，人本身就是一种"自然物"，是一种特定的"物质形态"，自然界则是"自然物"、"物质形态"的"总体"、"总和"，人与其他自然物共同构成了自然界这一"总体"。就都是"自然物"，都是"物质形态"这一点而言，人与其他自然物并无"差异"。他还强调外部自然对人类生存的意义，明确提出"人靠自然界**生活**"[③]的论断。在他看来，一个显而易见的事实是：外部自然界作为人类物质生活资料的来源，构成人类生存必不可少的物质前提、物质基础，离开自然界提供的自然资源、自然条件，人就无法"生存"。值得读者重视的是，《手稿》"人是有生命的自然存在物"、"人是自然界的一部分"、"人靠自然界生活"的论断，其实是青年马克思对马克思主义"两种自然"理论（"两种自然"，即"人自身的自然"与

[①] 《马克思恩格斯文集》第1卷，人民出版社2009年版，第209页。
[②] 《马克思恩格斯文集》第1卷，人民出版社2009年版，第161页。
[③] 《马克思恩格斯文集》第1卷，人民出版社2009年版，第161页。

"人身外的自然")的初次表述。很显然,在《手稿》看来,存在着两种意义上的"自然":一种是"人自身的自然"(即人的生物机体、肉体组织),另一种则是"人身外的自然"(即构成人的"生存环境"、"生存条件"的外部自然界)。

二、劳动使人根本超越动物,是人与动物的首要区别

《手稿》高度评价劳动对"人"这种生物物种而言的决定性意义,充分肯定:劳动"使人真正成其为'人',根本超越了动物界"①。如前所述,马克思在比较动物生命活动与人类劳动时写道:"诚然,动物也生产。动物为自己营造巢穴或住所,如蜜蜂、海狸、蚂蚁等。但是,动物只生产它自己或它的幼仔所直接需要的东西;动物的生产是片面的,而人的生产是全面的;动物只是在直接的肉体需要的支配下生产,而人甚至不受肉体需要的影响也进行生产,并且只有不受这种需要的影响才进行真正的生产;动物只生产自身,而人再生产整个自然界;动物的产品直接属于它的肉体,而人则自由地面对自己的产品。动物只是按照它所属的那个种的尺度和需要来构造,而人却懂得按照任何一个种的尺度来进行生产,并且懂得处处都把固有的尺度运用于对象;因此,人也按照美的规律来构造。"②在《手稿》看来,劳动这种"能动"的生命活动最充分、最有力地展现了人类的"优越性",是人与动物之间最重要、最具"决定"意义的区别,劳动的"异化"使人丧失了表现其"优越性"的首要途径,"把人对动物所具有的优点变成缺点"③。

---

① 赵敦华、孙熙国主编:《中西哲学的当代研究与马克思主义哲学创新》,人民出版社 2011 年版,第 298 页。
② 《马克思恩格斯文集》第 1 卷,人民出版社 2009 年版,第 162—163 页。
③ 《马克思恩格斯文集》第 1 卷,人民出版社 2009 年版,第 163 页。

三、人是社会性的存在物,"社会性"是人的本质属性,人在"社会联系"中存在

马克思的早期著作高度重视人的"社会性",将其视为人的基本属性甚至本质属性,充分肯定"人在社会、社会联系中存在"的事实。早在1843年的《黑格尔法哲学批判》(以下简称《批判》)中,他在批判黑格尔的错误思想时,就充分肯定了人的"社会性"。在该著作中,他批评黑格尔"抽象地、单独地来考察国家的职能和活动,而把特殊的个体性看做它们的对立物;但是他忘记了特殊的个体性是人的个体性,国家的职能和活动是人的职能;他忘记了'特殊的人格'的本质不是人的胡子、血液、抽象的肉体的本性,而是人的**社会特质**,而国家的职能等等只不过是人的社会特质的存在和活动的方式"①,并指出:"个人既然是国家职能和权力的承担者,那就应该按照他们的社会特质,而不应该按照他们的私人特质来考察他们。"②《手稿》则提出,"个体**是社会存在物**"③,"他的生命表现,即使不采取**共同的**、同他人一起完成的生命表现这种直接形式,也**是社会生活**的表现和确证"④。在随后完成的《詹姆斯穆勒〈政治经济学原理〉一书摘要》(以下简称《摘要》)中,马克思写道,"不论是生产本身中人的活动的**交换**,还是**人的产品的交换**,其意义都相当于**类活动**和类精神——它们的现实的、有意识的、真正的存在是**社会的**活动和**社会的**享受"⑤,值得重视的是,《摘要》还明确地将社会联系、社会视为人的"本质":"**人的本质是人的真正的社会联系**,所以人在积极实现自己**本质**的过

---

① 中国社会科学院哲学所历史唯物主义研究室、中国历史唯物主义研究会编:《马克思恩格斯列宁斯大林论人性、异化、人道主义》,清华大学出版社1983年版,第43页。
② 中国社会科学院哲学所历史唯物主义研究室、中国历史唯物主义研究会编:《马克思恩格斯列宁斯大林论人性、异化、人道主义》,清华大学出版社1983年版,第43页。
③ 《马克思恩格斯文集》第1卷,人民出版社2009年版,第188页。
④ 《马克思恩格斯文集》第1卷,人民出版社2009年版,第188页。
⑤ 马克思:《詹姆斯·穆勒〈政治经济学原理〉一书摘要》,见中共中央马克思恩格斯列宁斯大林著作编译局编:《1844年经济学哲学手稿》,人民出版社2000年版,第170页。

程中**创造**、生产人的**社会联系**、社会本质,而社会本质不是一种同单个人相对立的抽象的一般的力量,而是每一个单个人的本质,是他自己的活动,他自己的生活,他自己的享受,他自己的财富。"①在《手稿》、《摘要》看来,在社会中存在,与他人相互联系而存在,是人最基本的存在方式之一。

第二节 马克思前后期人学思想之比较

在上节中,笔者依据马克思的《手稿》、《批判》、《摘要》等早期著作,阐释了其早期人学的核心思想。下面,笔者依据马克思1844年后的"成熟著作"中的相关表述,以此为"文本学证据",与"马克思前后期人学思想对立论"进行一番"学术对话"。

一、马克思的后期著作"继承"而不是"放弃"了早期人学的基本思想

首先,笔者声明:马克思早期人学的第一个核心论断(人是"有生命的自然存在物"、"人是自然界的一部分"、"人靠自然界生活")绝不是什么"不成熟思想",而是马克思哲学中"一以贯之"的基本思想。值得我们注意的是,马克思后来的"成熟著作"再次阐发了关于"人是'有生命的自然存在物'"及"两种自然"的思想,并充分肯定人对外部自然的依赖性。比如,马克思、恩格斯合著的《德意志意识形态》(以下简称《形态》)明确指出,"全部人类历史的第一个前提无疑是有生命的个人的存在。因此,第一个需要确认的事实就是这些个人的肉体组织以及由此产生的个人对其他自然的关系。当然,我们在这里既不能深入研究人们自身

---

① 马克思:《詹姆斯·穆勒〈政治经济学原理〉一书摘要》,见中共中央马克思恩格斯列宁斯大林著作编译局编译:《1844年经济学哲学手稿》,人民出版社2000年版,第170—171页。

第七章　重新认识马克思早期人学思想的哲学地位

的生理特性，也不能深入研究人们所处的各种自然条件——地质条件、山岳水文地理条件、气候条件以及其他条件。任何历史记载都应当从这些自然基础以及它们在历史进程中由于人们的活动而发生的变更出发。"① 很显然，在这里，马克思充分肯定：人是一种"生命有机体"，有其肉体组织、生理特性；他将"人"理解为一种"有生命的"自然物，将人身外的自然理解为"其他自然"，这显然是再次表述了关于"两种自然"（人自身自然、人身外自然）的观念，与《手稿》是一致的。上述论断还提到了"人们所处的各种自然条件——地质条件山岳水文地理条件、气候条件以及其他条件"，并认为"任何历史记载都应当从这些自然基础以及它们在历史进程中由于人们的活动而发生的变更出发"，不难看出，他是将外部自然界视为人维持自身生存不可缺少的客观环境、客观条件的，承认其对人类及其活动的客观制约性。《形态》还提出，"一切人类生存的第一个前提"②，"也就是一切历史的第一个前提，这个前提是：人们为了能够'创造历史'，必须能够生活。但是为了生活，首先就需要吃喝住穿以及其他一些东西。因此第一个历史活动就是生产满足这些需要的资料，即生产物质生活本身"③。这里显然是重新表述了"人是有生命的自然存在物，受自身的自然特性、生物属性的制约，必须消耗物质生活资料才能生存"这一早期《手稿》中的人学基本思想。除了《形态》外，我们还可从《资本论》中再次找到马克思关于"人是有生命的自然物"及"两种自然"（人自身自然、人身外自然）的表述。他在《资本论》第一卷中写道，"人本身单纯作为劳动力的存在来看，也是自然对象，是物，不过是活的有意识的物，而劳动本身则是这种力的物质表现"④；"劳动首先是人和自然之间的过程，是人以自身的活动来引起、调整和控制人和自然之间的物质变换的过程。人自身作为一种自然力与自然物质相对立。为了在对自身生活有用的形式上占有自然物质，人就使他身上的自然力——臂和腿、头

---

① 《马克思恩格斯文集》第1卷，人民出版社2009年版，第519页。
② 《马克思恩格斯文集》第1卷，人民出版社2009年版，第531页。
③ 《马克思恩格斯文集》第1卷，人民出版社2009年版，第531页。
④ 中国人民大学编：《马克思恩格斯论人性、人道主义和异化》，人民出版社1984年版，第334页。

和手运动起来。当他通过这种运动作用于他身外的自然并改变自然时,也就同时改变他自身的自然。他使自身的自然中沉睡着的潜力发挥出来,并且使这种力的活动受他自己控制"①;"撇开社会生产的不同发展程度不说,劳动生产率是同自然条件相联系的。这些自然条件都可以归结为人本身的自然(如人种等等)和人周围的自然。外界自然条件在经济上可以分为两大类:生活资料的自然富源,例如土壤的肥力、鱼产丰富的水等等;劳动资料的自然富源,如奔腾的瀑布、可以航行的河流、森林、金属、煤炭等等。"② 在上文第三处表述中,马克思除表达了"两种自然"的观念外,还谈到了"外部自然条件"对人类的经济意义,在他看来,这恰恰反映了"人靠自然界生存"的事实。

其次,马克思早期人学的另一核心论断("劳动使人根本超越动物,是人与动物的首要区别")与他后来的"成熟著作"的科学观点之间并无实质性的"对立"。后来写成的《形态》仍然肯定劳动对"人"本身的标志性、决定性意义,并认为物质生活资料的生产方式决定人的状况。该著作明确认为:"一当人开始**生产**自己的生活资料,即迈出由他们的肉体组织所决定的这一步的时候,人本身就开始把自己和动物区别开来……他们是什么样的,这同他们的生产是一致的——既和他们生产**什么**一致,又和他们**怎样**生产一致。"③《资本论》第一卷还以新的例证,再次说明了人类劳动相对于动物生命活动的巨大"优越性"。在该著作中,马克思写道,"在这里,我们不谈最初的动物式的本能的劳动形式……我们要考察的是专属于人的劳动。蜘蛛的活动与织工的活动相似,蜜蜂建筑蜂房的本领使人间的许多建筑师感到惭愧。但是,最蹩脚的建筑师从一开始就比最灵巧的蜜蜂高明的地方,是他在用蜂蜡建筑蜂房以前,已经在自己的头脑中把它建成了。劳动过程结束时得到的结果,在这个过程开始时就已经在劳动者的表象中存在着,即已经观念地存在着。他不仅使自然物发生形式变

---

① 中国人民大学编:《马克思恩格斯论人性、人道主义和异化》,人民出版社1984年版,第333页。
② 中国人民大学编:《马克思恩格斯论人性、人道主义和异化》,人民出版社1984年版,第334页。
③ 《马克思恩格斯文集》第1卷,人民出版社2009年版,第519—520页。

化,同时他还在自然物中实现自己的目的,这个目的是他所知道的,是作为规律决定着他的活动的方式和方法的,他必须使他的意志服从这个目的。"① 他还认为:"劳动资料的使用和创造,虽然就其萌芽状态来说已为某几种动物所固有,但是这毕竟是人类劳动过程独有的特征,所以富兰克林给人下的定义是'a toolmaking animal',制造工具的动物。"② 在该著作看来,有目的、有意识、有计划、"以使用和创造劳动资料"为特征的劳动使人优越于动物、根本超越了后者,这是毫无疑问的。

最后,笔者再来考察一下马克思早期人学的第三个核心论断:人是社会性的存在物,"社会性"是人的本质属性,人在"社会联系"中存在。关于这个论断与马克思后期著作的关系,情况与前两个论断完全一致。通过对马克思后期著作的考察,同样不难发现,他后来的著作没有抛弃早期著作关于人的"社会性"的基本思想,而是对其做了继承和深化。我们知道,在 1845 年写成的《关于费尔巴哈的提纲》(以下简称《提纲》)中,马克思有一个关于"人的本质"的著名论断:"人的本质不是单个人所固有的抽象物,在其现实性上,它是一切社会关系的总和。"③ 这个论断从"人的本质"的高度来强调人的"社会性"、强调"人在社会关系中存在"的事实,与马克思早期的《批判》、《手稿》等著作对人的"社会性"的重视、对"人在社会关系中存在"的强调,就其"实质"而言是一致的。后来在《资本论》及其手稿中,马克思继续强调或肯定了人的"社会性",重申了"人是社会性存在物,人在社会关系、社会联系之网中存在"这一基本观点。马克思的《1857—1858 年经济学手稿》指出:"我们越往前追溯历史,个人,从而也是进行生产的个人,就越表现为不独立,从属于一个较大的整体;最初还是十分自然地在家庭和扩大成为氏族的家庭中;后来是在由氏族间的冲突和融合而产生的各种形式的公社中。只有到十八世纪,在'市民社会'中,社会联系的各种形式,对个人说来,才

---

① 中国人民大学编:《马克思恩格斯论人性、人道主义和异化》,人民出版社 1984 年版,第 333 页。
② 中国人民大学编:《马克思恩格斯论人性、人道主义和异化》,人民出版社 1984 年版,第 334 页。
③ 《马克思恩格斯文集》第 1 卷,人民出版社 2009 年版,第 501 页。

只是表现为达到他私人目的的手段，才表现为外在的必然性。但是，产生这种孤立个人的观点的时代，正是具有迄今为止最发达的社会关系（从这种观点看来是一般关系）的时代。人是最名副其实的政治动物，不仅是一种合群的动物，而且是只有在社会中［M—2］才能独立的动物。孤立的一个人在社会之外进行生产——这是罕见的事，在已经内在地具有社会力量的文明人偶然落到荒野时，可能会发生这种事情——就象许多个人不在一起生活和彼此交谈而竟有语言发展一样，是不可思议的。"①《资本论》第一卷也充分肯定了人的社会性，甚至认为"社会性"是人与生俱来的属性："人即使不象亚里士多德所说的那样，天生是政治动物，无论如何也天生是社会动物。"②

二、马克思早期人学在马克思主义人学史上的"四大开创性贡献"

长期以来，由于上述"不成熟论"、"不科学论"的影响，马克思1843—1844年早期著作人学思想的哲学价值被严重低估，远未得到足够的重视或肯定。在不少研究者看来，这些早期人学思想作为青年马克思的"不成熟思想"甚至"不科学思想"，谈不上有多少"哲学价值"，它们不过是马克思创立马克思主义人学的思想历程中不甚成功的理论探索的产物而已。事实绝非如此。笔者通过多年的马克思早期著作研究，确信上述早期著作的人学思想与他后来的"成熟著作"之间并不存在根本对立，主张将马克思的这些早期人学思想归入"马克思主义人学"的范畴，恢复其应有地位。笔者还注意到，马克思早期人学思想有其不可抹杀的"重大哲学价值"、"重大哲学创新"。这些"价值"与"创新"，应引起学界的重视。对

---

① 中国社会科学院哲学所历史唯物主义研究室、中国历史唯物主义研究会编：《马克思恩格斯列宁斯大林论人性、异化、人道主义》，清华大学出版社1983年版，第41页。
② 中国社会科学院哲学所历史唯物主义研究室、中国历史唯物主义研究会编：《马克思恩格斯列宁斯大林论人性、异化、人道主义》，清华大学出版社1983年版，第42页。

马克思早期人学的思想进行开掘，有助于丰富和充实马克思主义人学的思想宝库。

在笔者看来，1843—1844年的早期人学思想是马克思对"马克思主义人学"的"第一次思想奠基"，是"马克思主义人学"的真正起点，在马克思主义人学史上有"重大开创性贡献"，对马克思主义人学范式的形成，有重大的"历史功绩"。马克思早期人学对马克思主义人学的"开创性贡献"，表现为"四个首次"。

其一，在马克思主义人学史上，首次深刻揭示人的"自然性"，提出"两种自然"的思想。

如前所述，在早期的《手稿》中，马克思将人理解为"有生命的自然存在物"，认为人作为一种生命有机体，有其生物机体和肉体组织，只有维持这种机体和组织的生存，才能延续自己的生命，进而才能从事其他活动；而要维持自身的生物机体、肉体组织的生存，就必须进行吃喝等基本的生命活动，这就需要消耗物质生活资料。这是马克思主义人学对人的"自然性"的首次深刻揭示。绝不可低估《手稿》关于人的"自然性"的上述思想，它实际上是唯物史观科学认识人类社会、人类历史及其发展规律的重要思想基础。脱离关于人的"自然性"的上述科学说明，就无法理解人类物质生产劳动的"必然性"，从而也无法理解人类社会的存在方式、发展方式及发展规律。另外，如前所述，《手稿》提出，人是"有生命的自然存在物"[①]，"人是自然界的一部分"[②]，自然界构成人的生存环境、生存条件，"人靠自然界**生活**"[③]，这其实是对马克思主义"两种自然"理论（"人自身的自然"与"人身外的自然"）的首次明确表述。

其二，在马克思主义人学史上，首次充分说明人的"社会性"，提出"人在社会联系中存在"的思想。

马克思主义对人的"社会性"的首次充分说明，对"人在社会联系中存在"这一马克思主义人学基本观点的首次明确表述，正是在（被视为

[①] 《马克思恩格斯文集》第1卷，人民出版社2009年版，第209页。
[②] 《马克思恩格斯文集》第1卷，人民出版社2009年版，第161页。
[③] 《马克思恩格斯文集》第1卷，人民出版社2009年版，第161页。

"不成熟著作"的)《批判》、《手稿》等马克思早期著作中实现的。《提纲》《资本论》及其手稿关于人的"社会性"、"人在社会关系中存在"的思想，正是以这些早期著作的相关思想为理论基础、思想出发点的，后者构成了前者的"思想源头"。这是不可否认的。关于马克思前后期人学思想的"一致性"、后期人学对早期人学的"继承性"，笔者在前文中已根据马克思相关著作的比较研究，作了详细说明。请读者参看前文，这里不重复论证。

其三，在马克思主义人学史上，首次系统分析人的"存在方式"，并以此为基础，首次科学说明"人的本质"。

恰如其分地说，马克思主义对人的"存在方式"的系统而科学的揭示，并非始于《提纲》或《形态》，而是始于1843—1844年的马克思早期著作（以《手稿》为核心著作）。正是在《手稿》等早期著作中，马克思系统揭示了人的"存在方式"：人在"活动"（指"实践"，以"劳动"为首要形式）中存在；人在"关系"（指社会关系、社会联系）中存在；人在"自然"中存在（人自身是一种有生命的自然物，并依赖于自身之外的物质自然界，后者构成其不可缺少的生存环境）；人在"意识"中存在（指人是有意识的生物物种，他通过意识认识世界，并以意识为指导改造世界）；人在"需要"中存在（人是有物质、精神需求的存在物，对自身需要的表达及实现需要的现实活动，是人的基本生活内容之一）；人在"历史"中存在（与一切自然事物、社会事物一样，"人"不是一成不变的，而是处在动态的"历史过程"中，不论是个人，还是整个人类，都有自己的"历史"）。马克思早期著作所揭示的人的这六种存在方式，基本覆盖了马克思主义关于"人的存在方式"的基本观点。另外，值得重视的是，马克思早期人学还依据对人的"存在方式"的分析，在马克思主义史上首次科学揭示了"人的本质"。具体地说，青年马克思从人的各种存在方式中，区分出最根本、最核心的两种存在方式（"人在活动中存在"、"人在关系中存在"），进而揭示出"人的本质"：人是从事劳动实践活动的人，劳动是人的本质；人是处于社会联系之网中的人，社会性是人的本质属性。

其四，在马克思主义人学史上，首次从哲学高度考察和探索人的历史发展轨迹。

我国学界一般认为，马克思首次从哲学上考察、揭示人的历史轨迹，是在著名的《1857—1858年经济学手稿》中实现的。在该著作中，马克思提出"现实的人的三大历史形态理论"，具体地说，"对人的依赖性和自身的非独立性——以对物的依赖性为基础的人的独立性——个人全面发展基础上的自由个性"，就是现实的人的历史发展轨迹。①这三大历史形态，分别是人的历史发展的三阶段，依次对应的社会形态是前资本主义社会、资本主义社会及共产主义社会。通过对马克思早期著作的仔细辨析，笔者注意到，其实早在早期的《手稿》中，马克思就探索过人的历史发展轨迹，形成了特定的哲学观点（尽管这种探索的角度与《1857—1858年经济学手稿》并不一致）。在《手稿》中，马克思将人的历史发展划分为三大历史阶段：原始的自由阶段、私有制条件下的不自由、受奴役阶段（即"异化阶段"）及未来社会的自由全面发展阶段。这三阶段，分别对应于原始公有制社会、私有制社会、未来公有制社会。马克思早期人学关于人的历史轨迹的这种划分，实际上是根据生产资料所有制性质而作出的（符合马克思主义观点的）一种正确划分，与《1857—1858年经济学手稿》的划分法并不矛盾。它们构成了马克思主义关于"人的历史发展轨迹"的两种视角、两种基本看法，二者互不冲突，并行不悖，相互补充。

第三节 《1844年经济学哲学手稿》"人"、"人的本质"概念性质的辨析

一、学界关于《手稿》"人"、"人的本质"概念的一种流行说法

众所周知，《手稿》的人学思想长期以来遭受学界流行见解的质疑和

---

① 王东、林锋：《〈资本论〉第一手稿的五大哲学创新——〈1857—1858〉年手稿的重新定位》，载《江汉论坛》2007年第6期。

责难，被视为一种"不成熟"（甚至"不科学"）的人学思想，排除在"马克思主义人学"的范畴外。其中最重要、最尖锐的"质疑"便是：《手稿》的"人"、"人的本质"带有抽象、先验色彩，青年马克思用人的理想化生存状态来与人的现实生存状态相对立，将抽象、理想化的"人的本质"（即"自由自觉劳动"）和私有制下的现实劳动、具体劳动截然对立起来，用前者来否定、指责后者，质疑后者存在的"合理性"，这一特点构成了《手稿》人学的基本特征。①

如前所述，孙伯鍨教授就明确认为，"由于受费尔巴哈人本主义的影响，马克思的异化劳动理论的基本特征就在于：用真正的人的类本质来和现实的人的存在相对立，用作为人的本质力量之表现的劳动来和异化劳动相对立。因此在这里，无论是对人或人的劳动的看法，都必然带有抽象的形而上学的性质"②；"马克思从抽象的、理想化的劳动出发，批判私有制下的现实的、具体的劳动，得出现实的劳动都是'异化劳动'的结论。显而易见，这种以抽象的'人'或'人的本质'为出发点的思维逻辑，仍旧是思辨逻辑。"③ 张一兵教授同样认为，在《手稿》中，马克思正是"以人的社会类本质——理想化的自主性劳动活动为价值悬设，即人类存在应有的本真状态，以此认证资产阶级私有财产的非人性，并提出要扬弃劳动异化，消灭私有制，复归于人的本质之共产主义理想生存状态。"④ 他还认为，"相对于古典经济学现实的客观思路，马克思的这种人本主义逻辑——理想化的悬设的劳动类本质恰恰是隐性唯心史观的。"⑤

---

① 这种理解以孙伯鍨、张一兵教授最为典型。读者可参阅孙伯鍨教授的专著《探索者道路的探索——青年马克思恩格斯哲学思想研究》（南京大学出版社2002年版）、张一兵教授的专著《回到马克思——经济学语境中的哲学话语》（江苏人民出版社1999年版）中的相关论述，也可参看他们的一些相关论文。
② 孙伯鍨：《探索者道路的探索——青年马克思恩格斯哲学思想研究》，南京大学出版社2002年版，第165页。
③ 孙伯鍨：《探索者道路的探索——青年马克思恩格斯哲学思想研究》，南京大学出版社2002年版，第178页。
④ 张一兵：《回到马克思——经济学语境中的哲学话语》，江苏人民出版社1999年版，第25页。
⑤ 张一兵：《〈1844年经济学—哲学手稿〉中的多重话语结构》，载《南京大学学报》1998年第1期。

国内学界不少知名学者,虽不完全同意孙、张二位教授对《手稿》的学术评价,但一致赞同所谓"《手稿》历史观的出发点是抽象的'人'、抽象的'人的本质'"的说法,并以此说明《手稿》的"不成熟性"。譬如,北京大学施德福教授就认为,"《手稿》在马克思主义世界观特别是唯物史观形成中的作用是不能低估的。但也应看到,它还不是成熟的马克思主义著作"①;"首先,就其实际思想内容来说,虽然在许多方面已经超越费尔巴哈而向唯物史观接近,但是作为说明历史的基本理论和方法却还没有摆脱人的本质的异化和复归的人本主义模式。在这里,作为出发点的人的本质即'自由自觉的活动',仍然带有抽象的、理想化的性质,而现实的劳动被归结为异化劳动,是人的本质的丧失,共产主义则是对私有财产即人的自我异化的积极扬弃,是人的本质的复归。这离从物质生产实践出发说明社会历史的唯物史观,显然还存在一定的差距"②。北京大学赵常林教授也认为,"《手稿》把人的本质与理想的劳动等同,作为不证自明的前提、历史的基础,把现实的生产劳动看成是它的异化。这实际上是用它来代替各历史时期的现实的生产劳动";③ 这样的历史观,"实质上并没有超出人本主义的窠臼"④。

二、《手稿》的"人"、"人的本质" 是抽象、先验的概念吗

这里,笔者打算为《手稿》的人学思想作一些必要的"辩护"和"解释"。必须澄清的是,在《手稿》中,马克思并没有抽象、先验地讲"人"、"人的本质"。事实上,在青年马克思那里,不论是"人",还是

---

① 黄楠森主编:《马克思主义哲学史》,高等教育出版社1998年版,第51页。
② 黄楠森主编:《马克思主义哲学史》,高等教育出版社1998年版,第51页。
③ 赵常林:《从马克思异化思想的演变看他对异化的理解和使用》,见北京大学哲学系编:《人道主义和异化问题研究》,北京大学出版社1985年版,第270页。
④ 赵常林:《从马克思异化思想的演变看他对异化的理解和使用》,见北京大学哲学系编:《人道主义和异化问题研究》,北京大学出版社1985年版,第270页。

"人的本质",都是在十分"现实"、"具体"的意义上理解的。与学界流行见解对《手稿》人学的指责构成"鲜明对照"的是,青年马克思非但没有把"人"、"人的本质"抽象化、神秘化,反而坚决拒斥、处处反对这种企图(即将"人"抽象化、神秘化的企图),力图客观、真实地反映、描述人的现实特征,将"人"现实化、具体化。

在《手稿》看来,"现实的人"之所以是"现实的",就在于他不仅是感性的、肉体的、有情欲的自然意义上的人①,而且是劳动的人,是能动地从事劳动实践活动的人。尤其是后者,构成了人的本质特征,是人的基本存在方式。《手稿》将人理解为"自然的人"和"劳动的人"的统一,并将劳动视为人的现实本质,这就既超越了黑格尔唯心主义(黑格尔将人等同于抽象的"自我意识"),也超越了费尔巴哈(后者基本停留在"自然的人")。马克思综合了黑格尔和费尔巴哈的合理思想,扬弃了他们各自的局限性,既将人确认为自然存在物,也充分肯定了人的能动性(劳动就是人的"能动性"的充分表现),这样他所理解的"现实的人",既是"受动"的,也是"能动"的,是能动和受动的统一。

在《手稿》中,马克思并不是从"抽象的人"出发来说明感性的、现实的劳动实践活动。恰恰相反,他是用感性、现实的劳动实践活动来把握、描述"人"这一特定的生物物种,说明人的"现实性",来定义"现实的人"。同样地,他不是用抽象的、先验的"人的本质"来说明现实的劳动实践活动,而是用后者来说明"人的本质",界定"人的本质"。关于这两点,我们可以从《手稿》中找到直接而有力的"证据"。马克思在说明人与动物的根本区别时就指出,有意识的、能动的生产劳动,是人类的"类特性"、"类生活",是人的"类本质"。用他的话说,"一个种的整体特性、种的类特性就在于生命活动的性质,而自由的有意识的活动(即生产劳动——引者注)恰恰就是人的类特性"②;"人是类存在物"③,但

---

① 在《手稿》看来,这是人的"现实性"的一个重要体现。"现实的人",当然是一种有血有肉的、有物质生活需要和情欲的生物有机体。
② 《马克思恩格斯文集》第 1 卷,人民出版社 2009 年版,第 162 页。
③ 《马克思恩格斯文集》第 1 卷,人民出版社 2009 年版,第 161 页。

"正是在改造对象世界的过程中，人才真正地证明自己是**类存在物**。这种生产是人的能动的类生活。通过这种生产，自然界才表现为**他的**作品和他的现实"①。再如，他在《手稿》中以赞赏的态度，肯定了黑格尔"把**劳动**看做人的**本质**，看做人的自我确证的本质"②的深刻思想。他还认为，黑格尔"否定性辩证法"的伟大之处首先在于，"黑格尔把人的自我产生看做一个过程，把对象化看做非对象化，看做外化和这种外化的扬弃；可见，他抓住了**劳动**的本质，把对象性的人、现实的因而是真正的人理解为**人自己的劳动**的结果。"③显然，在劳动实践活动和"人"、"人的本质"的关系上，马克思是用前者来说明后者，而不是相反。正是用感性的、现实的劳动实践活动来理解人的"现实性"，界定"人的本质"，这就使《手稿》的"人"、"人的本质"不是一个抽象、先验或神秘的概念，而成为一个现实概念、经验概念。不夸张地讲，《手稿》建立在劳动实践观点基础上的新人学，非但不是将人抽象化、神秘化的传统人学的延续，而且恰恰是对这种人学的真正终结和超越。

值得我们重视的是，《手稿》不仅从"自然属性"、"劳动实践"这两大视角、两个方面来认识和把握"人"，理解人的"现实性"，还力图从人的各种现实的"存在方式"出发，确立对"人"的多维度的、系统化的、全面的认识。进入《手稿》哲学视野的"现实的人"，不仅是有生物机体和生理需要、进行吃喝住穿等生命活动的人，从事现实的物质生产劳动或社会实践活动的人，还是处于各种现实的"社会关系"（比如生产关系、阶级关系）中的人，追求自身目的、有意识、有内在精神世界、情感欲望的人，表达并实现各种真实的需要（物质需要或精神需要）的人，以及处于现实的历史过程中的人。恰如其分地讲，《手稿》所把握到的"人"，是"有血有肉"、"有着丰富的特征、属性"、"存在方式多样化"的现实的、真实的人。

另外，《手稿》所界定的"人的本质"，完全是一种"经验生活"意

---

① 《马克思恩格斯文集》第1卷，人民出版社2009年版，第163页。
② 《马克思恩格斯文集》第1卷，人民出版社2009年版，第205页。
③ 《马克思恩格斯文集》第1卷，人民出版社2009年版，第205页。

义上的、带有"经验"色彩的"本质",而不是什么"抽象的"、"先验的"、"超验的"本质。马克思正是通过对"人"和动物的经验式观察,以此为基础和依据,来概括、界定"人的本质"的。作为"人的本质"的"生产劳动",绝不是什么外在于人的"经验生活"或与这种"经验生活"无关的抽象、神秘的东西,而是人类时刻从事的感性、现实的经验活动,是人类现实的物质经济生活的基本内容。马克思还用"生产劳动"这种经验色彩的"本质"说明人类的全部历史,拒斥人类来源问题上的宗教神创论观点(如前所述)。

至于上文提到的国内某些学者对《手稿》人学的两个"质疑"[《手稿》用"人的理想化生存状态"来反对、质疑"人的现实生存状态",用抽象、理想化的"人的本质"(即"自由自觉劳动")来批判、谴责私有制下的现实劳动、具体劳动,质疑后者存在的"合理性"],这里无需详加回应,笔者仅需略作说明。

在笔者看来,这两个"质疑"不足以否定《手稿》人学思想的"科学性"(换言之,对《手稿》人学的"科学性"不构成真正的"挑战")。

本书的第二章第三节详尽回应了上述第二个质疑,读者可自行查阅该节的论述,看看笔者的回应是否具有"说服力"。为避免大量重复,这里仅重申要点:"自由自觉劳动"的提法有其具体的"语境",马克思并未抽象地、无条件地谈论或夸大人类劳动的"自由自觉"特性,而是在分析人与动物生命活动的差别时有条件地、在相对的意义上强调劳动的"自由自觉",用"自由自觉劳动"的提法来渲染《手稿》人的本质观、劳动观的所谓"抽象性"、"理想化",是非常不妥、极不公允的;《手稿》谈论的"自由自觉劳动"不宜定性为"抽象、理想化的"劳动形式,就其内涵而言,"自由自觉劳动"并不"抽象"、"神秘",所指的不过是"自主的、有意识的劳动",更重要的是,"自由自觉劳动"不仅仅是青年马克思当时关于人类未来劳动的一种道德理想,它在人类的原始状态中是真实存在的,是人类"史前社会"中现实存在的一种具体劳动形式,他已经意识到这一点;马克思的《手稿》用其关于人类劳动的理想来批判人类劳动的现状、谴责其"非正义性",这本身并无不妥,绝不是可用以指责《手稿》劳动观（或人学）"不成熟"、"不科学"的正当理由；事实上，对私有制社会劳动现状的批判、质疑，恰恰有利于人类劳动形式的变革和进步；同样值得重视的是，马克思的《手稿》对私有制社会的现实劳动（即"异化劳动"）并非完全否定，而是持"一分为二"的辩证态度，既有批判亦有肯定。

同样地，《手稿》用一种关于人类生存条件、生存状况的正确的道德观念、道德标准来批判、谴责私有制条件下不符合人道精神、严重危害劳动者身心健康的恶劣生存状况，并无任何不妥之处。这种批判带有某种正义性、合理性。另外，《手稿》怀着一种关于劳动者生存状况的理想，以这一理想来谴责、批判不合理、不正义的劳动者现实生存状况，也是毫无不妥之处的。这些批判同样有助于人类社会的发展和进步，有利于劳动者尊严、权益、幸福的维护及劳动者的解放，是一种合理的、正当的做法，绝不是什么马克思思想"不成熟"、"不科学"的表现。我们还应注意到，《手稿》虽然对私有制条件下劳动者的悲惨境况予以了深切同情，对资本主义的非人道性、不正义性进行了强烈的谴责，但仍以一种历史的眼光，辩证地看待私有制、资本主义的是非功过，将劳动者遭受的痛苦、不幸理解为在私有制条件下不可避免的历史现象，将这种痛苦、不幸视为人类发展进程中必经的阶段性现象，视为人类文明历程中的某种"代价"。正是基于此，他在《手稿》中写道，自然科学"通过工业日益在实践上进入人的生活，改造人的生活，并为人的解放作准备，尽管它不得不直接地使非人化充分发展"①；"自我异化的扬弃同自我异化走的是同一条道路"②。应当说，《手稿》中的马克思与一般的"道德唯心主义者"是完全不同的。《手稿》对私有制、资本主义及劳动者的现实生存状态虽然予以了强烈的谴责，但其对后者的看法却不全然是一种道德批判，而是道德评价与历史评价的统一、伦理批判与辩证态度的统一，体现了青年马克思的科学精神、科学态度。这一点是被《手稿》的批评者们严重忽视的。

---

① 《马克思恩格斯文集》第1卷，人民出版社2009年版，第193页。
② 《马克思恩格斯文集》第1卷，人民出版社2009年版，第182页。

第八章 《1844年经济学哲学手稿》"人本主义"辨析

在以往我国学界的马克思思想研究中，有一种流行观点认为，马克思早期是一个"人本主义者"，有强烈的人本主义情结，人本主义、人道主义是其思想的核心内容（这尤其表现在《1844年经济学哲学手稿》中），后来他超越、抛弃了自己早期的人本主义、人道主义思想，创立了马克思主义。按照上述观点，"人本主义"是马克思早期的"不成熟思想"；"人本主义"与"马克思主义"、作为"人本主义者"的"青年马克思"与作为"马克思主义者"的"成熟马克思"是根本对立、界限分明的。持上述观点的研究者，往往以《1844年经济学哲学手稿》（以下简称《手稿》）等马克思早期著作带有强烈的"人本主义"色彩为由，质疑或否定这些著作的"科学性"与历史地位，将其认定为马克思早年的所谓"不成熟著作"，与1844年后的马克思"唯物史观成熟著作"严格区分开来。上述观点、上述做法是否合理？对马克思前后期著作进行比较研究，有助于澄清这一疑问，恢复马克思思想史的本来面目。

本章着重说明若干重要问题：马克思后来的著作是否仍有"人本主义思想"？马克思前后期著作的"人本主义思想"就其"理论实质"而言是否具有一致性？"人本主义"是"唯心史观思想"吗？"人本主义"是否构成"唯物史观"、"马克思主义"的"对立面"？

第八章 《1844年经济学哲学手稿》"人本主义"辨析

第一节 "人本主义"在马克思思想中的"一以贯之性"

一、《手稿》的"人本主义"

众所周知,作为一部早期著作,《手稿》具有强烈的人本主义倾向。该著作是自觉按照"以人为本"的宗旨来考察、评价资本主义生产方式及其剥削制度、异化劳动的,后者之所以遭到马克思的强烈谴责,并被认为必须诉诸革命手段加以摧毁,归根到底就是因为它们与"人的尊严、权益、幸福至上,反对将人本身工具化、奴役人、压迫人"的人本主义原则完全背道而驰。读者很容易察觉到,《手稿》鲜明地将人的尊严、权益、幸福置于首要位置,以捍卫劳动者的尊严、权益、幸福为己任,坚决反对(将劳动者作为创造财富之工具、践踏劳动者尊严、剥夺其幸福的)非人道做法,强烈谴责剥削阶级、异化劳动对劳动者的奴役、摧残,对劳动阶级的悲惨境况予以了深切同情。关于上述说法,可以从这一手稿中找到大量"证据"。限于篇幅,下文仅列举《手稿》中一些代表性的表述。通过下面这些代表性的言论,读者不难看出《手稿》所具有的极为强烈的"人本主义"倾向。

马克思在《手稿》中批判道,"工业直到现在还处于掠夺战争的状态"①,紧接着他引用了比雷著作中的相关描述,作为对这一论断的解释:"它像大征服者那样残酷无情地浪费那些构成其军队的人的生命。它的目的是占有财富,而不是人的幸福"②;"工业战争为了能卓有成效地进行下去,需要有人数众多的、能由它调集到一个地点并承受巨大牺牲的军队。

---

① 《马克思恩格斯文集》第1卷,人民出版社2009年版,第128页。
② 《马克思恩格斯文集》第1卷,人民出版社2009年版,第128页。

这种军队的士兵之所以能忍受强加在他们身上的重担,既不是出于忠诚,也不是由于义务,而只不过为了逃避那严酷的饥饿命运。他们对自己的长官既不爱戴,也不感恩。长官对自己的部下也毫无亲善而言。在他们眼中,这些部下不是人,仅仅是以尽可能少的花费带来尽可能多的收入的生产工具。这些日益密集的工人大众甚至没把握会经常受雇于人;把他们集合起来的工业只是在它需要他们的时候才让他们活下去;而一旦能够摆脱他们,它就毫不踌躇地抛弃他们;于是工人不得不按照人家同意的价格出卖自己的人身和力气。加在他们身上的劳动,时间越长,越使他们痛苦和厌恶,他们所得的报酬也就越少;可以看到有些工人每天连续紧张劳动16小时,才勉强买到不致饿死的权利。"① 他在《手稿》中还谴责道:"劳动本身,不仅在目前的条件下,而且就其一般目的仅仅在于增加财富而言,在我看来是有害的、招致灾难的,这是从国民经济学家的阐发中得出的,尽管他并不知道这一点。"② 他在说明"劳动异化"的原因时揭露道:"如果劳动产品不是属于工人,而是作为一种异己的力量同工人相对立,那么这只能是由于产品属于**工人之外的他人**(指"资本家"——引者注)。如果工人的活动对他本身来说是一种痛苦,那么这种活动就必然给他人带来**享受**和生活乐趣。不是神也不是自然界,只有人自身才能成为统治人的异己力量。"③《手稿》在描述异化劳动现象时谈到:"**国民经济学由于不考察工人(劳动)同产品的直接关系而掩盖劳动本质的异化**。当然,劳动为富人生产了奇迹般的东西,但是为工人生产了赤贫。劳动生产了宫殿,但是给工人生产了棚舍。劳动生产了美,但是使工人变成畸形。劳动用机器代替了手工劳动,但是使一部分工人回到野蛮的劳动,并使另一部分工人变成机器。劳动生产了智慧,但是给工人生产了愚钝和痴呆。"④ 在《手稿》的别处,他还指出:"强制**提高工资**(且不谈其他一切困难,不谈强制提高工资这种反常情况也只有靠强制才能维持),无非是**给奴隶以较多**

---

① 《马克思恩格斯文集》第 1 卷,人民出版社 2009 年版,第 128—129 页。
② 《马克思恩格斯文集》第 1 卷,人民出版社 2009 年版,第 123 页。
③ 《马克思恩格斯文集》第 1 卷,人民出版社 2009 年版,第 165 页。
④ 《马克思恩格斯文集》第 1 卷,人民出版社 2009 年版,第 158—159 页。

工资，而且既不会使工人也不会使劳动获得人的身份和尊严。"① 他还断言："即使在社会的幸福状态中工人阶级也不可能取得像所有者阶级取得的那么多好处，**没有一个阶级像工人阶级那样因社会财富的衰落而遭受深重的苦难**。"②

二、马克思后来同样坚持"人本主义"

马克思后来的"成熟著作"是否继续坚持人本主义思想呢？通过对其后期著作文本的深入考察，完全可以得出"肯定性"的结论。以下笔者同样列出《资本论》及其手稿中若干代表性论述，来验证这一结论。

在《1857—1858年经济学手稿》中，马克思写道："古代的观点和现代世界相比，就显得崇高得多，根据古代的观点，人，不管是处在怎样狭隘的民族的、宗教的，政治的规定上，毕竟始终表现为生产的目的，在现代世界，生产表现为人的目的，而财富则表现为生产的目的。"③ 在该著作中，他还批判道："在资产阶级经济以及与之相适应的生产时代中，人的内在本质的这种充分发挥，表现为完全的空虚化；这种普遍的对象化过程，表现为全面的异化，而一切既定的片面目的的废弃，则表现为为了某种纯粹外在的目的而牺牲自己的目的本身。"④

很显然，马克思是基于下述理由赞扬古代世界、批评现代世界（资本主义世界）的：古代世界将人作为生产的目的，也就是将人的重要性至于生产的重要性之上，生产是从属于人，作为服从于人的需要的工具、手段而存在的；现代世界却反其道而行之，将人（指劳动者）贬低为生产的工具、手段，生产成了比人本身更重要的东西，而生产是"以创造财富为目

---

① 《马克思恩格斯文集》第1卷，人民出版社2009年版，第167页。
② 《马克思恩格斯文集》第1卷，人民出版社2009年版，第119页。
③ 中国社会科学院哲学所历史唯物主义研究室、中国历史唯物主义研究会编：《马克思恩格斯列宁斯大林论人性、异化、人道主义》，清华大学出版社1983年版，第281页；《马克思恩格斯全集》第30卷，人民出版社1995年版，第479页。
④ 《马克思恩格斯全集》第30卷，人民出版社1995年版，第480页。

的"的，财富成了现代世界中至高无上的终极目的，人则沦为了创造财富的手段（指生产）的手段。从这里读者很容易看出，马克思对古代世界的赞扬、对现代资本主义世界的批判，是建立在以人为本的人本主义思维范式的基础上的。显然，在他看来，人在世界中是最重要、最高贵的，物的因素（财富）及其生产都应当是为人本身服务的工具性、手段性的东西，绝不能本末倒置，将非人的因素（财富）凌驾于人之上，将人贬低为工具或手段。现代世界之所以遭到马克思的强烈谴责，就是因为它犯了这种本末倒置的原则性错误，错误地抬高了非人的因素（财富），不恰当地贬低了人这种最重要、最高贵的存在物，"为了某种纯粹外在的目的而牺牲自己的目的本身"（马克思语）。

另外，马克思在《资本论》第三卷中揭露、批判了资本主义生产方式的反人道性质（不惜以损害工人的健康为手段、代价，来提高资本家的利润率），他写道："因为工人的一生绝大部分时间都是在生产过程中度过的，所以，生产过程的条件大部分也就是工人的能动生活过程的条件，是工人的生活条件，这些生活条件的节约，是提高利润率的一种方法；正如我们在前面已经看到的，过度劳动，把工人变成一种役畜，是加速资本自行增殖，加速剩余价值生产的一种方法。这种节约的范围包括：使工人挤在一个狭窄的有害健康的场所，用资本家的话来说，这叫作节约建筑物；把危险的机器塞进同一些场所而不安装安全设备；对于那些按其性质来说有害健康的生产过程，或对于象采矿业中那样有危险的生产过程，不采取任何预防措施，等等。更不用说缺乏一切对工人来说能使生产过程合乎人性、舒适或至少可以忍受的设备了。从资本主义的观点来看，这会是一种完全没有目的和没有意义的浪费。总之，资本主义生产尽管非常吝啬，但对人身材料却非常浪费，正如另一方面，由于它的产品通过商业进行分配的方法和它的竞争方式，它对物质材料也非常浪费一样；资本主义生产一方面使社会失去的东西，就是另一方面使单个资本家获得的东西"[①]；"在工人即活劳动的承担者，同他的劳动条件的经济的，即合理而节约的使用

[①] 中国人民大学编：《马克思恩格斯论人性、人道主义和异化》，人民出版社1984年版，第389页。

之间，存在着异化和毫不相干的现象。资本主义生产方式按照它的矛盾的、对立的性质，还把浪费工人的生命和健康，压低工人的生存条件本身，看作不变资本使用上的节约，从而看作提高利润率的手段"①。

马克思在《剩余价值理论》第一册中则揭露、批判了资本主义条件下工人沦为生产资料、劳动条件的附属物、沦为后者的手段的现象："**资本的生产性**（即使仅仅考察劳动对资本的**形式上的**隶属），首先在于**强迫进行剩余劳动**，强迫进行超过直接需要的劳动。这种强迫，是资本主义生产方式和以前的生产方式所共有的，但是，资本主义生产方式是以更加有利于生产的方式实行并采用这种强迫的。即使考察这种纯粹形式上的关系，考察资本主义生产的较不发达阶段和较为发达阶段所共有的**一般**形式，**生产资料**，劳动的物的条件——劳动材料、劳动资料（以及生活资料）——也不是从属于工人，相反，是工人从属于它们。不是工人使用它们，而是它们使用工人。正因为这样，它们才是资本。'资本**使用**劳动'对工人来说，它们不是生产产品的手段，不论这些产品采取直接生存资料的形式，还是采取交换手段，商品的形式。相反，工人对它们来说倒是一个手段，它们依靠这个手段，一方面保存自己的价值，另一方面使自己的价值转化为资本，也就是说，吸收剩余劳动，使自己的价值增殖。"②

《资本论》第一卷愤怒谴责了资本主义生产方式对劳动者的严重摧残和奴役，彻底揭穿了其反人道的本质，以下这段话极具代表性和总结性："在资本主义体系内部，一切提高社会劳动生产力的方法都是靠牺牲工人个人来实现的；一切发展生产的手段都变成统治和剥削生产者的手段，都使工人畸形发展，成为局部的人，把工人贬低为机器的附属品，使工人受劳动的折磨，从而使劳动失去内容，并且随着科学作为独立的力量被并入劳动过程而使劳动过程的智力与工人相异化；这些手段使工人的劳动条件变得恶劣，使工人在劳动过程中屈服于最卑鄙的可恶的专制，把工人的生

---

① 中国人民大学编：《马克思恩格斯论人性、人道主义和异化》，人民出版社1984年版，第425页。
② 中国人民大学编：《马克思恩格斯论人性、人道主义和异化》，人民出版社1984年版，第458—459页。

活时间变成劳动时间,并且把工人的妻子儿女都抛到资本的札格纳特车轮下。但是,一切生产剩余价值的方法同时就是积累的方法,而积累的每一次扩大又反过来成为发展这些方法的手段。由此可见,不管工人的报酬高低如何,工人的状况必然随着资本的积累而日趋恶化。最后,使相对过剩人口或产业后备军同积累的规模和能力始终保持平衡的规律把工人钉在资本上,比赫裴斯塔司的楔子把普罗米修斯钉在岩石上钉得还要牢。这一规律制约着同资本积累相适应的贫困积累。因此,在一级是财富的积累,同时在另一级,即在把自己的产品作为资本来生产的阶级方面,是贫困、劳动折磨、受奴役、无知、粗野和道德堕落的积累。"①

从马克思对资本主义生产方式反人道本质的严厉批判、他对劳动者被工具化、被奴役的愤怒反应中,我们不难明白:"人本主义"仍然是他后来的"成熟著作"的基本价值观;"人的尊严、权益、幸福至上,反对将人本身工具化、奴役人、压迫人"的人本主义思想仍然是这些著作的基本思想,马克思前后期著作的人本主义思想就其"理论实质"而言是一致的。

除《资本论》及其手稿提供的基本证据外,马克思后来多次正面使用"人道"概念,对"人道"或"人道主义"持积极肯定的态度,这一事实同样是支持上述结论的重要证据,同样值得研究者重视。

他在《论土地国有化》中写道:"土地国有化将使劳动和资本之间的关系彻底改变,归根到底将完全消灭工业和农业中的资本主义生产方式。那时,阶级差别和特权将与它们赖以存在的经济基础一同消失。靠他人的劳动而生活将成为往事。同社会相对立的政府或国家将不复存在!农业、矿业、工业,总而言之,一切生产部门都将逐渐地用最合理的方式组织起来。**生产资料的全国性的集中**将成为由自由平等的生产者的联合体所构成的社会的全国性基础,这些生产者将按照共同的合理的计划自觉地从事社

---

① 中国人民大学编:《马克思恩格斯论人性、人道主义和异化》,人民出版社1984年版,第479—480页。

会劳动。这就是十九世纪的伟大经济运动所引向的人道目标。"①《法兰西内战》则指出："公社并不取消阶级斗争，工人阶级正是通过阶级斗争致力于消灭一切阶级，从而消灭一切阶级统治（因为公社并不代表一种特殊利益；它代表着'劳动'的解放，而劳动是个人生活和社会生活的基本的、自然的条件，唯有靠篡夺、欺骗、权诈才能由少数人把它转嫁到多数人身上），但是，公社提供合理的环境，使阶级斗争能够以最合理、最人道的方式经历它的几个不同阶段。"② 他在《华盛顿政府与西方列强》中则认为："事实上，1856 年的宣言在慈善的词句后面隐藏着很大的不人道。它原则上把战争从各国人民的战争变成了各国政府的战争。它赋予财产以不可侵犯性，但是对人却不给予这种不可侵犯性。它为贸易挡住了战争恐怖，从而使工商业阶级可以无视这种恐怖。"③ 此外，根据《德意志—布鲁塞尔报》关于布鲁塞尔德意志工人协会1847 年12 月31 日举行新年晚会的报道，马克思在该晚会上做了发言："并用法语为布鲁塞尔民主协会祝酒；他在清楚和确切的分析中强调了与专制制度相对立的比利时自由派的使命，正确评价了国家的自由主义宪法的良好作用，宪法允许自由争论、结社权利和为整个欧洲的利益播撒人道主义的种子。（热烈鼓掌）"④。

作为马克思的理论知音、志同道合的革命战友，"成熟恩格斯"对"人道主义"的充分肯定，也有助于引导读者确信："人本主义"、"人道主义"与马克思"成熟思想"、与"马克思主义"并不构成"对立"。在此，笔者以恩格斯《在伦敦举行的各族人民庆祝大会》中的一个重要论断，来结束本节的论证："所有的无产者生来就没有民族的偏见，所有他们的修养和举动实质上都是人道主义的和反民族主义的。只有无产者才能够消灭各

---

① 中国人民大学编：《马克思恩格斯论人性、人道主义和异化》，人民出版社1984 年版，第534 页。
② 中国社会科学院哲学所历史唯物主义研究室、中国历史唯物主义研究会编：《马克思恩格斯列宁斯大林论人性、异化、人道主义》，清华大学出版社1983 年版，第394 页。
③ 中国人民大学编：《马克思恩格斯论人性、人道主义和异化》，人民出版社1984 年版，第385 页。
④ 中国人民大学编：《马克思恩格斯论人性、人道主义和异化》，人民出版社1984 年版，第287 页。

民族的隔离状态，只有觉醒的无产阶级才能够建立各民族的兄弟友爱。"①

第二节 对《1844年经济学哲学手稿》"人本主义"的几点辩护

《1844年经济学哲学手稿》的"人本主义"，长期以来遭到学界流行观点的非议，被视为一种与马克思主义相对立的思想倾向。而《手稿》中马克思用"人本主义"及其道德观念来批判私有制条件下的社会现实，往往被我国不少学者视为一种"唯心主义思维方式"，成了这些学者批判、否定《手稿》，将其排除在"马克思主义著作"的范畴之外的"依据"。在本节中，笔者根据自己的学术理解，谈谈如何正确认识《手稿》的"人本主义"。

笔者这里力图澄清几个关键性问题：《手稿》的"人本主义"，是否确如学界流行观点所认定的那样，是一种"抽象的"意识形态？《手稿》用"人本主义"及其道德观念来批判资本主义社会的黑暗现实，究竟有无"不妥"之处？"人本主义"与"唯心主义"之间，是否存在着内在的、必然的"关联性"？"人本主义"是唯心史观思想吗？《手稿》的"人本主义"是否是所谓的"资产阶级意识形态"？"人本主义"与唯物史观、马克思主义之间是"根本对立"、"互不相容"的吗？

一、《手稿》的"人本主义"有其具体、明确的思想内涵，是"合理的""正义的"、"可实现的"

众所周知，马克思的早期著作（以《手稿》最为典型）及其历史观

---

① 中国社会科学院哲学所历史唯物主义研究室、中国历史唯物主义研究会编：《马克思恩格斯列宁斯大林论人性、异化、人道主义》，清华大学出版社1983年版，第394页。

具有强烈的"人本主义倾向"。笔者注意到,对马克思早期人本主义、人道主义思想进行批评的论者,往往在他青年时代的"人本主义"、"人道主义"之前人为加上一个定语(即"抽象的"),借以表达对这种"人本主义"、"人道主义"之"科学性"的否定,并将其与"唯心主义"联系起来。在他们看来,马克思早期著作的"人本主义"(比如《手稿》的"人本主义")是一种缺乏具体内涵的、抽象空洞的价值观或意识形态。实际上,这种看法是不准确的。

客观地说,青年马克思的确继承并坚守"以人为本"这一传统人本主义的基本理念、核心思想,但他的《手稿》等早期著作从未脱离具体的社会现实、经验事实,抽象、笼统、空洞地讲"以人为本"、"人本主义"。人本主义的基本理念是被有意识地融合到他对具体社会历史问题的分析或认识中去的。此外,《手稿》等早期著作的"人本主义",是一种以特定群体(劳动群众)为主要维护对象、重点反映无产阶级的利益诉求、以捍卫其尊严、权益与幸福为主要使命的人本主义。可见,他的人本主义是一种"具体的"人本主义。这种人本主义与脱离社会现实、缺乏经验分析的思辨式人本主义以及忽视阶级差别、鼓吹"阶级调和论"及"泛爱"的费尔巴哈式人本主义[1]有根本区别。在笔者看来,《手稿》的人本主义绝不是仅有"以人为本"这样的抽象理念,而是有着更加丰富的思想内涵,大致可概括为下列要点:社会应关爱每一个体(尤其是处于弱势地位的普通劳动者);个体之间、社会成员之间应当是平等、互助、相互友爱的,剥削阶级对劳动阶级的剥削、奴役、压迫是非正义的、反人道的;普通劳动者应享有与其他人群同样的生存权、发展权,不应成为剥削阶级追逐私人财富的工具或手段,其尊严、权益应得到尊重或保障;物质财富应当以"造福于人、促进人的幸福"为其存在的基本价值,相对于人的尊严和幸福而言,它始终应当是第二位的、从属性的,人的尊严与幸福才是首要的、第一位的,绝不能本末倒置,以牺牲人(指劳动者)的尊严与幸福为

---

[1] 我们知道,恩格斯晚年曾在《路德维希·费尔巴哈和德国古典哲学的终结》一书中,对费尔巴哈的阶级调和论及其建立所谓"爱的宗教"的浪漫主义构想进行了深刻批判(读者可参看《马克思恩格斯文集》第 4 卷,人民出版社 2009 年版,第 287—295 页)。

代价来换取物质财富的发展;"维护人民的尊严、权益和幸福",应成为人类社会的经济、政治及精神活动的首要原则。应当说,这些内涵是马克思针对私有制社会中关于人与人、财富与人的关系的黑暗现实及劳动阶级的悲惨境况而形成的有针对性的原则和理想,有明确而具体的思想内容。

笔者还要提醒上述论者,一种思想的所谓"抽象性",并不等同于或意味着"非科学性"、"反科学性",二者之间没有必然联系。仅仅因为一种思想的"抽象性"便否定其"科学性",这是一种毫无道理的荒谬做法。一种具有"抽象性"的思想,完全可能是正确的、合理的。譬如,虽然"以人为本"的思想具有"抽象性"(当人们不联系具体的经验事实,笼统、单纯地讲"以人为本"时,这种"以人为本"的说法便是抽象的),但我们却不能说,这种思想是"错误的"、"不科学的",或者是"唯心主义的"。我们知道,"以人为本"是一种与人类基本价值观完全吻合的、具有进步色彩的正确理念。

笔者还认为,马克思《手稿》的人本主义思想不仅是具体的、有针对性的,而且是合理的、正义的。这些人本主义思想,实质上表达了私有制社会中被压迫者(劳动阶级)及维护公平正义的知识阶层的共同呼声,具有高度的合理性与正义性。既然在私有制社会中被压迫者反抗剥削与奴役、知识阶层维护被压迫、被奴役的劳动阶级的尊严与权益是合理的、正义的,那么,我们也应承认,马克思的这些以"倡导人与人之间的平等友爱、抵制人对人的奴役、捍卫劳动者的尊严和幸福"为宗旨的人本主义、人道主义原则、理想具有合理性、正义性。这些道理无须笔者赘述,读者也容易理解。不仅如此,这些原则、理想还具有"可实现性",绝非不切实际的幻想、空想。在《手稿》等早期著作看来,无产阶级革命便是实现上述人本主义理想、原则的现实途径,作为理想社会的"社会主义社会"有条件而且应当实现这些理想和原则。很显然,马克思主义者所建立的"社会主义社会",正是以"社会关爱个体,社会成员平等、互助、友爱,人民尊严、利益和幸福至上,消灭人对人的剥削、奴役、压迫现象,人的尊严和幸福优先于物质财富的创造,劳动者成为社会的主人,获得自由而全面的发展"为基本原则、基本特征的。这种理想社会不仅与青年马克思的上述人本主义原则、理想毫不矛盾、毫不冲突,而且正是后者的充分实现。事实上,也唯有"社会主义社会"(而不是标榜"自由"、"平等"、"博爱"的资本主义社会)能够真正实现这些原则、理想。

二、马克思用人本主义及其道德观念来批判资本主义黑暗现实并无不妥之处

在笔者看来,马克思的早期著作(《手稿》最为典型、最为鲜明)用人本主义及其道德观念来批判资本主义社会的黑暗现实,这本身并无不妥,根本谈不上是什么"唯心主义"。实际上,根据恩格斯《路德维希·费尔巴哈和德国古典哲学的终结》一书提出的"唯物主义"和"唯心主义"的界定标准[①],唯心主义者之所以是"唯心主义"的,其原因并不在于他用什么"人本主义及其道德观念来批判现实、谴责现实",而在于他对"物质与精神之关系"所作的歪曲性解释。笔者在上文中已经指出,马克思《手稿》的人本主义思想并非"抽象"、"空洞",而是"具体的"、"有针对性"的,其宗旨是"倡导人与人之间的平等友爱、抵制人对人的奴役、捍卫劳动者的尊严和幸福",这种人本主义是"合理"而"正义"的,而且完全可以被"实现"。试问,根据这样的人本主义及其道德观念来批判、质疑与之相矛盾的资本主义社会黑暗现实,又有何不妥之处?这种批判、质疑怎么能说是错误的或"唯心主义"的呢?!难道资本主义社

[①] 恩格斯在该书中谈到了界定、区分"唯物主义"与"唯心主义"的唯一标准:"全部哲学,特别是近代哲学的重大的基本问题,是思维和存在的关系问题……思维对存在的地位问题,这个在中世纪的经院哲学中也起过巨大作用的问题:什么是本原的,是精神,还是自然界?——这个问题以尖锐的形式针对着教会提了出来:世界是神创造的呢,还是从来就有的?哲学家依照他们如何回答这个问题而分成了两大阵营。凡是断定精神对自然界说来是本原的,从而归根到底承认某种创世说的人(而创世说在哲学家那里,例如在黑格尔那里,往往比在基督教那里还要繁杂和荒唐得多),组成唯心主义阵营。凡是认为自然界是本原的,则属于唯物主义的各种学派。除此之外,唯心主义和唯物主义这两个用语本来没有任何别的意思,它们在这里也不是在别的意义上使用的。下面我们可以看到,如果给它们加上别的意义,就会造成怎样的混乱。"(《马克思恩格斯文集》第4卷,人民出版社2009年版,第277—278页)

会的黑暗现实（比如严重摧残、奴役劳动者的"异化劳动"）本身不该被批判或质疑吗？毫不夸张地说，对资本主义社会黑暗现实的批判、质疑，恰恰有利于人类社会的进步。如果连批判资本主义社会黑暗现实的勇气都没有，人类又如何能超越资本主义，进入更加理想、美好的未来社会呢？应当说，马克思基于合理、正义的人本主义理想而对资本主义社会黑暗现实展开的批判、质疑，既有其进步性，又有其必要性。

对于笔者的上述质疑，持上述流行观点的论者可能会申辩道：马克思的《手稿》用某些正义的人本主义道德理想批判、质疑黑暗的社会现实，固然有其合理性，但问题是，作为青年马克思批判武器的人本主义道德观是一种高度理想化的道德观，而且他没有实事求是地承认批判对象（比如以剥削为特征的资本主义生产方式、严重摧残和奴役劳动者的"异化劳动"）在特定历史条件下存在的必然性、合理性，而是对后者进行了单纯道德意义上的苛责，这与马克思后来对资本主义及其社会现实"一分为二"的辩证科学评价背道而驰，这些事实表明他当时并未超越传统的道德唯心主义者。

对于上述说法，笔者的回应是：

其一，作为批判武器的马克思早期人本主义思想中当然蕴含着或体现了他关于人类社会的某些道德理想（上文所述的马克思《手稿》"人本主义"的那些具体内涵便具有鲜明的"道德意味"，可以理解为他关于人类社会的某些道德理想），但这些道德理想并非乌托邦式的幻想，而是具有可实现性（通过无产阶级革命建立社会主义社会，便是实现这些理想的现实途径）。说马克思的人本主义道德观"高度理想化"（在中国人的语境中，"高度理想化"往往带有"因过度完美而无法实现"的意蕴），容易对读者造成某种误导，得出这些道德理想"遥不可及"、"无法实现"的错误看法。用"高度理想化"来描述马克思早期著作（譬如《手稿》）的人本主义道德观的特征，是很不准确、很不妥当的。试想，如果这些人本主义道德理想并未遥不可及，而是完全可以实现（况且，如前所述，这些道德理想还是"合理的"、"正义的"），那么，用这些（可实现的、合理而正义的）道德理想来批判、质疑（不合理、不正义、应当也能够加以变革的）资本主义黑暗现实又有何不可呢？这种批判、质疑是加速资本主义灭亡、未来理想社会到来的重要精神动力，有益于人类社会的变革与进步。

其二，马克思在其《手稿》中已经能够理性地、"一分为二"地认识、评价其批判对象（包括资本主义生产方式、异化劳动等）。断定《手稿》对资本主义及其社会现实进行"单纯的道德谴责"，是明显违背事实的。如果事实果真如此，如果在马克思看来"资本主义一无是处"，《手稿》又何必承认资本主义生产方式战胜封建制生产方式的历史必然性呢？这不是自相矛盾吗？任何仔细读过《手稿》的研究者都知道，马克思在该著作中说过这样的话："由**现实的**发展进程（这里插一句）产生的结果，是**资本家**必然战胜**土地所有者**，也就是说，发达的私有财产必然战胜不发达的、不完全的私有财产。"① 这段话是他承认"资本主义生产方式优越于封建式生产方式"、肯定前者战胜后者具有"历史必然性"的重要证据。《手稿》还深刻揭示了资本主义生产方式战胜封建领主制生产方式的主要原因。在该著作看来，前者之所以能够并必然战胜后者，其根源就在于，资产阶级"发现并促使人的劳动代替死的物而成为财富的源泉"。② 既然青年马克思承认资本主义生产方式替代封建生产方式的必然性、合理性，认可这种生产方式（相对于封建生产方式）的优越性，便不可能对资本主义社会及其生产方式进行单纯的道德谴责。至于"异化劳动"这种严重摧残劳动者的不正义、不人道的劳动形式，马克思也没有采取简单否定的形而上学态度，而是理性地承认了这种劳动形式（在特定历史条件下存在）的必然性、合理性及其"历史功绩"。青年马克思对异化劳动（在特定历史条件下存在）的"必然性"、"合理性"的承认，可以从《手稿》的下面两句话中得到有效的证明："全部人的活动迄今为止都是劳动，也就是工业，就是同自身相异化的活动"③；"获得自由的、本身自为地构成的**工业**和**获得自由的资本**，是劳动的必然**发展**"④。把这两句话联系起来，

---

① 《马克思恩格斯文集》第1卷，人民出版社2009年版，第176页。
② 林锋：《〈1844年手稿〉的逻辑主线究竟是什么？——兼评"两种逻辑论"》，载《东岳论丛》2006年第4期；《马克思恩格斯文集》第1卷，人民出版社2009年版，第176页。
③ 《马克思恩格斯文集》第1卷，人民出版社2009年版，第193页。
④ 《马克思恩格斯文集》第1卷，人民出版社2009年版，第173页。

我们便不难明白：马克思对工业、资本主义生产方式及（作为二者之基础）的异化劳动（在特定历史时期存在）的必然性和合理性是充分承认的，否则他就不会说工业、资本是"劳动的必然发展"了。在他看来，异化劳动、资本主义生产方式在（特定历史阶段）的产生与发展，是符合社会发展客观规律的必然性现象。至于青年马克思肯定异化劳动之"历史功绩"的证据，笔者已在本书第五章第一节中作了说明，这里不重复论证，请读者参看该节的论述。

三、"人本主义"与"唯心主义"无必然联系，唯物主义者亦可持有人本主义立场

持上述流行观点的论者，往往将"人本主义"与"唯心主义"人为地联系起来，认为人本主义者必然在历史观上陷入"唯心主义"。这种看法是相当偏颇的。事实上，"人本主义"、"人道主义"尊崇和强调的是人的地位、尊严和幸福，其实质是以人为本，是一种正确的价值观，它本身并不必然导致"唯心主义"，后者则是一种错误的哲学世界观，其关注的基本问题是物质与精神的关系问题。显然，二者的"性质"不同（"人本主义"首先是价值观，"唯心主义"则是世界观，前者正确，后者则错误），所考察的基本问题亦不同（前者考察的主要是人的地位、尊严、幸福问题，后者考察的则是物质与精神的关系问题），二者之间根本没有任何直接的或必然的联系。我们实在没有理由强行将它们捆绑在一起。笔者想反问将"人本主义"与"唯心主义"联系起来的上述论者：你将不同性质的这两者强行联系起来，认为人本主义者必然同时是唯心主义者，究竟有什么根据？的确，有的人本主义者在历史观上陷入了唯心主义（比如费尔巴哈），但我们却不能机械、笼统地断定：凡属人本主义者，必定同时是历史观上的唯心主义者。

在笔者看来，马克思的《手稿》等早期著作在价值观上坚持人本主义，在历史观上却坚持唯物主义，只是这种"唯物史观"还不够完善，还

有待深化、发展而已。我们不妨认真想一想，马克思早期哲学已初步确立了唯物史观的不少基本原理、基本观点（举例来说，《黑格尔法哲学批判》初步阐明了"经济因素决定上层建筑"的唯物史观原理①，《论犹太人问题》《〈黑格尔法哲学批判〉导言》深刻探讨了唯物史观的人类解放理论②，《手稿》确立了劳动史观的基本思想③，等等），我们又怎能说这些著作在历史观上仍是"唯心史观"呢？我们还应意识到，如前所述，在被视为"马克思主义成熟著作"（马克思写于1844年后）的马克思论著（比如《资本论》及其手稿）中，人本主义及其价值观根本没有销声匿迹，而是获得了新的表现形式（与此同时，马克思的"唯物史观观点"也得到了更透彻的展示），这些"成熟的马克思论著"中蕴含的强烈人本主义精神，敏锐的读者不难察觉到。如前所述，马克思的《1857—1858年经济学手稿》（即《资本论》第一手稿）根据人本主义思维方式，赞扬了古代世界"将人作为生产的目的"的做法，批判了现代资本主义世界以追逐财富为终极目的、"将人贬低为生产的工具、手段"的反人道做法④；《剩余价值理论》第一册揭露、批判了资本主义条件下工人沦为生产资料、劳动条件的附属物和手段的非人道现象⑤；《资本论》第一卷谴责了资本主义生产方式对劳动者的严重摧残和奴役，揭穿了其反人道的本质⑥，等等。马克思在1844年后还经常从正面意义上使用"人道"概念，对这一概念持积极肯定的态度（如前所述），这同样是他继续坚持人本主义、人道主义的明证。如前所述，他在《论土地国有化》中便谈道："土地国有

---

① 参看林锋：《〈黑格尔法哲学批判〉的四大哲学创新——兼评"〈黑格尔法哲学批判〉不成熟论"》，载《北京行政学院学报》2010年第5期。
② 参看林锋：《马克思〈问题〉与〈导言〉人类解放理论新探——兼评所谓"〈问题〉、〈导言〉不成熟论"》，载《东岳论丛》2011年第4期。
③ 参看林锋：《〈1844年经济学—哲学手稿〉历史观出发点新探——"抽象人本学出发点"质疑》，载《社会科学研究》2007年第1期。
④ 参看中国社会科学院哲学所历史唯物主义研究室、中国历史唯物主义研究会编：《马克思恩格斯列宁斯大林论人性、异化、人道主义》，清华大学出版社1983年版，第281页；《马克思恩格斯全集》第30卷，人民出版社年版，第479页。
⑤ 参看中国人民大学编：《马克思恩格斯论人性、人道主义和异化》，人民出版社1984年版，第458—459页。
⑥ 中国人民大学编：《马克思恩格斯论人性、人道主义和异化》，人民出版社1984年版，第479—480页。

化将使劳动和资本之间的关系彻底改变,归根到底将完全消灭工业和农业中的资本主义生产方式。那时,阶级差别和特权将与它们赖以存在的经济基础一同消失。靠他人的劳动而生活将成为往事。同社会相对立的政府或国家将不复存在!农业、矿业、工业,总而言之,一切生产部门都将逐渐地用最合理的方式组织起来。**生产资料的全国性的集中**将成为由自由平等的生产者的联合体所构成的社会的全国性基础,这些生产者将按照共同的合理的计划自觉地从事社会劳动。这就是十九世纪的伟大经济运动所引向的人道目标。"① 在这里,马克思将"生产资料的全国性的集中成为由自由平等的生产者的联合体所构成的社会的全国性基础,生产者按照共同的合理的计划自觉地从事社会劳动"这一未来社会主义社会的主要经济特征理解为一种"人道目标"。显然在"成熟马克思"那里,人本主义、人道主义与社会主义毫不矛盾,后者正是前者的充分实现。在他看来,社会主义社会对"人道主义"、"人本主义"的运用与贯彻,较之资本主义社会,更加真实、更加自觉、更加彻底。上述论者为什么不说以上这些"成熟著作"(《1857—1858年经济学手稿》、《剩余价值理论》第一册、《资本论》第一卷、《论土地国有化》)也陷入了"唯心史观"呢?事实上,唯物主义者完全可以同时成为人本主义者,也应当成为人本主义者,并不会因此陷入唯心主义("成熟马克思"便是铁证)。从根本上说,是否坚持"人本主义",涉及的是"是否尊重人的地位、尊严和幸福,是否以人为本"的问题,而不是"是否夸大精神性因素在世界中的地位、将其夸大为物质性因素的本原、创造者"(如前所述,按照恩格斯的说法,这才是界定是否"唯心主义"的真正依据)的问题。一个唯物主义者,为什么不能有或不该有人本主义情怀呢?难道他强调人相对于物的优先地位、以人为本、重视人的尊严和幸福就成了唯心主义者?这些道理无须赘述,读者亦能理解,笔者相信读者中(与笔者)持相同看法者未必是少数,在党中央大力倡导的以人为本的科学发展观已深入人心的情况下,笔者更有理由持这一乐观态度。

---

① 中国人民大学编:《马克思恩格斯论人性、人道主义和异化》,人民出版社1984年版,第534页。

在上文中，笔者明确赞成国内学界中的这样一种看法：青年马克思是一个人本主义者，他的早期著作具有鲜明的人本主义倾向（这种看法早已成为国内学界的主流观点）。那么，能否认为马克思早期著作的历史观（譬如《手稿》的历史观）是一种"人本主义历史观"呢？对此，笔者同样持肯定态度。笔者认为，可以在下述意义上接受马克思早期著作的历史观是"人本主义历史观"的说法：马克思早期著作（比如《手稿》）的历史观自觉坚持并运用"以人为本"的价值观，以后者为价值标准来认识、评价历史，以抵制人对人的奴役、高扬人的地位、尊严和幸福为鲜明特征，这种历史观与人本主义价值观是和谐结合、浑然一体、不可分割的。本文坚决反对的，并不是"马克思早期哲学的历史观是人本主义历史观"这样的看法，而是将马克思早期哲学的人本主义历史观不假思索地贴上"唯心主义"标签、不加辨析地将其归入唯心史观阵营的偏颇做法。在笔者看来，马克思早期哲学所初步确立的许多重要的唯物史观思想（比如"经济因素决定上层建筑"的思想、无产阶级革命与人类解放理论、唯物主义宗教观、劳动史观思想等）充分表明：他当时在历史观上已基本是一个唯物主义者，正在积极构建唯物史观的理论大厦。澄清这一点，有助于正确认识马克思早期著作的哲学价值、理论贡献及历史地位，恢复马克思思想史的本来面目。

四、《手稿》的"人本主义"思想不宜定性为"资产阶级意识形态"

学界的传统观点认为，"人本主义"是一种资产阶级意识形态，具有抽象性与理想化色彩，与"唯物史观"这一科学的、无产阶级的马克思主义历史观是根本对立的、互不相容的。按照此观点，人本主义与无产阶级意识形态势同水火，根本不可能存在什么"马克思主义性质的人本主义"。然而，在笔者看来，上述说法对人本主义的阶级定位是过于狭窄的。笔者首先想提醒上述论者："人本主义"实质上是一种价值观，它以倡导人与人之间的平等友爱、抵制人对人的奴役、捍卫人的尊严和幸福为宗旨（如前所述），对于这种价值观，无产阶级、马克思主义者同样应当（而且比资产阶级更应当）加以采纳或吸收，作为自己的基本价值观之一①；如果认为只有资产阶级才持有人本主义立场，只有资产阶级才配称作"人本主义者"，只有资产阶级才倡导人与人之间的平等友爱、抵制人对人的奴役、重视人的尊严和幸福，岂不是对资产阶级及其意识形态的过度美化，对无产阶级、马克思主义意识形态的严重贬低？事实上，将人本主义默认为或宣称为"资产阶级思想的专利"，既无意中拔高了资产阶级的意识形态，亦严重贬低了"人本主义"，是很不妥当的。另外，笔者还想提醒上述论者，同其他许多社会事物一样，人本主义也有自己不断发展、完善的过程，我们完全应当用发展的眼光来看待人本主义，没必要将资本主义式的早期人本主义视为人本主义的唯一形式。事实上，它不过是人本主义的低级阶段而已，绝不是后者的唯一形式、终极形式。马克思主义的新人本主义才是"人本主义"的高级阶段，是一种高层次的、更加科学、更加先进的人本主义。我们应当超越资产阶级式抽象人本主义，坚持和完善马克思开创的马克思主义性质的"新人本主义"。以"人本主义、人道主义是资产阶级意识形态"为所谓"依据"来说明马克思早期人本主义思想与唯物史观之间的所谓"对立"是很不妥当的。

五、《手稿》的"人本主义"与"唯物史观"并不构成"对立"

如前所述，《手稿》"人本主义"的基本内涵是：社会应关爱每一个体（尤其是处于弱势地位的普通劳动者）；个体之间、社会成员之间应当

---

① 当然，这绝不是说，无产阶级、马克思主义者必须照搬资产阶级式的人本主义（显然，资产阶级的人本主义有其重大的历史局限性），而是认为，前者必须吸收人本主义的合理内核，继续发扬并深化、拓展人本主义（事实上，马克思正是这样对待"人本主义"的），而不宜将自身与"人本主义"对立起来。

第八章 《1844年经济学哲学手稿》"人本主义"辨析

是平等、互助、相互友爱的，剥削阶级对劳动阶级的剥削、奴役、压迫是非正义的、反人道的；普通劳动者应享有与其他人群同样的生存权、发展权，不应成为剥削阶级追逐私人财富的工具或手段，其尊严、权益应得到尊重或保障；物质财富应当以"造福于人、促进人的幸福"为其存在的基本价值，相对于人的尊严和幸福而言，它始终应当是第二位的、从属性的，人的尊严与幸福才是首要的、第一位的，绝不能本末倒置，以牺牲人（指劳动者）的尊严与幸福为代价，来换取物质财富的发展；"维护人民的尊严、权益和幸福"，应成为人类社会的经济、政治及精神活动的首要原则（如前所述，马克思后来并未放弃《手稿》的这些"人本主义思想"）。笔者实在看不出：这些思想内容与唯物史观之间究竟有何"对立"之处？应当说，二者之间并无对立之处，完全可以并行不悖。笔者还认为，《手稿》的上述人本主义思想关注和思考的主要是人的地位、尊严和幸福问题，其实质是以人为本，是一种正确的价值观（如前所述）；而唯物史观则主要关注和思考人类历史发展的规律、动力、趋势等问题，是一种科学的历史观。应当说，二者都是正确的、合理的，只是侧重点、理论性质不同。试问：两个正确、合理的学说为什么要成为思想上的天敌呢？显然，这既无必要，也不符合逻辑。另外，众所周知，马克思主义的唯物史观是建立在无产阶级价值观之上的，这种价值观归根到底就是要消除人对人的任何奴役、压迫，实现无产阶级和全人类的解放和幸福（很显然，这种价值观与《手稿》的上述人本主义价值观之间具有一致性，并无对立或冲突之处）。不难看出，唯物史观有其深厚的人本主义底蕴，它内在地蕴含着一种人本主义的价值观（当然，这种人本主义价值观不同于资产阶级式的带有虚伪性的抽象人本主义价值观，而是更加彻底、更加人性化的无产阶级人本主义价值观），后者是它的价值基石和价值归宿，将二者对立起来是没有道理的。当然，笔者无意于认为："人本主义"即"唯物史观"，"唯物史观"即"人本主义"，二者毫无差别。笔者亦不认为，人本主义者必然是历史观上的唯物主义者（比如，众所周知，人本主义者费尔巴哈就不是如此）。笔者主要是想强调：人本主义与唯物史观、马克思主义之间并无必然的对立关系，马克思早期的人本主义（以《手稿》为主要思想载体）更是如此，它与唯物史观之间就不是对立的、而是相辅相成、相互支持的。

笔者还明确认为，人本主义与唯物史观之间不仅应当有机结合，而且完全能够有机结合。首先，这种结合对二者而言都是必要的。很显然，脱离或背离唯物史观的人本主义，不可能成为真正"科学"的人本主义，势必因缺乏科学的路径而沦为无法实现的道德空想。而唯物史观如果脱离或背离了人本主义价值观，也就不成其为什么"唯物史观"了，众所周知，就其精神实质而言，唯物史观就是为（占人口绝大多数的）无产阶级及其他穷苦群众争取解放与幸福服务的，它绝不是与人类的幸福无关的或漠视人类悲惨境况的冷冰冰的哲学教条。另外，就事实而言，《手稿》等著作的人本主义思想就实现了与唯物史观观点的有机结合。笔者在前文中已指出，《手稿》等早期著作既有强烈的人本主义倾向，又有鲜明的唯物史观特征，作为人本主义者的青年马克思在其著作（比如《手稿》）中阐明或揭示了许多唯物史观观点。"人本主义与唯物史观观点的共存"在马克思的早期著作（《手稿》正是如此）中明显是一个事实。

对笔者的上述看法，持"人本主义与唯物史观冲突论"的研究者可能会质疑道：马克思早期著作中"人本主义与唯物史观观点的共存"并不足以说明"人本主义与唯物史观能够和谐结合"，以《手稿》为例，在该著作中，上述二者虽然共同存在，但却是相互矛盾、相互冲突的：人本主义的逻辑是用抽象的道德理想来批判社会现实，而唯物史观的科学逻辑则是从客观事实出发来说明社会历史问题（这种观点正是南京大学孙伯鍨教授提出的著名的"两种逻辑论"①）。在上述研究者看来，马克思的早期哲学中存在着两股不同性质、相互冲突的思想势力，一股势力是唯心史观性质的人本主义抽象逻辑，另一股势力则是新生的唯物史观科学逻辑。

笔者的回应是：笔者完全赞同，在马克思早期著作中存在着从客观事实出发的"唯物史观科学逻辑"，但对上述说法关于《手稿》的"人本主义逻辑"的看法、对所谓"马克思早期人本主义与唯物史观相互冲突论"

---

① 关于"两种逻辑论"，可参看孙伯鍨教授的专著《探索者道路的探索——青年马克思恩格斯哲学思想研究》（南京大学出版社2002年版）中的相关论述。

则很难苟同。在笔者看来,马克思早期人本主义(比如《手稿》人本主义)的核心逻辑,应当是根据"以人为本"的思维范式,高扬人的地位、尊严、权益和幸福,这与从科学事实出发来说明社会历史问题的唯物史观逻辑谈不上有什么冲突或矛盾,二者完全可以并行不悖。另外,将《手稿》的人本主义逻辑界定为"用道德理想来批判社会现实"流于表面、有失深刻,没有抓住这一逻辑的根本特征。坚持以人为本,高扬人的地位、尊严、权益和幸福,这才是《手稿》"人本主义逻辑"的思想主旨、精神实质,"用道德理想来批判社会现实"不过是浅层的、表面的东西,是这种逻辑的具体应用或反映。当然,笔者承认,早期马克思的确基于人本主义立场对与之相矛盾的资本主义社会黑暗现实进行了严厉批判和质疑,譬如《手稿》就是如此。但是,如前所述,(作为马克思《手稿》及其他早期著作之批判武器的)人本主义理想并非抽象空洞,而是具体的、合理的、正义的,其宗旨是倡导人与人之间的平等友爱、抵制人对人的奴役、彰显人的尊严和幸福,而且这种理想具有可实现性,并非不切实际的幻想、空想。如前所述,根据这样的人本主义及其道德理想来批判、质疑与之相矛盾的资本主义社会黑暗现实,本身并无不妥之处,谈不上是什么"唯心史观"。况且,这种批判有其进步性与积极意义,有利于人类社会的进步。显然,不对资本主义社会的弊病和黑暗现实进行批判,人类就不可能超越这种旧社会,进入更加理想、美好的未来社会。在笔者看来,所谓的"马克思早期人本主义与唯物史观相互冲突论"是建立在对马克思早期著作相关思想及"人本主义逻辑"本身的误解或表面化理解的基础上的,是片面的、不宜采纳的。在马克思早期哲学中(尤其是在《手稿》中),人本主义逻辑与唯物史观科学逻辑之间并不相互冲突或矛盾,而是相辅相成、相互支持、有机结合,体现了人本主义与科学主义的和谐统一。

索 引

外国人名

J. P. 迈尔 2
阿尔都塞 56，57
安年柯夫 54
奥伊则尔曼 4
比雷 241
布鲁诺·鲍威尔 107
恩格斯 2，3，5，14，17，18，24，30，34，35，36，37，38，40，41，42，43，44，47，48，50，55，57，59，61，64，65，66，67，69，71，75，76，78，85，91，92，94，98，99，101，102，103，104，105，106，107，108，109，110，111，113，115，116，117，118，119，123，124，127，128，129，130，131，132，133，134，135，137，138，139，140，141，142，143，144，145，146，148，149，150，151，152，153，154，156，157，158，159，160，161，162，163，164，165，166，167，168，169，173，174，175，176，177，178，179，180，181，185，186，187，189，191，192，193，194，198，199，200，201，202，204，205，207，208，209，210，211，212，213，214，215，216，217，218，219，223，224，225，226，227，228，229，230，231，234，236，237，239，241，242，243，244，245，246，247，248，249，251，253，255，256，260，262，263

费尔巴哈 4，5，7，8，9，16，17，18，27，35，36，38，41，43，45，49，52，53，54，55，56，57，58，59，60，61，62，63，64，65，66，67，68，76，77，78，79，80，81，82，83，84，85，86，87，88，92，

索 引

93，94，95，96，106，107，108，110，112，121，122，128，131，132，133，134，135，137，138，140，141，142，143，144，146，147，152，156，157，158，159，162，166，167，229，234，235，236，249，251，254，259，264，266

富兰克林　229

海尔维格（格奥尔格·海尔维格）106，107

赫裴斯塔司　246

赫斯　4，5，7，8，9，16，17，18，27，35，36，38，41，43，45，49，52，53，54，55，56，57，58，59，60，61，62，63，64，65，66，67，68，76，77，78，79，80，81，82，83，84，85，86，87，88，92，93，94，95，96，106，107，108，110，112，121，122，128，131，132，133，134，135，137，138，140，141，142，143，144，146，147，152，156，157，158，159，162，166，167，229，234，235，236，249，251，254，259，264，266

黑格尔　9，15，17，18，31，49，52，54，58，59，60，61，62，63，64，66，67，70，71，78，80，107，108，112，113，131，132，133，141，157，166，169，182，220，221，225，236，237，251，255，264

亨·德曼　2，3

拉宾　4

拉萨尔　131，133

李嘉图　59，115，116，118，119

李斯特　54，113

列宁　2，3，18，77，78，108，110，127，128，134，146，186，187，191，192，212，213，216，217，218，225，226，230，243，247，248，255，262，263

卢格　57，106，107

马克思　1，2，3，4，5，6，7，8，9，10，11，12，13，14，15，16，17，18，19，20，21，22，23，24，25，26，27，28，29，30，31，32，33，34，35，36，37，38，39，40，41，42，43，44，45，46，47，48，49，50，51，52，53，54，55，56，57，58，59，60，61，62，63，64，65，66，67，68，69，70，71，72，73，74，75，76，77，78，79，80，81，82，83，84，85，86，87，88，89，90，91，92，93，94，95，96，97，98，99，100，101，102，103，104，105，106，107，108，109，110，111，112，113，114，115，116，117，118，119，120，121，122，123，124，125，126，127，128，129，130，131，132，133，134，135，136，137，138，139，140，141，142，143，144，145，146，147，148，149，150，151，152，153，154，155，156，157，158，159，160，161，162，163，164，

165，166，167，168，169，171，172，173，174，175，176，177，178，179，180，181，182，183，184，185，186，187，188，189，190，191，192，193，194，195，196，197，198，199，200，201，202，203，204，205，206，207，208，209，210，211，212，213，214，215，216，217，218，219，220，221，222，223，224，225，226，227，228，229，230，231，232，233，234，235，236，237，238，239，240，241，242，243，244，245，246，247，248，249，250，251，252，253，254，255，256，257，258，259，260，261，262，263，264，265，266，267，268

普列汉诺夫　60，97，263

普罗米修斯　246

齐·朗兹胡特　2，3

萨伊　214

舒尔茨　176，214

斯密　59，118，210，214

亚里士多德　230

詹姆斯·穆勒　182，186，187，191，192，196，213，216，217，220，221，225，226，263

中国人名

黄楠森　4，47，235，262

林锋　7，9，16，17，18，31，32，38，42，43，45，52，53，55，57，60，61，62，66，67，68，71，75，78，82，83，85，86，94，125，128，131，132，133，134，147，148，180，185，188，193，195，219，221，233，253，255，262，263，264，265，266

刘军　42，48，123，147，149，265

刘永佶　114，115，118

刘召峰　114，115，118，264

施德福　4，47，235

孙伯鍨　4，5，13，14，16，24，30，32，47，52，55，56，69，76，135，234，260，263

孙熙国　176，177，184，224，263

汤建龙　77，78，80，81，82，83，84，86，88，90，95，96，97，98，101，102，103，106，109，110，111，114，115，120，121，122，127，128，129，130，131，135，265

王春明　174

王东　9，11，14，16，17，18，31，42，45，48，52，53，55，57，60，61，62，67，68，76，77，78，79，

80，81，82，83，84，85，86，88，90，95，96，97，98，101，102，103，106，109，110，111，114，115，120，121，122，123，125，127，128，129，130，131，132，133，134，135，147，148，149，175，195，219，233，264，265，266

姚顺良　77，78，80，81，82，83，84，86，88，90，95，96，97，98，101，102，103，106，109，110，111，114，115，120，121，122，127，128，129，130，131，135，265

游兆和　3，265

张一兵　4，5，14，16，24，30，32，47，55，69，76，124，135，234，263，265

赵常林　47，235

赵敦华　176，177，184，224，263

朱天明　77，265

专业词汇

拜物教　40，41，114，115，118，153，264

被动　62，63，100，163，219

辩证法

　辩证运动　63，64

　矛盾辩证法　61

　历史辩证法　64，71，72，114，123，181

　黑格尔辩证法　17，58，59，60，61，62，63，64，66，71，78，132，133

　唯物辩证法　63，131，132，133

剥削　155，158，162，164，173，174，175，176，177，179，181，182，184，185，186，188，190，191，204，213，214，218，219，241，245，249，250，252，259

财富　43，50，119，124，150，162，164，175，176，181，186，187，194，201，202，204，206，208，209，210，211，215，216，219，226，241，242，243，244，246，249，250，253，255，259

产品　41，44，92，99，101，115，116，117，119，148，150，151，159，160，165，171，172，173，174，175，184，185，190，191，197，199，201，206，207，208，209，212，213，216，217，218，219，224，225，242，244，245，246

成熟马克思　4，136，240，256

抽象的人　32，55，67，236

存在方式　26，62，65，124，151，162，178，222，226，231，232，236，237

存在物　37，39，40，43，44，63，65，91，99，124，148，150，151，157，159，162，167，168，173，185，189，190，191，192，213，218，222，223，225，226，227，229，231，232，236，237，244

道德观　27，67，73，239，248，251，252

道德理想　32，70，72，73，92，93，94，238，252，260，261

第一次思想奠基　26，222，231

颠倒　133，157，187，193，205，206，208，216

对象化　43，44，61，66，151，159，167，174，208，237，243

对象世界　43，44，65，91，99，148，150，151，167，168，174，208，237

对象性的存在　44，45，101，102，167，179

二重化　44，140，151，156，167

反人道　114，116，118，180，244，245，246，249，255，259

反作用　63，64，65，66，139，154，155

非黑格尔化运动　60

非神圣形象　158

费尔巴哈阶段　9，16，17，18，52，53，54，55，56，57，58，60，61，62，67，68，77，78，82，83，85，86，128，131，132，133，134，135，264，266

费尔巴哈人本主义　4，5，59，234

否定之否定　61，62，63，64

改变世界　145，169

改造对象世界　44，65，150，151，167，168，237

感性

　感性存在　41

　感性的活动　137，141

　感性客体　66，137

　感性意识　40，41

革命　5，7，9，14，15，17，19，20，29，30，31，42，43，48，52，54，56，59，60，63，66，67，68，71，107，112，113，120，121，122，123，137，138，139，140，141，147，149，152，154，155，157，159，161，169，181，185，198，204，219，241，247，250，252，257，264，265

公民　189

公有制　50，51，74，233

共产主义行动　43，152，161

孤立　13，42，49，51，142，143，144，161，162，189，191，217，230

环境决定论　139

幻觉　157

价值

　价值观　89，92，100，117，118，119，120，151，156，188，194，246，249，250，254，255，257，258，259，260

　价值悬设　5，124，234

　价值中立　20，21，22，23

索 引

教育决定论　139

阶级差别　27，246，249，256

阶级关系　162，237

解　放　9，15，43，67，68，71，74，104，105，138，147，152，156，158，159，161，169，180，181，182，185，188，189，193，198，204，219，239，247，255，257，259，260，264，267

解释世界　145，169，170

经济规律　115，116，119

经济基础　246，256

静态直观　81

科学逻辑　54，55，56，260，261

客观规律　100，101，105，204，254

客观物质性　65

客观制约　45，65，98，101，227

劳动

　劳动本质　242

　劳动产品　41，117，148，159，171，172，173，174，175，184，191，197，199，208，209，212，213，218，242

　劳动的物质条件　175，181，184，185，210，211

　劳动观　9，14，26，27，32，38，43，48，49，68，69，70，73，94，172，238，239，263，267

　劳动活动　5，41，86，148，171，172，174，175，184，197，209，234

　劳动价值论　113，114，115，116，117，118，119，264

　劳动实践活动　42，44，47，48，49，51，65，148，150，166，167，168，232，236，237

　劳动史观　35，36，37，48，49，68，123，124，149，255，257

　劳动形式（劳动的历史形式）　27，28，32，50，51，68，69，70，72，73，74，76，179，204，205，210，228，238，239，253

　劳动者　73，74，75，93，94，115，116，118，119，120，148，152，155，159，162，169，171，172，174，175，176，177，178，179，180，181，182，184，185，186，190，197，200，201，202，206，208，209，210，211，213，214，215，218，228，239，241，243，245，246，249，250，251，252，253，255，258，259

　劳动主体　70，100

　劳动资料　212，228，229，245

　雇佣劳动　51，201，204，207，210

　对象化劳动　208

　活劳动　50，201，202，204，205，206，208，209，219，244

　奴隶劳动　178，210

　强制劳动　175，209，210

　社会劳动　51，73，74，201，206，207，209，213，214，239，245，256

　物质生产劳动　15，231，237

徭役劳动 210

自由自觉劳动 27，28，32，51，62，69，70，72，73，74，87，91，98，234，238

自主性劳动活动 5，234

类

类本质 5，9，42，171，234，236，265

类存在物 43，44，65，91，99，148，150，151，167，168，236，237

类生活 42，44，65，150，151，167，168，177，236，237

理想社会 43，104，169，207，250，253

历史必然性 42，49，50，74，147，150，253

历史观 4，5，9，14，16，23，24，26，29，30，31，32，33，34，35，36，37，38，39，41，42，43，45，46，47，48，49，50，51，52，54，55，56，61，63，64，67，68，71，75，78，81，82，85，122，123，124，148，180，185，235，248，254，255，257，259，263，264，266，268

两次转变论 9，10，16，17，18，52，53，54，55，56，57，60，61，62，67，68，76，77，78，79，80，81，82，83，84，85，86，87，88，89，90，94，95，96，97，98，99，100，101，102，103，104，105，106，107，108，109，110，111，112，113，114，115，117，119，120，121，122，125，126，127，128，129，130，131，132，133，134，135，136，146，148，264，265，266

两种自然 26，222，223，226，227，228，231

伦理性对立 5

矛盾

非对抗性矛盾 66

对抗性矛盾 50，66

对立统一 63，66

目的论 101，103，104，105

能动的人 62

能动性 45，63，64，65，69，75，86，87，100，102，103，137，138，139，146，147，150，151，152，155，180，182，236

农奴 162，174，175，178，179，185，210

奴役 73，74，93，94，152，161，162，163，164，176，178，179，181，186，188，190，192，204，206，215，218，233，241，245，246，249，250，251，252，255，257，258，259，261

批判 4，5，6，7，8，9，10，12，15，17，18，23，24，26，27，28，30，31，32，33，34，43，53，55，56，57，58，59，60，61，62，63，65，66，67，68，70，72，73，74，75，76，78，79，80，81，83，84，88，

90，92，93，94，95，96，101，103，108，112，113，114，115，116，117，118，119，120，121，122，125，128，131，132，133，134，137，139，140，141，142，143，147，149，152，155，156，157，158，159，160，161，162，166，169，170，176，179，180，182，183，188，193，194，213，214，220，221，222，225，226，229，232，234，238，239，241，243，244，245，246，248，249，251，252，253，255，260，261，264

普遍的爱 112

青年马克思 2，4，5，6，14，20，24，25，27，30，47，53，54，55，57，69，70，73，76，77，78，79，80，81，82，83，84，85，86，87，88，89，90，91，92，93，95，96，98，101，102，103，108，109，111，113，114，115，118，120，121，122，123，124，130，134，135，136，148，160，171，173，182，183，184，185，187，191，195，223，230，232，234，235，236，238，239，240，249，250，252，253，254，257，260，263

人

人本逻辑 101

人本主义 4，5，9，14，16，26，27，32，52，54，55，56，59，68，98，101，103，115，119，121，122，234，235，240，241，243，244，246，247，248，249，250，251，252，254，255，256，257，258，259，260，261，264，267

人道主义 2，47，161，198，201，202，205，207，208，209，210，211，212，213，214，215，216，217，218，219，225，227，228，229，230，235，240，243，244，245，246，247，248，249，250，254，255，256，258，262，263

人的本质 5，26，44，47，49，51，54，55，62，68，75，81，82，85，86，87，89，90，91，92，93，95，99，101，102，124，141，142，147，148，156，157，159，160，161，165，167，168，176，180，222，223，225，226，229，232，233，234，235，236，237，238

人的存在方式 124，162，232

人的存在形态 50，51

人的发展 51，71，123，149，204

人的解放 104，105，181，239

人的历史发展轨迹 26，222，232，233

人的社会性 230

人的幸福 176，215，241，249，259

人化自然 44，45，65，152，167

人类解放 9，15，67，68，105，158，159，169，181，185，188，193，198，204，255，257，264，267

人身外的自然 224，227，231

人自身的自然 223，224，231

全面发展的人 51

商品 115，116，117，118，119，163，165，187，206，208，211，216，245

社会

    社会存在 38，39，40，41，189，190，225

    社会存在物 189，190，225

    社会的人类 144，145，169

    社会动物 230

    社会革命 107，113，219

    社会共同体 189，190

    社会关系 25，82，113，141，142，143，144，161，162，165，169，182，183，190，192，217，218，229，230，232，237

    社会环境 140，155

    社会联系 26，143，144，191，192，216，217，222，223，225，226，229，231，232

    社会生活 35，82，143，168，206，208，225，247

    社会形式 63，142，143

    社会形态 50，51，72，104，145，233

    社会性 26，142，189，190，191，217，222，223，225，229，230，231，232

    社会意识 38，39，40，41

神秘主义 17，61，143，168

神圣形象 158

生产

    生产方式 42，43，50，63，71，103，114，147，150，178，203，204，206，209，228，241，244，245，246，252，253，254，255，256

    生产关系 237

    生产目的 176，184，214，215

生存竞争 178

生活资料 186，211，212，214，223，227，228，231，245

生命活动 186，211，212，214，223，227，228，231，245

实践

    实践活动 14，15，19，20，42，43，44，45，47，48，49，51，65，66，137，138，139，140，141，143，147，148，149，150，152，153，154，155，159，161，162，166，167，168，169，181，232，236，237

    实践史观 123，124

    实践主体 65

世界历史 34，35，36，48，70，124，149，211

世俗世界 140，141，156，157，158，159，160，169

市民 132，143，144，145，169，189，190，229

市民社会 132，143，144，145，169，189，190，229

受动性 65

私有财产 5，7，25，43，62，71，75，

91，101，103，104，114，123，124，152，156，161，165，166，179，183，184，186，187，191，192，203，204，211，212，215，216，217，234，235，253

私有制　5，27，28，32，38，40，42，43，49，50，51，55，62，68，70，71，72，73，74，76，92，93，94，104，113，123，124，125，144，149，152，155，156，160，161，162，163，164，165，169，175，181，185，186，187，190，191，192，194，196，197，203，204，207，208，210，211，213，217，218，233，234，238，239，248，250

思辨逻辑　5，54，55，234

思维方式　23，34，35，38，39，40，41，52，55，56，79，80，81，83，84，85，88，92，93，96，102，112，113，119，120，130，133，136，137，139，141，146，153，155，157，158，159，162，166，167，168，180，194，248，255

四大开创性贡献　25，26，222，230

所有权　175

特权　246，256

土地国有化　246，255，256

土地所有者　162，163，164，165，191，204，218，253

外化　61，71，123，149，174，192，199，200，201，202，204，217，237

外在的目的　243，244

唯物

唯物论　15，62，63

唯物史观　3，4，5，6，14，16，23，24，26，27，29，30，31，32，33，34，36，38，39，40，41，45，46，47，51，52，53，54，55，56，59，60，67，68，85，110，125，131，231，235，240，248，254，255，257，258，259，260，261

唯物主义　7，16，18，27，30，31，33，35，36，38，40，45，48，49，51，52，53，54，55，57，58，59，60，61，62，63，64，65，66，76，86，94，105，106，110，113，122，123，125，128，133，134，137，138，139，140，141，143，144，146，147，148，149，152，153，154，155，159，168，169，181，212，218，225，230，243，247，248，251，254，255，256，257，259，263

新唯物主义　7，16，31，45，65，66，123，137，144，148，169

旧唯物主义　55，57，60，64，65，137，139，140，141，143，144，147，155，169

一般唯物主义　16，52，54，55，62，63

直观的唯物主义　143

唯心史观　5，24，29，30，31，32，33，34，36，37，38，39，41，46，51，52，54，55，67，68，85，93，

105，234，240，248，255，256，
257，260，261

唯心主义 14，17，27，32，38，49，
52，54，58，59，61，62，63，66，
67，73，76，85，93，94，112，113，
122，133，137，141，166，181，
236，239，248，249，250，251，
252，254，256，257

文本学证据 24，34，37，41，43，53，
97，114，148，163，167，226

文本依据 34，46，77，78，79，80，
81，82，83，84，86，88，90，95，
96，97，98，101，102，103，105，
106，109，110，111，113，114，
115，120，121，122，124，127，
128，129，130，131，134，135，265

无产阶级 15，43，68，112，113，
115，119，120，155，159，181，
185，188，198，204，248，249，
250，252，257，258，259，260

无意识 69，86，87

物化 174，201，204，205，217

物质力量 159

先验的本质 81，88，90，95

现有 5，30，68，81，88，93，94，
95，96

消极直观性 49，59，62

形而上学 5，59，62，63，71，114，
123，180，203，234，253

虚无主义 17，140

扬弃 5，43，49，51，59，61，62，
74，105，124，152，156，161，166，

205，234，235，236，237，239

依附 37，39，40，160，209

异化

异化观 9，14，85，125，147，183，
195，196，197，199，203，207，
208，219，264，267

异化理论体系 25，82，182，183，
267

异化史观 49，122，123，124

异己 160，165，167，172，173，174，
175，176，177，178，185，186，
187，188，189，190，191，193，
194，198，199，200，201，202，
203，208，209，210，211，212，
213，214，215，217，218，219，
242

异己化 172，198，199，200，201，
202，215

异化劳动（劳动异化） 5，7，13，
14，24，25，27，41，42，43，48，
49，50，51，55，62，70，71，72，
73，74，75，91，101，105，114，
122，123，124，126，147，148，
149，159，163，171，172，173，
174，176，177，178，179，180，
181，182，183，184，185，186，
203，204，205，206，207，210，
212，234，235，239，241，242，
252，253，254，267

分工与劳动者的异化 185，213

货币与人的关系的异化 25，184，
187

货币与私有财产的关系的异化 25，183，184，187，215

经济异化 25，82，182，183，184，186

精神异化 25，182，183，192

劳动条件与劳动者的异化 184，210，211

人的政治生活与市民生活的异化 189

人与人相异化（人与人的异化） 174，177，218，219

社会关系异化 25，182，183，190

社会联系的异化 191，216

社会需要与劳动者相异化 186

生产目的与劳动者的异化 176，184，214

神与人相异化 140

政治国家与市民社会的异化 189

政治异化 25，81，82，122，182，183，188

专制政治与人民的"异化" 188

资本与劳动的异化 211，212

自我异化 51，105，124，140，149，158，192，194，217，235，239

宗教异化 80，82，159

宗教与人的异化 159，193

应有 5，6，8，14，21，30，68，81，86，88，93，94，95，96，98，118，196，203，222，230，234

再生产 92，99，150，151，224

哲学革命 7，9，17，29，30，31，42，48，52，54，120，121，123，147，149，264，265

哲学共产主义 106，108，109，110

真理 9，10，22，57，58，59，112，114，138，153，158，193

真正的社会主义 106，109，110，111，112，113

政治动物 217，230

政治共同体 189，190

直观 34，44，48，49，59，62，63，65，66，81，82，85，137，141，143，144，151，166，167

直接同一 91，148

主体性 59，65，100，103，139，152，155，177，180，184

资本家 63，116，162，163，164，165，173，176，204，205，206，210，212，214，215，219，242，244，253

资本主义 27，32，41，42，43，44，48，49，50，51，60，62，63，64，71，73，74，75，102，103，105，114，118，122，147，148，150，155，159，162，163，165，169，173，174，175，178，179，180，185，188，189，190，194，203，204，206，209，210，212，215，219，233，239，241，243，244，245，246，248，251，252，253，254，255，256，258，261

资产阶级意识形态 27，67，116，248，257，258

自然

自然存在物 222，223，226，227，231，236

自然的人 57, 236

自然观 30, 55, 57, 61, 65, 148

自然环境 155

自然与人 65

自我发展 35, 36, 41, 48, 62

自我延续 35, 36, 41, 149, 168

自由 10, 27, 28, 32, 42, 50, 51, 55, 62, 64, 68, 69, 70, 71, 72, 73, 74, 76, 86, 87, 89, 90, 91, 92, 93, 94, 98, 99, 100, 105, 118, 122, 138, 147, 148, 150, 151, 152, 168, 177, 179, 181, 182, 184, 188, 204, 206, 207, 209, 210, 219, 224, 233, 234, 235, 236, 238, 246, 247, 250, 251, 253, 256

自在 63, 65, 207

宗教的本质 141, 142

宗教世界 140, 141, 156, 157, 158

（本索引词条由杜永明编制）

参考文献

著作类

1. 北京大学哲学系编:《人道主义和异化问题研究》,北京大学出版社1985年版。
2. 黄楠森主编:《马克思主义哲学史》,高等教育出版社1998年版。
3. 《列宁选集》第2卷,人民出版社1995年版。
4. 林锋:《重估马克思早期六部著作的价值与地位》,北京大学出版社2016年版。
5. 《马克思恩格斯文集》第1卷,人民出版社2009年版。
6. 《马克思恩格斯文集》第4卷,人民出版社2009年版。
7. 《马克思恩格斯全集》第1卷,人民出版社1956年版。
8. 《马克思恩格斯全集》第3卷,人民出版社1960年版。
9. 《马克思恩格斯全集》第20卷,人民出版社1971年版。
10. 《马克思恩格斯全集》第29卷,人民出版社1972年版。
11. 《马克思恩格斯全集》第30卷,人民出版社1995年版。
12. 《马克思恩格斯全集》第47卷,人民出版社2004年版。
13. 《马克思恩格斯选集》第2卷,人民出版社1995年版。
14. 《马克思恩格斯选集》第4卷,人民出版社1995年版。
15. 马克思:《1844年经济学哲学手稿》,人民出版社2000年版。

16. 马克思：《詹姆斯·穆勒〈政治经济学原理〉一书摘要》，见中共中央马克思恩格斯列宁斯大林著作编译局编译：《1844年经济学哲学手稿》，人民出版社2000年版。

17. 马克思：《资本论》第1卷，人民出版社2004年版。

18. 《马克思主义基本原理概论》编写组编：《马克思主义基本原理概论》，高等教育出版社2015年版。

19. 《普列汉诺夫机会主义文选》下卷，生活·读书·新知三联书店1965年版。

20. 孙伯鍨：《探索者道路的探索——青年马克思恩格斯哲学思想研究》，南京大学出版社2002年版。

21. 中共中央马克思恩格斯列宁斯大林著作编译局马恩室编译：《〈1844年经济学哲学手稿〉研究（文集）》，湖南人民出版社1983年版。

22. 中国人民大学编：《马克思恩格斯论人性、人道主义和异化》，人民出版社1984年版。

23. 中国社会科学院哲学所历史唯物主义研究室、中国历史唯物主义研究会编：《马克思恩格斯列宁斯大林论人性、异化、人道主义》，清华大学出版社1983年版。

24. 赵敦华、孙熙国主编：《中西哲学的当代研究与马克思主义哲学创新》，人民出版社2011年版。

25. 张一兵：《回到马克思——经济学语境中的哲学话语》，江苏人民出版社1999年版。

论文类

1. 林锋：《再谈马克思〈1844年手稿〉历史观的性质——对学界一种流行见解的质疑》，载《东南学术》2016年第6期。

2. 林锋：《〈1844年经济学哲学手稿〉劳动观辨析——对国内学界一种流行观点的质疑》，载《学术研究》2015年第2期。

3. 林锋：《〈1844年经济学—哲学手稿〉历史观出发点新探——"抽象人本学出发点"质疑》，载《社会科学研究》2007年第1期。

4. 林锋：《为马克思早期人学思想的哲学地位辩护——以马克思著作的文本考察与比较研究为基础》，载《湖南社会科学》2014年第3期。

5. 林锋：《人本主义是马克思早期的"不成熟思想"吗？——对我国学界一种学术观点的质疑》，载《东岳论丛》2014年第5期。

6. 林锋：《〈1844年手稿〉的逻辑主线究竟是什么？——兼评"两种逻辑论"》，载《东岳论丛》2006年第4期。

7. 林锋：《如何科学界定马克思早期六部著作的历史地位——一条循序渐进的方法论思路》，载《中共中央党校学报》2010年第6期。

8. 林锋：《为马克思早期著作的历史观辩护——对国内学界一种流行观点的质疑》，载《湖南社会科学》2015年第3期。

9. 林锋：《为马克思异化观的历史地位辩护——以马克思前后期异化思想的比较研究为基础》，载《东岳论丛》2015年第2期。

10. 林锋：《马克思〈问题〉与〈导言〉人类解放理论新探——兼评所谓"〈问题〉、〈导言〉不成熟论"》，载《东岳论丛》2011年第4期。

11. 林锋：《马克思哲学革命起点新探讨》，载《江汉论坛》2014年第7期。

12. 林锋：《〈黑格尔法哲学批判〉的四大哲学创新——兼评"〈黑格尔法哲学批判〉不成熟论"》，载《北京行政学院学报》2010年第5期。

13. 刘召峰：《拜物教批判理论与马克思的劳动价值论——从我国学者关于马克思对劳动价值论态度的转折的分歧说开去》，载《甘肃理论学刊》2011年第4期。

14. 王东、林锋：《〈资本论〉异化观新探——与〈1844年手稿〉异化观的比较研究》，载《江海学刊》2007年第3期。

15. 王东、林锋：《马克思哲学存在一个"费尔巴哈阶段"吗——"两次转变论"质疑》，载《学术月刊》2007年第4期。

16. 王东、林锋：《〈资本论〉第一手稿的五大哲学创新——〈1857—1858〉年手稿的重新定位》，载《江汉论坛》2007年第6期。

17. 王东、林锋：《"类本质异化"是马克思早期的不成熟思想吗》，载《光明日报》2006年9月4日。

18. 王东、刘军：《马克思哲学革命的源头活水和思想基因——〈1844年经济学哲学手稿〉新解读》，载《理论学刊》2003年第5期。

19. 姚顺良、汤建龙：《"两次转变论"的文本依据及其方法论意义——兼答王东教授等》，载《学术月刊》2007年第4期。

20. 游兆和：《论"两个马克思"概念的实质——兼评在"两个马克思"问题上的认识误区》，载《清华大学学报（哲学社会科学版）》2016年第2期。

21. 朱天明：《"两次转变"与马克思的"新哲学"、"新世界观"——兼与王东、姚顺良教授等商榷》，载《学术月刊》2008年第1期。

22. 张一兵：《〈1844年经济学哲学手稿〉中的多重话语结构》，载《南京大学学报（哲学·人文科学·社会科学版）》1998年第1期。

说　明

　　本书的部分内容系笔者主持的教育部人文社会科学研究青年基金项目"马克思早期六部主要著作历史地位新探讨"（批准号：09YJC720001）的阶段性成果（这些成果均由本人独立完成）。这些内容包括："绪论"第一节的少量内容；"绪论"第二节第一部分；第二章第二节第四部分的部分内容；第二章第三节；第五章第一节、第二节；第六章第一、二、三、四节；第七章第一、二节；第七章第三节第二部分的部分内容；第八章第一、二节。

　　本书"绪论"第一节的少量内容及"绪论"第二节的第一部分，借鉴、采用了笔者的论文《如何科学界定马克思早期六部著作的历史地位——一条循序渐进的方法论思路》（系教育部人文社会科学研究青年基金项目"马克思早期六部主要著作历史地位新探讨"的阶段性成果，载《中共中央党校学报》2010年第6期）中的相关表述。第一章的第一节、第二节借鉴、采用了笔者的论文《再谈马克思〈1844年手稿〉历史观的性质——对学界一种流行见解的质疑》（载《东南学术》2016年第6期）中的相关表述。第一章第三节的全部及第七章第三节的主要内容借鉴、采用了笔者的论文《〈1844年经济学—哲学手稿〉历史观出发点新探——"抽象人本学出发点"质疑》（载《社会科学研究》2007年第1期）中的相关表述。第二章第一节的第一部分、第二章第二节第一、二、三部分的全部及第四部分的部分内容，借鉴、采用了王东、林锋的论文《马克思哲学存在一个"费尔巴哈阶段"吗？——"两次转变论"质疑》（载《学术月刊》2007年第4期）中由林锋独立完成的部分的相关表述。第二章第二节第四部分的部分内容，借鉴、采用了笔者的论文《〈1844年手稿〉的逻辑主线究竟是什么？——兼评"两种逻辑论"》（载《东岳论丛》2006年第4期）中的相关表述。第二章的第三节借鉴、采用了笔者的论文《〈1844年经济学哲学手稿〉劳动观辨析——对国内学界一种流行观点的质疑》（系教育部人文社会科学研究青年基金项目"马克思早期六部主要著作历史地位新探讨"的阶段性成果，载《学术研究》2015年第2期）中的相关表述。第五章的第一节、第二节分别借鉴、采用了笔者的两篇论文《〈1844年经济学哲学手稿〉异化劳动理论的重新解读——兼评关于〈手稿〉"异化"概念的一种流行观点》（系教育部人文社会科学研究青年基金项目"马克思早期六部主要著作历史地位新探讨"的阶段性成果，载《江汉论坛》2012年第2期）、《异化劳动学说是马克思异化理论的唯一内容吗？——马克思早期异化理论体系阐释》（系教育部人文社会科学研究青年基金项目"马克思早期六部主要著作历史地位新探讨"的阶段性成果，载《人文杂志》2014年第4期）中的相关表述。第五章第二节的少量内容，借鉴、采用了笔者的论文《马克思〈问题〉与〈导言〉人类解放理论新探——兼评所谓"〈问题〉、〈导言〉不成熟论"》（系教育部人文社会科学研究青年基金项目"马克思早期六部主要著作历史地位新探讨"的阶段性成果，载《东岳论丛》2011年第4期）中的相关表述。第六章第一、二、三节的全部及第四节的部分内容，借鉴、采用了笔者的论文《为马克思异化观的历史地位辩护——以马克思前后期异化思想的比较研究为基础》（系教育部人文社会科学研究青年基金项目"马克思早期六部主要著作历史地位新探讨"的阶段性成果，载《东岳论丛》2015年第2期）中的相关表述。第七章的第一、二节，借鉴、采用了笔者的论文《为马克思早期人学思想的哲学地位辩护——以马克思著作的文本考察与比较研究为基础》（系教育部人文社会科学研究青年基金项目"马克思早期六部主要著作历史地位新探讨"的阶段性成果，载《湖南社会科学》2014年第3期）中的相关表述。第八章第一节的全部及第二节的部分内容借鉴、采用了笔者的论文《人本主义是马克思早期的"不成熟思想"吗？——对我国学界一种学术观点的质疑》（系教育部人文社会科学研究青年基金项目"马克思早期六部主要著作历史地位新探讨"的阶段性成果，载《东岳论丛》2014年第5期）中的相关表述。第八章第二节的部分内容借鉴、采用了笔者的论文《为马克思早期著作的历史观辩护——对国内学界一种流行观点的质疑》（系教育部人文社会科学研究青年基金项目"马克思早期六部主要著作历史地位新探讨"的阶段性成果，载《湖南社会科学》2015年第3期）中的相关表述。

另外，本书的部分章节（"绪论"第一节的少量内容；"绪论"第二节的第一部分；第一章第二节的少量内容；第一章第三节；第二章第二节的第一、二、四部分；第二章第三节；第五章第一节；第六章第一、二、三、四节；第七章第一节；第七章第二节的第一部分；第七章第三节的主要内容；第八章第一、二节）借鉴、采用了笔者的著作《重估马克思早期六部著作的价值与地位》（北京大学出版社2016年版）中的相关表述。